黄冈师范学院传媒与影视学院学科建设经费资助
黄冈文化影视创作与传播研究学科团队经费资助

·马克思主义研究文库·

群体优惠政策
遵循公民平等权

张 龙 著

光明日报出版社

图书在版编目（CIP）数据

群体优惠政策：遵循公民平等权 / 张龙著. —
北京：光明日报出版社，2024.8. -- ISBN 978 - 7 - 5194 -
8215 - 2

Ⅰ.D911.04

中国国家版本馆 CIP 数据核字第 2024V3F589 号

群体优惠政策：遵循公民平等权
QUNTI YOUHUI ZHENGCE：ZUNXUN GONGMIN PINGDENGQUAN

著　　者：张　龙	
责任编辑：许　怡	责任校对：王　娟　贾　丹
封面设计：中联华文	责任印制：曹　诤

出版发行：光明日报出版社
地　　址：北京市西城区永安路 106 号，100050
电　　话：010-63169890（咨询），010-63131930（邮购）
传　　真：010-63131930
网　　址：http://book.gmw.cn
E - mail：gmrbcbs@gmw.cn
法律顾问：北京市兰台律师事务所龚柳方律师
印　　刷：三河市华东印刷有限公司
装　　订：三河市华东印刷有限公司
本书如有破损、缺页、装订错误，请与本社联系调换，电话：010-63131930

开　　本：170mm×240mm	
字　　数：207 千字	印　　张：14
版　　次：2024 年 8 月第 1 版	印　　次：2024 年 8 月第 1 次印刷
书　　号：ISBN 978 - 7 - 5194 - 8215 - 2	
定　　价：89.00 元	

版权所有　　翻印必究

目 录
CONTENTS

绪 论 ··· 1

第一章　公民平等权概念及历史由来 ·· 19
　第一节　公民平等权及其相应概念 ·· 19
　第二节　公民与公民权的发展历程 ·· 27
　第三节　公民平等权在中国的发展历程 ·· 38
　小结 ··· 50

第二章　特定群体优惠政策 ·· 52
　第一节　贫困人群优惠政策 ··· 52
　第二节　军人及先烈后人群体优惠政策 ·· 57
　第三节　残疾群体优惠政策 ··· 64
　第四节　外籍人士的优惠政策 ·· 66
　第五节　我国华侨、港澳台地区群体的优惠政策 ······························ 70
　第六节　单项的特定群体优惠政策 ··· 72
　小结 ··· 78

第三章　民族群体优惠政策 ·· 79
　第一节　国外的民族（族群）优惠政策 ·· 79
　第二节　当前我国民族优惠政策的相关内容 ···································· 88
　小结 ··· 99

第四章　公民平等权与群体优惠政策的争议 ……… 101
- 第一节　社会背景的因素 ……… 101
- 第二节　国外的争议 ……… 105

第五章　国际上民族政策与公民平等权之间的不平衡 ……… 115
- 第一节　主体民族及种族优先政策带来的不平等 ……… 115
- 第二节　民族身份差异使公民平等权在现实中难以实行 ……… 145
- 小结 ……… 151

第六章　公民平等权与群体优惠政策的统一 ……… 152
- 第一节　公民平等权中的公平和正义观念的认同 ……… 152
- 第二节　解决的思考：公平与正义的统一 ……… 161
- 第三节　推进人类命运共同体的建设是全面平等权的体现 ……… 175
- 小结 ……… 188

结　语 ……… 189

参考文献 ……… 192

后　记 ……… 216

绪 论

一、研究回顾

（一）国外研究状况

公民与公民权、平等权这些概念最早起源于西方社会，主要是西方社会进入资本主义文明后，学者在面对社会矛盾冲突时，思考的社会关系中人际和谐的一个因素。

有关公民权及公民平等权的著作，很多来源于西方资产阶级启蒙思想家，代表的有法国 F. D. 古朗士（Fustel de Coulanges）① 的《古代城邦》《希腊罗马古代社会研究》，讲述了西方古代希腊、罗马时期的公民制度的起源、发展、特点，有利于对照现今公民权利的变化。法国让-雅克·卢梭（Jean-Jacques Rousseau）② 经典之作《论人类不平等的起源和基础》《社会契约论》，前者阐述了人类不平等的两种情况，即自然的不平等和伦理及政治上的不平等，并主要探讨了伦理及政治上的不平等导致的社会不公。后者提出了一个平等的民主社会的原则，在这个社会中公民受美德的激励，都是爱国者，明确阐释了公民的由来是出自对一个国家共同的权利和义务。法国帕斯卡尔

---

① 古朗士. 古代城邦 [M]. 谭立铸, 译. 上海：上海文艺出版社, 1990; 古朗士. 希腊罗马古代社会研究 [M]. 李玄伯, 译. 张天虹, 勘校. 北京：中国政法大学出版社, 2005.

② 卢梭. 论人类不平等的起源和基础 [M]. 高煜, 译. 桂林：广西师范大学出版社, 2002; 卢梭. 社会契约论 [M]. 李平沤, 译. 北京：商务印书馆, 2012.

（Blaise Pascal）①的《思想录》考察了人性的多个方面，并探讨了不平等的一些原因，指出世袭是不平等的一个最大的根由。英国约翰·洛克（John Locke）②的《政府论》、阿克顿（John Dalberg-Acton）③的《自由与权力》就政府在维护公民权利上的作用分别做了阐释。前者揭示了政府维护公民权利、信守契约论的意义，如果背离这个原则，政府就不具有公正、平等的合法性。后者阐述了公平领域中的重要两点，即自由和权力之间的关系，指出"绝对的权力导致绝对的腐败"。

探求公民在社会和国家中如何获得公平对待，现代西方学者继续从法理上、伦理上进行了研究，美国学者在此期间起到重要的作用。斯坦利·卡茨（Stanley N. Katz）④论述了平等权在美国宪法上的历程，表明即使宣称民主自由的美国，其实质的平等也存在一定的问题。约翰·罗尔斯（John Rawls）⑤举起《正义论》的大旗，在涉及公民平等与民族平等关系上，提出了两个原则。他认为在不同群体之间、个体之间在存在差距的情况下，应采用补偿原则来消除各种不平等。

迈克尔·桑德尔（Michael J. Sandel）⑥的《民主的不满》《自由主义与正义的局限》《公正：该如何做是好》三部著作中，前两部阐述了政治权力中平等与自由之间存在的非正义行径，证明即使是在所谓最民主的国家中，其自由和正义也是相对的。第三部指出当前美国社会存在的许多有争议的涉及是否公正的现象，这些现象按照不同观点都能说得通的公正理论，引发人们对

---

① 帕斯卡尔. 思想录 [M]. 何兆武, 译. 北京：商务印书馆, 1985.
② 洛克. 政府论 [M]. 叶启芳, 瞿菊农, 译. 北京：商务印书馆, 1964.
③ 阿克顿. 自由与权力 [M]. 侯健, 范亚峰, 译. 冯克利, 校. 北京：商务印书馆, 2001.
④ 卡茨, 郑文鑫. 宪法上平等之历程 [J]. 中外法学, 1992 (4)：64-68.
⑤ 罗尔斯. 正义论 [M]. 何怀宏, 何包钢, 廖申白, 等译. 北京：中国社会科学出版社, 1998.
⑥ 桑德尔. 民主的不满：美国在寻求一种公共哲学 [M]. 曾纪茂, 译. 南京：江苏人民出版社, 2008；桑德尔. 自由主义与正义的局限 [M]. 万俊人, 唐文明, 张之锋, 等译. 南京：译林出版社, 2001；桑德尔. 公正：该如何做是好 [M]. 朱慧玲, 译. 北京：中信出版社, 2011.

公正的思考。

迈克尔·沃尔泽（Michael Walser）[①] 的《正义诸领域——为多元主义与平等一辩》，从分配的角度对正义进行论述，归纳并证明了三种不同的分配原则，即市场交换、需要与赢得。不同的物品应遵循不同的分配原则，这就是作者所说的多元的正义、复合的平等。

(二) 国内研究状况

1. 关于公民权

国内学者在公民权的论述上，以法学界的学者为重。周叶中[②]在《宪法》(第二版) 中，对公民权、公民的基本权利和义务，从法理上做了详细的阐述，有助于正确认识公民平等权。冀睿[③]的《论公民的宪法平等权》、马岭[④]的《宪法中的人权与公民权》、吴爽[⑤]的《论宪法上的平等权》、吕刚[⑥]的《略论我国公民权宪法立法保障》，则分别阐述了宪法上体现的公民权的平等概念。

田德全、王振霞[⑦]的《公民权的扩展对罗马共和国兴起的影响》，王振霞、田德全[⑧]的《罗马共和国时代公民权扩展的原因》，石莉萍[⑨]的《简析古代雅典公民权的形成》，周洪祥[⑩]的《伯里克利公民权法探析》，程晋普[⑪]的

[①] 沃尔泽. 正义诸领域：为多元主义与平等一辩 [M]. 褚松燕, 译. 南京：译林出版社, 2002.

[②] 周叶中. 宪法 [M]. 2版. 北京：高等教育出版社, 2005.

[③] 冀睿. 论公民的宪法平等权 [J]. 安徽冶金科技职业学院学报, 2004 (4)：119-123.

[④] 马岭. 宪法中的人权与公民权 [J]. 金陵法律评论, 2006 (2)：15-27.

[⑤] 吴爽. 论宪法上的平等权 [J]. 南方论坛, 2008 (2)：43-44.

[⑥] 吕刚. 略论我国公民权宪法立法保障 [J]. 法制与经济 (下旬刊), 2009 (2)：44-45.

[⑦] 田德全, 王振霞. 公民权的扩展对罗马共和国兴起的影响 [J]. 齐鲁学刊, 2004 (3)：66-69.

[⑧] 王振霞, 田德全. 罗马共和国时代公民权扩展的原因 [J]. 北方论丛, 2005 (4)：87-91.

[⑨] 石莉萍. 简析古代雅典公民权的形成 [J]. 甘肃高师学报, 2005 (1)：46-48.

[⑩] 周洪祥. 伯里克利公民权法探析 [J]. 淮北煤炭师范学院学报 (哲学社会科学版), 2005 (6)：92-95.

[⑪] 程晋普. 古典时期雅典公民权的排他性 [J]. 衡阳师范学院学报, 2009, 30 (1)：109-112.

《古典时期雅典公民权的排他性》，孙钊[①]的《公民权在罗马对行省管理中的地位》，宋海斌[②]的《罗马公民权与罗马民族政策》等论文，分别探讨了雅典、罗马时期的公民权发展和相关政策，指出了公民权在古代也是相对的，而公民权最初具有优惠性质，也促进了人们对公民权的追求。张素军[③]的《雅典公民权的起源及其早期发展研究》，对古代雅典的"公民权"是希腊历史上一个重要的政治概念，对希腊城邦特别是雅典公民权的起源问题进行了探讨。张国辉[④]的《试论古罗马的公民权》论述了罗马公民是罗马国家的主体和基础，所以罗马公民权的价值变化关系着罗马国家的兴衰。

莫纪宏[⑤]的《"公民"概念在中国宪法文本中的发展》讲述了近代以来"公民"概念在中国宪法上的体现，及其内涵意义的进步。郭道晖[⑥]的《论公民权与公权利》《公民权与全球公民社会的构建》，吴爽[⑦]的《和谐社会构建中我国公民平等权的实现》，朱忠祥、朱芊、康雁冰[⑧]的《和谐社会视野下的中国公民权问题研究》，金昱彤[⑨]的《文化公民权——民族地区社会整合的新视野》，曹燕妮[⑩]的《公民权：人权的实现途径——〈极权主义的起源〉对人权的思考》，胡宇、赵率帆[⑪]的《论公民权在行政法中的地位》，分别从不同

---

① 孙钊. 公民权在罗马对行省管理中的地位 [J]. 法制与社会, 2009 (25): 17-18.
② 宋海斌. 罗马公民权与罗马民族政策 [J]. 中央民族大学学报（哲学社会科学版），2010, 37 (6): 45-48.
③ 张素军. 雅典公民权的起源及其早期发展研究 [D]. 重庆：西南大学, 2007.
④ 张国辉. 试论古罗马的公民权 [D]. 杭州：浙江大学, 2008.
⑤ 莫纪宏. "公民"概念在中国宪法文本中的发展 [J]. 人权, 2010 (4): 2-6.
⑥ 郭道晖. 论公民权与公权利 [J]. 政治与法律, 2005 (6): 44-47, 28; 郭道晖. 公民权与全球公民社会的构建 [J]. 社会科学, 2006 (6): 112-119.
⑦ 吴爽. 和谐社会构建中我国公民平等权的实现 [J]. 特区经济, 2009 (4): 232-233.
⑧ 朱忠祥，朱芊，康雁冰. 和谐社会视野下的中国公民权问题研究 [J]. 湖南医科大学学报（社会科学版），2009, 11 (6): 52-54.
⑨ 金昱彤. 文化公民权：民族地区社会整合的新视野 [J]. 西部法学评论, 2010 (6): 67-70.
⑩ 曹燕妮. 公民权：人权的实现途径：《极权主义的起源》对人权的思考 [J]. 北京电力高等专科学校学报, 2011 (4): 102.
⑪ 胡宇，赵率帆. 论公民权在行政法中的地位 [J]. 法制与社会, 2011 (35): 170.

角度阐述了公民权的各个方面。易承志①的《现代公民权起源的两种解释：比较与评析》，顾成敏②的《现代公民权与社会团结》，张英洪③的《公民权：现代国家最基本的公共品》是论述公民权的典型论著。易承志认为，现代公民权的起源主要有两种解释框架：一种是以查尔斯·蒂利（Charles Tilly）为代表的战争谈判论。另一种是以马克斯·韦伯（Max Weber）为代表的城市类型论。在结合两种观点的基础上可以得出一个有关公民权起源的比较全面的认识：现代公民权是西方近代资本主义国家特殊经济、政治、社会、文化、历史等因素的产物，在本质上是现代民族国家形成过程中的产物。顾成敏提及在西方社会理论史上，涂尔干（Émile Durkheim）、马歇尔（Thomas Marshall）、帕森斯（Talcott Parsons）等人的贡献时，指出帕森斯"社会共同体"的理论框架，将涂尔干未能很好解决的"机械团结"与"有机团结"两者关系问题有机地结合起来，并将马歇尔的普遍公民权理论应用到探讨现代社会团结问题的研究中，为现代社会整合提供了一种普遍的理论基础及认识维度。这也为我国解决因社会分化而凸显的社会矛盾与因民族差异性、多样性而存在的紧张关系，提供了重要的启示。张英洪指出，公民权已经成为一个衡量社会文明进步的基本指标。中国农民公民权的发展，迫切需要提升。

归纳起来，当前国内学者的公民权研究涉及公民概念中的多方面。第一，有关法律上的公民基本权利与义务是平等的，法律上公民平等权在一定程度上要尊重民族平等权；第二，公民权在我国宪法上的发展；第三，探讨了古希腊、古罗马时期公民平等权的相对性；第四，我国当前公民平等权在某些群体中未能体现的问题；第五，阐述了公民平等权在促进国家公平、正义方面的意义。

2. 关于民族平等

中国共产党在革命战争时期就注意到了民族平等问题，并进行了若干实

---

① 易承志. 现代公民权起源的两种解释：比较与评析［J］. 学术界，2011（1）：51-56.
② 顾成敏. 现代公民权与社会团结［J］. 南京师大学报（社会科学版），2010（6）：45-49.
③ 张英洪. 公民权：现代国家最基本的公共品［J］. 中共福建省委党校学报，2008（6）：22-27.

践，这也是中华人民共和国成立后实行民族优惠政策的前期依据。王跃飞[①]的《党在土地革命战争时期的少数民族政策》，金炳镐、陈庆华[②]的《解放战争时期中国共产党的民族纲领政策（1945.8—1949.9）——中国共产党民族纲领政策形成和发展研究之四》分别论述了在土地革命、解放战争时期，中国共产党实施有效的民族工作，促进少数民族共同参与中国革命。

柳杨[③]的《少数民族参政权研究——以1949年至1954年参加全国政协与全国人大为例》，彭谦、商万里[④]的《从人权的国内保护视角谈我国散杂居少数民族权益的法律保障》，分别从参政权、人权角度探讨少数民族权益的保护。王传发[⑤]的《论平等视域中的我国少数民族权利保护》、李安辉[⑥]的《论中国特色散杂居民族理论的形成与发展》，提出了散杂居民族理论思想，确立和发展了民族乡和城市民族工作制度，丰富和发展了马克思主义民族理论。马戎[⑦]的《民族社会学——社会学的族群关系研究》，在关于"族群"平等上，论及了族群平等和影响族群关系的政策因素，认为在多族群社会里实行优惠政策是很普遍的。从国家层面来看，这类补偿性的平等容易造成两方面的不满：一方面是多数族群感觉机会被不公平侵夺的不满；另一方面是少数族群不甘政治控制的不满。如何解决这个问题，也是一个两难的抉择。祁茜[⑧]的《论少数民族优惠政策和民族平等原则的关系》、王钊冀[⑨]的《民族平等

[①] 王跃飞.党在土地革命战争时期的少数民族政策[J].学术论坛，2005（9）：110-114.
[②] 金炳镐，陈庆华.解放战争时期中国共产党的民族纲领政策（1945.8—1949.9）：中国共产党民族纲领政策形成和发展研究之四[J].黑龙江民族丛刊，2000（2）：12-20.
[③] 柳杨.少数民族参政权研究：以1949年至1954年参加全国政协与全国人大为例[D].北京：中央民族大学，2012.
[④] 彭谦，商万里.从人权的国内保护视角谈我国散杂居少数民族权益的法律保障[J].湖北民族学院学报（哲学社会科学版），2011，29（5）：92-95.
[⑤] 王传发.论平等视域中的我国少数民族权利保护[J].湖北行政学院学报，2012（3）：33-37.
[⑥] 李安辉.论中国特色散杂居民族理论的形成与发展[J].中南民族大学学报（人文社会科学版），2010，30（6）：22-27.
[⑦] 马戎.民族社会学：社会学的族群关系研究[M].北京：北京大学出版社，2004.
[⑧] 祁茜.论少数民族优惠政策和民族平等原则的关系[J].魅力中国，2010（26）：10.
[⑨] 王钊冀.民族平等论[D].北京：中共中央党校，2006.

论》、贺琳凯①的《新中国民族关系与民族政策的互动研究》主要从一般平等理论出发，试图揭示当前民族平等问题规律，找出实现民族平等的新路径。

世界银行东亚及太平洋地区扶贫与经济管理局②的《中国贫困和不平等问题评估》指出我国当前贫困和不平等涉及许多问题。事实上，社会上的一些不平等现象已经引发了学者更多的关注。李雄③的《论平等就业权》、郝红梅④的《平等就业权研究》均涉及了平等就业权的现实情况，以及改变方法。李树忠⑤的《平等权保护论》、吴爽⑥的《论平等权在我国的实现》都从我国的社会主义性质出发，探讨了当前平等权在实现方面面临的问题及法律保障。

3. 关于当前群体优惠政策实施中存在的不平等情况

群体优惠政策实施中存在着不平等的问题，其中对少数民族优惠政策实施中存在的不平等研究较多，少数民族在国家不同领域处于竞争中的不平等现象论述以语言、教育、经济领域居多。

反映在语言上的有王秀娟⑦的《莫旗达斡尔族聚居村落语言现状：腾克镇怪勒村语言调查实录》，其就人口较少民族达斡尔族母语单语人口逐渐减少，形成了全民双语的现象进行讨论，指出语言的有用性对语言的发展有重要的影响，强势语言主导弱势语言发展的趋势是不可改变的，语言教育也应该适应这种客观规律，因地制宜开展双语教育。赵江民⑧的《语言接触影响下的新疆语言规划调适》，阿依古丽·肉孜、郑彩霞⑨的《少数民族学生汉语

---

① 贺琳凯. 新中国民族关系与民族政策的互动研究 [D]. 昆明：云南大学，2010.
② 世界银行东亚及太平洋地区扶贫与经济管理局. 中国贫困和不平等问题评估 [Z].
③ 李雄. 论平等就业权 [D]. 重庆：西南政法大学，2008.
④ 郝红梅. 平等就业权研究 [D]. 济南：山东大学，2009.
⑤ 李树忠. 平等权保护论 [D]. 北京：中国政法大学，2006.
⑥ 吴爽. 论平等权在我国的实现 [J]. 理论观察，2008（2）：23-24.
⑦ 王秀娟. 莫旗达斡尔族聚居村落语言现状：腾克镇怪勒村语言调查实录 [D]. 北京：中央民族大学，2008.
⑧ 赵江民. 语言接触影响下的新疆语言规划调适 [J]. 中南民族大学学报（人文社会科学版），2012，32（6）：13-16.
⑨ 阿依古丽·肉孜，郑彩霞. 少数民族学生汉语学习之"怪"现象分析 [J]. 成功（教育），2009（4）：201-202.

学习之"怪"现象分析》，姚文遐①的《新疆少数民族双语教学的发展》、古丽米拉·阿不来提②的《三语教育中新疆少数民族大学生英语学习的特点及问题分析》，罗建生、易立新③的《我国人口较少民族学生英语学习现状调查与思考》等文章，论述了自身有母语的少数民族学生在学习汉语基础上增加第二外语英语上的缺陷，进而导致在高考竞争乃至就业中的不平等。

苏德、陈中永④的《中国边境民族教育论》系统地论述了边境民族教育中所面临的相关障碍，以及发展对策。

在高等教育上实施的民族优惠政策，近年来受到各界关注。刘思⑤的《高校招生中少数民族优惠政策分析》、黄姗姗⑥的《少数民族考生扶持政策分析》、向莉娟⑦的《教育公平视阈下我国高考加分政策研究》、孙萍⑧的《少数民族高考加分优惠政策存在问题及其调适——以黔东南州为个案》等都对高校招生中少数民族优惠政策进行了探讨。赵亚玲⑨的《高考录取少数民族考生倾斜政策概述与现实分析》、李为超⑩的《新疆少数民族高考优惠政策面临的困境及对策初探》等从边疆稳定出发，探讨了少数民族高考优惠政策的合理性。黄俊官、黄明光⑪的《论民族大学生教育平等权的具体表现》支

---

① 姚文遐. 新疆少数民族双语教学的发展 [J]. 伊犁师范学院学报（社会科学版），2010 (2)：63-67.
② 古丽米拉·阿不来提. 三语教育中新疆少数民族大学生英语学习的特点及问题分析 [J]. 南昌教育学院学报，2011，26（9）：155-156.
③ 罗建生，易立新. 我国人口较少民族学生英语学习现状调查与思考 [J]. 中南民族大学学报（人文社会科学版），2012，32（5）：167-170.
④ 苏德，陈中永. 中国边境民族教育论 [M]. 北京：中央民族大学出版社，2012.
⑤ 刘思. 高校招生中少数民族优惠政策分析 [D]. 长春：东北师范大学，2007.
⑥ 黄姗姗. 少数民族考生扶持政策分析 [J]. 现代商贸工业，2009，21（15）：82-83.
⑦ 向莉娟. 教育公平视阈下我国高考加分政策研究 [D]. 武汉：中南民族大学，2010.
⑧ 孙萍. 少数民族高考加分优惠政策存在问题及其调适：以黔东南州为个案 [D]. 重庆：西南大学，2012.
⑨ 赵亚玲. 高考录取少数民族考生倾斜政策概述与现实分析 [J]. 考试与教育，2007 (4)：35-39.
⑩ 李为超. 新疆少数民族高考优惠政策面临的困境及对策初探 [J]. 宁波广播电视大学学报，2011，9（3）：80-83.
⑪ 黄俊官，黄明光. 论民族大学生教育平等权的具体表现 [J]. 玉林师范学院学报，2002，23（4）：94-95，99.

持维持我国的少数民族高考加分政策。李成①的《宪法视域中的高等教育机会平等与少数民族录取优惠政策》指出，保障少数民族平等接受高等教育的权利是我国宪法平等的重要组成部分。经过60余年的发展演变，也已形成一套较为成熟的优惠政策体系。随着时代发展，一些地区民族成员受教育程度已经均等，此项优惠政策正面临如何与宪法民族平等条款和公民平等权利条款相协调的理论与实践问题。

少数民族当前不平等的现象在经济上具有区域因素。黄颂文、宋才发②的《西部民族地区扶贫开发及其法律保障研究》，张建平、赵海云③的《东西部区域经济合作问题研究》分别阐述了西部民族地区贫困现象的原因，并提出开发的措施，以及相关的法律保障。田钊平④的《我国民族地区优惠政策效应评价与制度建设研究》、王文长⑤的《民族自治地方资源开发、输出与保护的利益补偿机制研究》认为，国家在民族地区实施的优惠政策稳定性不够、有效性不足，对自然资源消费的付费和对利益受损者的补贴不合适，是民族地区与东部地区的发展差距日趋扩大的根本原因，需要对民族地区经济开发和优惠政策合理规划。向娟⑥的《论民族优惠政策的实施》以恒合土家族乡为例，探讨了该乡民族优惠政策利用中不相适宜的部分。汪德德⑦的《中国少数民族财政政策研究》、李惠英⑧的《西部大开发中少数民族地区财政政策研究》，则从中国财政政策上展示了少数民族享受的优惠政策。

---

① 李成. 宪法视域中的高等教育机会平等与少数民族录取优惠政策 [D]. 上海：上海交通大学，2011.
② 黄颂文，宋才发. 西部民族地区扶贫开发及其法律保障研究 [M]. 北京：中央民族大学出版社，2006.
③ 张建平，赵海云. 东西部区域经济合作问题研究 [M]. 北京：中央民族大学出版社，2007.
④ 田钊平. 我国民族地区优惠政策效应评价与制度建设研究 [J]. 华东经济管理，2010，24（8）：41-50.
⑤ 王文长. 民族自治地方资源开发、输出与保护的利益补偿机制研究 [J]. 广西民族研究，2003（4）：103-107.
⑥ 向娟. 论民族优惠政策的实施 [J]. 合作经济与科技，2010（4）：30-31.
⑦ 汪德德. 中国少数民族财政政策研究 [D]. 北京：中央民族大学，2011.
⑧ 李惠英. 西部大开发中少数民族地区财政政策研究 [D]. 北京：中央民族大学，2005.

对于民族优惠政策的理论依据，路宪民[①]的《社会主义民族优惠政策的理论依据及其现实意义》、张锐[②]的《少数民族优惠政策探析》认为，民族优惠政策是马克思主义解决民族问题的一项基本原则，有很深的现实意义，并对如何调整和完善该政策进行了初步探讨。

从对比分析的角度出发，国内一些学者对国外一些成熟的民族优惠政策加以剖析，王凡妹和周少清是其中的高产者。王凡妹[③]的《美国"肯定性行动"的历史沿革——从法律性文件的角度进行回顾与分析》《试论意大利裔美国人在"肯定性行动"中遭遇的困境》《教育领域的种族/民族优惠政策及其社会效果——美国高校"肯定性行动"的启示》论述了在诸多以少数族群为被保护对象的"肯定性行动"计划中，由于族裔之间对优惠政策的不同态度，像意大利裔美国人被排除在种种计划之外，为了谋求利益，一些族裔争取改变族属的态度。周少青[④]的《反歧视："肯定性行动"政策和立法的本位——"肯定性行动"刍议（一）》《矫正措施：助力于反歧视的实践——肯定性行动刍议（二）》《"多元化"：后矫正时期的权利话语——肯定性行动刍议（三）》《多元利益平衡：成果与现实——肯定性行动刍议（四）》在肯定少数族裔优惠政策的同时，阐述了随着当前美国族裔发展平等的条件逐步具备，传统的少数族裔优惠政策逐步让步于"多元文化政策"，而"肯定性行动"

[①] 路宪民. 社会主义民族优惠政策的理论依据及其现实意义［J］. 民族论坛，2011（16）：67-70.

[②] 张锐. 少数民族优惠政策探析［J］. 文山学院学报，2010，23（3）：69-71，89.

[③] 王凡妹. 美国"肯定性行动"的历史沿革：从法律性文件的角度进行回顾与分析［J］. 西北民族研究，2010（2）：45-80；王凡妹. 试论意大利裔美国人在"肯定性行动"中遭遇的困境［J］. 西南民族大学学报（人文社会科学版），2010，31（5）：64-70；王凡妹. 教育领域的种族/民族优惠政策及其社会效果：美国高校"肯定性行动"的启示［J］. 民族社会学研究通讯，2012（110）：8-34.

[④] 周少青. 反歧视："肯定性行动"政策和立法的本位："肯定性行动"刍议（一）［N］. 中国民族报，2013-01-18（8）；周少青. 矫正措施：助力于反歧视的实践：肯定性行动刍议（二）［N］. 中国民族报，2013-01-25（8）；周少青. "多元化"：后矫正时期的权利话语：肯定性行动刍议（三）［N］. 中国民族报，2013-02-01（8）；周少青. 多元利益平衡：成果与现实：肯定性行动刍议（四）［N］. 中国民族报，2013-02-08（8）.

带来的历史影响是民族平等的观念深入人心。刘曲[①]的《"模范少数族裔"形象对亚裔及其他少数族裔的负面影响》指出,"模范少数族裔"不合时宜地将所有亚裔美国人都归于成功一族,而且夸大了他们在教育和社会经济地位上所取得的成就,成为美国"肯定性行动"中的负面产品。孙雁[②]的《"肯定性行动"后的美国大学录取:择优与多元之间的平衡》,陈鹏[③]的《少数民族考生高考享受倾斜性政策的合宪性——以美国 Bakke 案中的两个对立逻辑为视角》,王玉平、魏良臣[④]的《美国少数族裔高等教育公平问题研究》等都从美国对少数族裔实行的优惠政策方面进行了探讨,从法律及现实效果、发展趋势上,探讨了这类优惠政策的正面及负面作用。

4. 当前民族优惠政策的"名不副实"问题

随着时代的发展,我国由计划经济过渡到市场经济后,许多原有的民族优惠政策在执行中无法得到落实。殷笑梅[⑤]的《少数民族大学生就业问题探析》,李光明[⑥]的《少数民族大学生就业难的成因及对策》,张超[⑦]的《少数民族大学毕业生择业变通性及完善性准备》,热娜古丽·夏克热、刘汉成、王磊[⑧]的《少数民族大学毕业生的就业问题浅析》分别就少数民族大学毕业生择业难现象的原因进行了分析,指出存在优惠政策的因素,培养成功的少数

---

① 刘曲. "模范少数族裔"形象对亚裔及其他少数族裔的负面影响 [D]. 北京:外交学院,2007.
② 孙雁. "肯定性行动"后的美国大学录取:择优与多元之间的平衡 [J]. 民族社会学研究通讯,2012 (110):1-7.
③ 陈鹏. 少数民族考生高考享受倾斜性政策的合宪性:以美国 Bakke 案中的两个对立逻辑为视角 [J]. 考试与教育,2009 (5):20-24.
④ 王玉平,魏良臣. 美国少数族裔高等教育公平问题研究 [J]. 教育科学,2011,27 (6):91.
⑤ 殷笑梅. 少数民族大学生就业问题探析 [J]. 黑龙江民族丛刊,2009 (1):184-187,192.
⑥ 李光明. 少数民族大学生就业难的成因及对策 [J]. 云南民族大学学报(哲学社会科学版),2005 (6):118-120.
⑦ 张超. 少数民族大学毕业生择业变通性及完善性准备 [J]. 西南民族学院学报(哲学社会科学版),2001 (9):220-223.
⑧ 热娜古丽·夏克热,刘汉成,王磊. 少数民族大学毕业生的就业问题浅析 [J]. 魅力中国,2011 (21):525-526.

民族大学生的质量有一定问题,并提出,少数民族大学生在享受优惠政策的同时,一定要拥有教育质量,以及少数民族大学生在竞争中发挥自身优势,并转变择业观念。江曼琦、翁羽[1]的《散杂居城市少数民族就业竞争力与对策研究》,谈及散杂居少数民族成员就业的影响因素,并提出相应的对策。

5. 不同类型的优惠政策现状

针对不同群体、不同诉求,国家出台了不同的优惠政策。经济上的优惠政策占主要地位,扶贫优惠研究一直是学界的一个热点,近年来对扶贫研究的公平问题上,更多地集中在精准扶贫研究上,如王雯[2]的《社会工作介入精准扶贫策略探讨》指出,社会工作者介入精准扶贫,有助于扶贫实施的精准化。孟雪静[3]的《习近平"精准扶贫战略"的内容、特征与当代价值研究》也是对加快决胜全面建成小康社会的步伐、实现社会公正、促进人的自由而全面发展的一次实践探索。姚健[4]的《培育贫困主体的正义感能力提升精准扶贫成效——以湖北通城县H村为例》强调,培育贫困主体的正义感,有助于提升贫困主体的可行能力,促进扶贫制度实现正义和合理化。

其他经济上的优惠政策研究还有"大学生创业""返乡农民工创业""军人创业""农村青年创业"等。何昕芸、李剑富[5]的《大学生创业政策发展演变及其优化建议——基于江西相关政策文本分析》从江西省的政策分析大学生创业政策当前存在的问题与不足,并提出推进政策的制度化法律化、设立专门的政策服务机构、扩大政策宣传的力度效果等政策建议。刘玉侠、任丹丹[6]的《返乡创业农民工政策获得的影响因素分析——基于浙江的实证》对

---

[1] 江曼琦,翁羽. 散杂居城市少数民族就业竞争力与对策研究[J]. 城市经济,2009(2):41-45.
[2] 王雯. 社会工作介入精准扶贫策略探讨[J]. 办公室业务,2022(2):63-64.
[3] 孟雪静. 习近平"精准扶贫战略"的内容、特征与当代价值研究[J]. 洛阳师范学院学报,2020,39(7):1-5.
[4] 姚健. 培育贫困主体的正义感能力提升精准扶贫成效:以湖北通城县H村为例[J]. 湖北社会科学,2018(4):81-88.
[5] 何昕芸,李剑富. 大学生创业政策发展演变及其优化建议:基于江西相关政策文本分析[J]. 中国大学生就业,2020(22):57-63.
[6] 刘玉侠,任丹丹. 返乡创业农民工政策获得的影响因素分析:基于浙江的实证[J]. 浙江社会科学,2019(11):58-64,157.

浙江农民工返乡创业进行了数据建模分析，认为通过人力资本水平的提升、增加创业政策了解与提升创业规模，来提升返乡创业农民工创业政策的获取能力，最终实现更好的创业政策获得。军人创业多为复员和退役军人创业研究，如田儒亮[1]的《浅议做好军队改革新时期的退役军人就业创业工作》认为，改革与完善退役军人就业创业机制，不仅有助于更好地维护退役军人的合法权益，更有助于健全包括退役军人优抚安置制度在内的社会保障体系。

残疾人有着特殊的优惠政策，其社会关注点众多，研究的数量也居多，多集中在就业、税收方面，如彭慧斌、刘厚兵[2]的《实例解析残疾人就业保障金的优惠政策》，黄亦丽[3]的《调整福利企业优惠政策服务残疾人就业与地方经济发展》等，强调税收、福利政策有助于提升残疾人就业。

华侨、港澳台群体的优惠政策多集中在经济税收和子女教育上。相关研究数量较少，张赛群[4]的《新时期我国华侨投资政策分析》认为，我国政府对华侨投资整体上贯彻"平等互利、同等优先"的原则，并取得了明显的效果。陆明亮[5]的《谈谈我国涉外税收优惠存在的问题和解决的意见》论述了对外资税收优惠政出多门，对税收优惠的制定缺乏通盘考虑和统一安排等问题。

对军人群体、烈士遗属群体的优惠政策研究多为抚恤政策的研究，如熊彤[6]的《新中国成立初期的革命烈士褒扬抚恤工作——以〈人民日报〉为中心的考察》指出，中华人民共和国对革命烈士的褒扬抚恤工作，树立了革命烈士的光辉形象，弘扬了革命烈士的崇高精神，对中华人民共和国成立初期

---

[1] 田儒亮.浅议做好军队改革新时期的退役军人就业创业工作［J］.四川劳动保障，2020（1）：21.
[2] 彭慧斌，刘厚兵.实例解析残疾人就业保障金的优惠政策［J］.税收征纳，2019（12）：46-48.
[3] 黄亦丽.调整福利企业优惠政策服务残疾人就业与地方经济发展［J］.东方企业文化，2012（18）：244.
[4] 张赛群.新时期我国华侨投资政策分析［J］.科学社会主义，2010（6）：136-139.
[5] 陆明亮.谈谈我国涉外税收优惠存在的问题和解决的意见［J］.涉外税务，1989（6）：33-35.
[6] 熊彤.新中国成立初期的革命烈士褒扬抚恤工作：以《人民日报》为中心的考察［J］.当代中国史研究，2020，27（2）：9-23，156.

社会价值观的塑造产生了积极影响。此外，还有一些抚恤政策标准的提升等文献资料。中华人民共和国成立后，对抚恤政策实施的公平性研究还较为缺乏。

总体上来说，这些群体的优惠政策与公平正义的关系研究处于半空白状态。

6. 如何解决公民平等权与群体优惠政策统一

"共同发展"是我国弥补各群体差异的一个原则。从民族平等来说，张兴堂[1]的《再谈"民族问题"和"民族矛盾"的异同》、申梦博[2]的《应用人类学解决我国民族问题的功能分析》分别从不同角度谈及我国产生民族问题的原因，并从不同角度探讨解决办法。张伟[3]的《统筹地区发展，促进各民族共同繁荣》，认为统筹地区发展，促进各民族共同繁荣，是实现社会主义和谐社会的重要保证。

为了解决民族问题，学界进行了多方争议，有的学者提出了新时代下的民族融合观点。费孝通[4]的《中华民族多元一体格局》提出的"中华民族"多元一体是有助于提高各民族高层次民族认同乃至国家认同的理念。关于构建"中华民族"多元一体的方法，不同学者专家做了很多探讨。哈正利[5]的《中华民族复兴与民族问题的解决》、纳日碧力戈[6]的《现代背景下的族群建构》，论述了中华民族复兴与民族问题的解决有着密切的联系。在实现中华民族伟大复兴的前提下解决我国的民族问题，必须深刻认识到，中华民族复兴是各民族的共同追求，中华民族复兴离不开各民族共同进步和团结奋斗。胡

---

[1] 张兴堂. 再谈"民族问题"和"民族矛盾"的异同 [J]. 西南民族大学学报（人文社会科学版），2012, 33（6）：20-23.

[2] 申梦博. 应用人类学解决我国民族问题的功能分析 [J]. 内蒙古社会科学（汉文版），2010, 31（2）：60-63.

[3] 张伟. 统筹地区发展，促进各民族共同繁荣 [J]. 赤峰学院学报（汉文哲学社会科学版），2011, 32（5）：82-83.

[4] 费孝通. 中华民族多元一体格局 [M]. 北京：中央民族大学出版社，1999.

[5] 哈正利. 中华民族复兴与民族问题的解决 [J]. 中共济南市委党校学报，2008（2）：105-108.

[6] 纳日碧力戈. 现代背景下的族群建构 [M]. 昆明：云南教育出版社，2000.

鞍钢、胡联合①的《第二代民族政策：促进民族交融一体和繁荣一体》认为，我国民族政策应从第一代向第二代转型，即在政治、经济、文化、社会等各方面促进国内各民族交融一体，不断淡化公民的族群意识和民族的观念，不断强化中华民族的身份意识和身份认同。胡鞍钢、胡联合的观点引发了许多学者的反论。陈烨②的《关于当前促进"民族融合"论之我见》、金炳镐等③的《民族问题"去政治化""文化化"："新思路"还是"老套路"？——民族理论前沿研究系列论文之三》等文章对民族融合的时间、性质提出疑问，反对盲目学习西方解决民族问题的方法。也有学者从发展角度探讨了民族融合将增强。张千帆④的《如何促进民族和谐》认为，随着民族自治地方和其他地区在人员、物质交往的密切，民族融合将增强。张曙光⑤的《民族信念与文化特征——民族精神的理论研究》强调了当前建立良好的民族精神的重要性。严庆⑥的《从冲突到整合——民族政治关系模式研究》提出，没有来自国家的同化压力，民族意识就会处于正常、合理的状态，肯定了国家在"摒弃民族同化的政策，以塑造共同的公民认同和鼓励文化多样性维护多民族国家的稳定"的重要性。

（三）国内国外研究现状分析

国内国外学者对公民权的起源、发展梳理得比较到位，但在有关群体优惠政策的实行上，有着一定的争议。争议的焦点在于：（1）群体优惠政策是否应该不分类型地、不计时限地持续实行；（2）某些群体优惠政策是否产生了一种新的不平等——逆向歧视；（3）如何构建一种合适的公民平等观念；

---

① 胡鞍钢，胡联合.第二代民族政策：促进民族交融一体和繁荣一体[J].新疆师范大学学报（哲学社会科学版），2011，32（5）：1-12，110.
② 陈烨.关于当前促进"民族融合"论之我见[J].黑龙江民族丛刊，2012（1）：39-44.
③ 金炳镐，孙军，肖锐.民族问题"去政治化""文化化"："新思路"还是"老套路"？——民族理论前沿研究系列论文之三[J].黑龙江民族丛刊，2012（3）：1-16.
④ 张千帆.如何促进民族和谐[J].中国法律（中英文版），2009（2）：13-15，70-71.
⑤ 张曙光，杨叙子，刘献君，等.民族信念与文化特征：民族精神的理论研究[M].北京：人民出版社，2009.
⑥ 严庆.从冲突到整合：民族政治关系模式研究[D].北京：中央民族大学，2010.

(4) 群体优惠政策应该如何调整；等等。

从理论上来讲，群体优惠政策有着其自身的进步意义，是为了帮助弱势群体能在社会中更好的生活，抑或帮助落后群体尽快发展起来。但在现实社会中，也存在一定的不利因素，导致一些群体心理上不能"断奶"。而且一些群体对这种利益分割不认可，进而固化某些群体的身份不愿改变。这些都是需要探讨的问题。

从法律上讲，一个国家所有群体都是这个国家的公民，都是平等的。但由于一个人出生的地域、家庭环境等不同，必然存在着一种先天的不平等。从保障公民生存权、发展权的角度出发，国家有必要给予这类成员特殊的照顾。但将其群体固化是否恰当？这是值得思考的问题。相同条件下，刻意对某些群体进行特殊对待，容易造就新的公民平等权的失落。

客观来看，不同类型的群体优惠政策都是有着特殊的时代背景及特定的时代要求的，我们需要将其放在特定条件下去分析，完全否定其积极意义，过分夸大其消极意义都是不对的。

构建公民平等权，只有加快社会主义建设，促进国家总体实力，才能促进人们对群体优惠政策的正确认知，有助于国家各阶层达到一种追求公正的思想观念的共识。

二、研究意义和创新

当前，人民的公民意识不断觉醒，维护自身权利的意识也在不断加强。许多人认识到个体之间在法律上处于一个平等概念之下，但在现实中，个体之间却面对着一些事实上的不平等，这些不平等带有程序、机会、结果中的不平等。为此，人们开始针对当前社会上许多结果乃至机会、程序上的不平等现象屡屡发出疑问，而群体优惠政策也成为其中的一个质疑点。从公民平等权出发探讨群体优惠政策，其创新点可以体现在以下几方面：

其一，如何让人们客观认识这种群体优惠政策的利与弊、改进与创新、暂时与持久的问题，也就成为当前研究的一个重要之处。

其二，从某种情况下来看，中国正处于社会的拐点，许多引发人们质疑的不平等现象中，特定群体优惠政策仅仅是其中的一点，而这一点同当前一些特权现象具有可比之处，这也是当前值得研究的一方面。

其三，探讨群体优惠政策与公民平等权之间的关系，也探讨了如何促进各民族之间对公民概念的认同，进而达到对国家的认同，从而接受一种平等概念的需要。

其四，基于国家公民概念的各群体中每个个体的公民意识的创建，具有促进社会团结的现实意义。

三、研究方法

社会学在研究中讲究对比、定量等方法。

一是对比的方法。主要分为：第一，对比公民权概念在中国不同发展时期人们对其概念的理解和接受程度，从中探讨中国公民意识的增进，进而对群体优惠政策提出疑问的原因。第二，对比西方同中国在公民概念中的实践，探讨公民国家树立公民意识有助于国家认同。第三，主要通过比较西方国家、俄罗斯、乌克兰等国，印度、巴西等国在群体优惠政策方面的成功及失败经验，来探讨我国群体优惠政策，及相关值得进一步研究改进的方面。

二是定量的方法。通过列举相关的实例，来说明群体优惠政策在当前与公民平等权的冲突，以及需要保留部分的重要性。

三是理论的方法。旨在通过多学科交叉与综合基础上的学科进行例行研究，主要涉及人类学、法学、伦理学、社会学、历史学的相关知识，通过一些理论定义来阐述相关的公民权研究。

四是历史研究。通过公民权、公民概念的发展历史，以及群体优惠政策在我国、其他国家的发展情况，以及这些问题的起源、演化和发展过程，来揭示公民平等权具有三方面的平等，集中在机会平等、结果平等、程序平等。而这些平等不能是一种绝对的平等，必然要受到时代的限制，属于一种差别平等。

五是对策研究。本书通过探讨相关的理论问题，最终研究的落脚点和归宿，在于探讨实现公民平等权和群体优惠政策有效统一的途径。

首先，在写作过程中，主要运用文献收集、整理和分析的方法。一方面查阅图书馆馆藏纸质书籍、期刊，针对有关公民平等权的相关法律著作，以及相关论文，对公民平等权建立一个清晰的概念基础，并对我国公民平等权的现状有深入了解。并且通过查阅中华人民共和国成立以来群体优惠政策的各种文本，形成与我国群体优惠政策相关的资料文献基础。另一方面充分运用图书馆资料和互联网图书期刊资料库进行理论研究和综述研究，收集、整理关于国内外有关群体优惠政策的各种资料。其次，关注相关新闻热点问题，将其与所研究的问题进行联系、结合，寻找出其背后的原因。再次，在占有一定资料的基础上，将资料进行分类、整理、归纳、筛选，形成了写作的资料积累，运用综合学科的规范研究方法，构建本书的研究分析框架。最后，本书的行文结构主要采用的是学术界普遍采用的理论分段论述的划分方法，将公民平等权、群体优惠政策分别论述，最终探讨其统一的措施，挖掘公民平等权与群体优惠政策制定的基本依据和目的，从而力求寻找一种促进公平正义二者有效结合的措施。

第一章

公民平等权概念及历史由来

第一节 公民平等权及其相应概念

一、公民与公民权概念

谈到公民平等权,最先需要了解的是公民、公民权。让-雅克·卢梭在《社会契约论》中将公民定义为,"一个由全体个人联合起来形成的公共人格,以前称为'城邦',现在称为'共和国'或'政治体'。至于结合者,总结起来就称为'人民',作为主权的参与者,则每个人都称为'公民'"[①]。按照让-雅克·卢梭的定义,公民具有政府决策的参与权,属于拥有话语表达权的人民。

在现代国家话语体系中,公民是指这样的一切社会成员:个体拥有相应的国籍,其所属国家依据宪法和法律,给予其享有的相应的权利及义务。逻辑学中包含逻辑结构的"内涵"与"外延"。内涵多指概念所涉及的对象本身特别的全部属性,而外延则指概念包含的对象数量或者其范围。一个概念的内涵越大越丰富,则其对应的外延就越小。这就需要区分公民和人民概念。公民概念的外延大于人民,也即人民的内涵大于公民。对人民的要求更多,

---

① 卢梭. 社会契约论 [M]. 李平沤,译. 北京:商务印书馆,2012:20.

随着时代的发展有不同的对象。公民所要求的仅仅是国籍。我国宪法第三十三条规定："凡具有中华人民共和国国籍的人都是中华人民共和国公民。"公民和人民在我国的区别在于：第一，两者包含的范畴不同。公民属于法律概念，多表现的是国别差异；人民属于政治概念，多表现的是敌我矛盾。第二，公民与人民所包含的范围大小不同。公民概念包括国家所有的社会人员，而人民不是。对于法律上被剥夺政治权利的人员，以及处于敌对地位的人员来说，人民的概念是排除的。我国宪法规定：凡是具有中华人民共和国国籍，并依据我国宪法和法律的规定，享有一定的权利，承担一定义务的人，就是中华人民共和国的公民。公民的概念是广泛的，它既包括人民，还包括被剥夺政治权利的罪犯等。它强调的是居民的法律身份，注重对居民的法律管辖权限。人民是一个带有阶级属性的词汇，主要是相对"敌人"而言。同时，人民也有其时代性，它注重于支持进步的、向上的、正义的个人、群体、阶层等。在不同的国家和各个国家的不同历史时期，人民的范围也不一样。像抗日战争时期，在统一战线的旗帜下，所有拥护抗日的人员、集团、阶级和阶层，都属于人民的范围。在中华人民共和国成立后，努力为社会主义建设服务，拥护和支持社会主义事业的人、阶级和阶层都属于人民的范畴。第三，公民与人民之间所享有的权利和义务不同。公民中分为人民与其他人员，其他人员包括敌对分子、犯罪人员等。人民享有国家法律所规定的一切权利并履行全部义务；而其他人员像敌人、罪犯等，其权利是全部或部分、或永久或短期被剥夺的。第四，公民和人民概念表达的集合性质不同。公民带有个体性质，而人民带有群体集合性。

  论及公民，就离不开公民权。从字面上理解，公民权就是公民的权利。最早对公民权以明文加以规定的是资产阶级，他们以宪法的形式加以确认。资产阶级把公民基本权利称作人权和公民权，并把它作为资产阶级宪法的核心内容。[1] 不同的学者对公民权范围的界定不同，不过，大多数学者都赞同把公民权视为具有法律效力的社会地位、政治认同资源，履行公民责任和义务

---

[1] 周叶中.宪法［M］.2版.北京：高等教育出版社，2005：262.

的要求，获取社会福利和政治权利的保证。英国著名的"公民权理论权威"马歇尔基于对英国的公民权发展历史的研究，提出了马歇尔研究范式，在其代表作《公民权与社会阶级》中指出，"公民权"由三个部分组成，即市民权利、政治权利、社会权利。① 此论到现在也没有过时。②

在《辞海》中，公民权是"公民依法享有的人身、政治、经济、文化等方面的权利。其中，由宪法规定的称为公民基本权利"③。在现代学者眼中，公民权的定义也很多。例如，所谓公民权，是指公民受法律确认、保护、享有的一定的社会权利和利益。公民权内涵比较丰富，其中的民主政治权、劳动权、受教育权、健康权和平等权，是涉及公民最直接、最现实、最紧迫的民生权益。公民权作为现代国家最基本的公共物品，有以下几个特点：第一，公民权具有全国性，是一种全国性的公共物品而非地方性公共物品，因而公民权的确立需要国家通过最高法律——宪法——来规定和保障。第二，公民权具有统一性，是国家赋予国民共同享有的作为现代国家统一的成员资格和身份权利，公民权不同于地方或社会组织成员资格的分割性和封闭性。第三，公民权具有平等性，即在一个民族国家主权范围内所有社会成员都享有平等的公民身份。④

从中我们可以看出，公民权利有两方面的含义：一是指一种由法律规定并予以保障的公民的某种行为，这是指权利的客观方面；二是指从享受权利者的角度来看，公民又必须通过自己的行为将这种规定性变为现实。

从另一个角度来看，我们还要看到其中的公民基本权利和基本义务。权利是"义务"的对称，是法律对公民或法人能够做出或不做出一定行为，并要求他人相应做出或不做出一定行为的许可。义务是指国家通过宪法和法律

---

① MASHALL T H. Citizenship and Social Class and Other Essays [M]. Cambridge: The Cambridge University Press, 1950: 79.
② 苏昕."城市新移民"公民权的缺失及回归探析 [J]. 中国行政管理, 2012 (5): 46-50, 97.
③ 《辞海》编辑委员会. 辞海 [M]. 缩印本. 上海：上海辞书出版社, 1999: 368, 340.
④ 朱忠祥，朱芊，康雁冰. 和谐社会视野下的中国公民权问题研究 [J]. 湖南医科大学学报（社会科学版），2009, 11 (6): 52-55.

对公民做出规定，要求公民必须从事某种行为。两者的根本区别在于：义务有强制性履行的要求，而权利不具备这样的要求，可以选择舍弃。

由此可知，公民的基本权利也称宪法权利或者基本人权，这种权利是由国家的根本大法——宪法规定的，是公民所享有的主要的权利，这种权利确保每个公民都拥有。事实上，各国的法律涉及的方面很多，包括的公民权利内容也很多，既有基本权利，也有一般权利。而宪法是任何国家的根本法，对公民的权利只能确认基本的权利。基本权利和一般权利本质上是相同的，但区别也是明显的。基本权利自身的法律特性包括：首先，基本权利决定着公民在国家中的法律地位；其次，基本权利是公民在社会生活中最主要、最基本而又不可缺少的权利；再次，基本权利具有母体性，它能派生出公民的一般权利；最后，基本权利具有稳定性和排他性，它与人的公民资格不可分，与人的法律平等地位不可分，因而是所谓"不证自明"的权利。当前我国宪法规定的公民的基本权利主要包括几个大的方面：公民参与政治生活方面的权利和自由；公民的人身自由和信仰自由；公民的社会、经济、教育和文化方面的权利；特定人的权利。[①] 而一般权利对公民的权利是具体化、明确化的某方面的表述。

相对于基本权利而言，公民的基本义务又称宪法义务，这种义务来自宪法规定，强调公民必须承担和遵守，是公民的责任。公民的基本义务强调的是公民对国家必须具有的首要意义的义务，它是普通法律规定的义务的基础。公民的基本义务与基本权利共同体现了公民在所属国家中的政治与法律地位，也是普通法律所施行的公民权利和义务的基础和原则。

可以说，公民权中基本的、主要的部分，通常由宪法加以明确规定。我国宪法对公民基本权利的规定，反映了公民基本权利的平等性、真实性、广泛性以及权利和义务两者的一致性。在社会主义社会，权利与义务是一致的，不可分离，在法律上一方有权利，另一方必有相应的义务，或者互为权利义务；任何公民不能只享有权利而不承担义务，也不会只承担义务而享受不到权利。

[①] 周叶中. 宪法 [M]. 2版. 北京：高等教育出版社，2005：269-284.

我们需要知道，公民权的形成需要公民意识的认知，而公民意识需要社会教育的提升，促使公民对于自身权利、义务，以及自身身份的认同。这种认同包括公民对自身在国家中的地位、国家制度、社会责任、社会权利，以及社会规范的看法和观点，进而使自身的行为规范符合国家和社会的要求。此外，还包括人们对社会政治生活和人们行为的合理性、合法性进行自我价值、自我人格、自我道德的评判，对实现自身应有的权利和义务所取手段的理解，以及由此产生的对社会群体的情感、依恋、感应和对自然与社会的审美心理的意向。①

我国公民的共同意识是多方面的，比如，社会主义制度下实行人民民主专政，国家实行民族区域自治等。

二、宪法中公民平等权与民族平等权的体现

（一）公民平等权在宪法中的体现

作为一个国家的最高法、基本法，宪法是国家治理的总章程，它主要是从国家层面来说的。宪法最主要、最核心的价值在于它是公民权利的保障书。②

中华人民共和国成立后首次使用公民一词是在 1953 年的选举法中，即《中华人民共和国全国人民代表大会和地方各级人民代表大会选举法》，其第四条写道："凡年满十八周岁之中华人民共和国公民，不分民族、性别、职业、社会出身、宗教信仰、教育程度、财产状况和居住期限，均有选举权和被选举权。"但仅此一处涉及"公民"一词。"公民"概念正式出现在宪法文本中是在 1954 年的宪法里。以公民的基本权利为基础，通过单独设立一章"公民的基本权利和义务"，建立我国公民的基本权利的完整法律结构，奠定了中华人民共和国历部宪法所确立的公民的基本权利的制度基础。尤其是 1954 年宪法第八十五条规定："中华人民共和国公民在法律上一律平等。"这

---

① 姜涌. 中国的"公民意识"问题思考 [J]. 山东大学学报（哲学社会科学版），2001(4)：82-87.
② 周叶中. 宪法 [M]. 2 版. 北京：高等教育出版社，2005：37.

群体优惠政策：遵循公民平等权 >>>

一规定明确了公民权中平等权的含义，即有助于公民从法律上来申诉自己感觉遭受了不公平待遇的权利。自然，由于中华人民共和国成立初期，国家在法制建设和制度建设方面尚处于探索阶段，走了许多弯路，甚至带有些"极左"思想的痕迹。因此，1954年、1975年、1978年宪法尽管规定了"公民的基本权利"的权利体系和结构，但由于中华人民共和国成立以来各种政治因素的影响，一方面宪法文本中未能确认"公民资格"。另一方面，当时社会中的公民权利在"极左"运动中遭受破坏。党的十一届三中全会开始拨乱反正，1982年新修订的宪法构建了完整的宪法权利以及公民的基本权利体系和结构，是中华人民共和国成立以来较完备的一部宪法。既体现了公民权的基本方面，又根据我国的具体国情，丰富和完善了宪法权利和公民的基本权利，增设了许多新的权利，体现了该宪法在保障宪法权利和保护公民的基本权利方面所具有的先进理念。

关于平等权的定义，一般是指公民依法享有权利和履行义务，不受任何差别对待，要求国家同等保护的权利。从定义中可以看出，平等权适用的人群主体仅仅是公民，即任何一个国家的构成主体。平等权概念包括以下几层含义。首先，平等权并不只是指在适用法律上的平等，严格地说，它由四部分组成：一是权利平等，即所有的公民平等地享有法律规定的权利；二是义务平等，即所有的公民平等地履行法律规定的义务；三是法律适用平等，即国家机关在适用法律时平等地对待所有的公民，在保护或惩罚上一视同仁，不可因人而异；四是法律界限平等，即任何组织或个人都没有超出宪法和法律的特权。这四部分是一个有机的整体，它们的统一构成了法律上的平等权。其次，平等权表达的是一种基于正义和公正的原则和信念。这种原则和信念基于这样的一种理念：否定强调有差别的个人，且把社会等级的存在视为社会正义的基础，依据每个人的身份或社会地位有差别地分配权利义务，对多数人的自由严加限制而对少数人的自由加以特殊保护的社会现象和制度。为此，平等权强调一视同仁的原则，且这种原则包含相互的个体和群体。我国继承法中有继承权男女平等的规定，刑法中任何人犯罪一律平等处罚的条款，以及要求执法公正和司法公正等内容，都体现着这种原则和信念。最后，平等权带有绝对性和相对性的统一。我国宪法第三十三条规定："凡具有中华人民共和国国籍的人都是中华人民共和国公民。中华人民共和国公民在法律面前一律平等。"其相对性是要求享有平等权的公民，其权利不能超越法律。绝对性主要表现在两方面：一是公民享有和实施权利的可能性是绝对的——只要是法律规定的权利，公民都享有这项法定权利且拥有将之变为现实的可能性；二是公民在一般基本权利（即那些在任何时候或任何条件下都不可剥夺的权利）的享有是绝对的，如尊严权、人格权和精神自由等一般基本权利，即便是罪大恶极的罪犯在临刑前，他的尊严、人格和精神自由也像其他公民那样受到法律一视同仁的保护。从平等权适用的具体领域看，平等权可以分为政治生活领域平等权、经济活动领域平等权、社会生活领域平等权与文化生活领域平等权等。这些领域的平等权既有法律上的，也有政策上的。从人们的平等思想的信念和原则来说，牵扯着每个公民内心的平衡。

（二）民族平等权在宪法中的体现

中华人民共和国是以马克思主义为指导的社会主义国家，其民族关系的理论依据是马克思主义的民族理论。马克思主义的民族理论是以民族平等思想为核心的基本内容，归纳起来主要有五方面：第一，主张和坚持一切民族的平等，坚决反对任何民族拥有任何特权；第二，主张和坚持各民族在一切权利上的平等，并对少数民族的权利给予更多保护；第三，主张消灭私有制、消灭阶级，铲除导致民族不平等的社会根源来实现各民族真正的平等；第四，主张和坚持民族平等不仅表现在政治法律上，还应体现在社会关系、社会生活的各方面，成为真正的社会关系；第五，主张实现民族平等与民族团结、民族联合、民族发展的有机统一。[①]

关于民族平等权，我国宪法第四条规定："中华人民共和国各民族一律平等"，"禁止对任何民族的歧视和压迫"。这条宪法表明了各民族在法律上一律平等的权利。在中国，各民族一律平等包括三层含义：一是各民族不论人口多少，历史长短，居住地域大小，经济发展程度，语言文字、宗教信仰和风

---

① 吴仕民．中国民族理论新编［M］．北京：中央民族大学出版社，2006：210-211．

群体优惠政策：遵循公民平等权 >>>

俗习惯是否相同，政治地位一律平等；二是各民族不仅在政治、法律上平等，而且在经济、文化、社会生活等所有领域平等；三是各民族公民在法律面前一律平等，享有相同的权利，承担相同的义务。

由于我国各民族地域、文化、经济、风俗习惯，乃至历史发展的不同，各民族各方面的生活条件、文化意识并不处于平等状况，为了体现这种民族平等权，按照马克思主义的民族平等观，我们国家又专门制定相应的民族优惠政策，从政治、经济、文化教育等方面形成了一套法律体系。而这体现了公民平等权的相对性。具体地说，平等权的相对性主要表现在两方面：一是现实权利的平等是相对的——法所确定的平等权是一种形式表达上的平等，而不等于实际平等，或权利实现结果上的公平。究其原因在于，个体本身在能力（素质及其所拥有的实现权利的条件）上，以及社会对权利和义务及其保障在分配上存在着差异，即便是在将公民视为平等主体的现代法治体系中，由于社会资源的有限，法律上权利和义务的平等分配也只具有形式上的意义。通过形式平等到实际平等，有赖于主体所借助的实现权利的资源在使用上的平等，即首先是资源使用上的平等，然后才有可能做到通过某项权利所获的利益与他人的相平等。由法定平等到现实平等，即平等权由形式转为实在，需要一整套的制度保障，制度保障的力度决定了平等权实现的程度。二是其他基本权利的享有是相对的——就对那些可以在一定条件被限制或剥夺的权利（如人身自由、政治权利和政治自由、财产权等），以及因群体类别不同（如一般群体与特殊群体）而产生的不同权利的享有而言，公民之间的平等是相对的。例如，被剥夺政治权利的公民与未被剥夺政治权利的公民，在政治领域中所享有的权利就不可能是平等的。又如，同是杀人行为，法律的惩罚对于成年人与未成年人、成年人中的男性与怀孕妇女就有所区别。[1] 此外，政策的执行往往依赖于各层机构、各个人员，其中也会造成人为的不平等对待。

从理论上来看，民族的平等有两个层次：一是权利平等，即政治、法律上的平等，这是较浅层次的民族平等；二是民族间事实上的平等，这是较深

---

[1] 林喆. 平等权：法律上的一视同仁 [N]. 学习时报，2004-03-15.

层次的平等。① 事实上，只有民族间经济发展水平大致相当，他们才有可能在权利平等的前提下争取到社会提供给他们的均等机会，最终实现结果上的合理分配，实现平等。为了达到民族间事实上的平等，依据平等权的相对性原则，针对少数民族的特殊情况实行的特定政策，既体现了公民平等权的相对性，也体现了民族平等权的平衡作用。

第二节 公民与公民权的发展历程

一、古代希腊时期公民权性质

公民权的渊源可追溯至古希腊罗马时期，类似于现在的公民权或国籍。古希腊文明最早发轫于希腊本土的迈锡尼文明，距今3000多年。经过数百年的发展，逐步步入城邦政治中。在生产力的发展和移民动荡的推动下，提秀斯等的"统一运动"从迈锡尼后期到公元前8世纪（荷马末期），阿提卡地区完成了从初步联合到雅典国家形成的演变之路。伴随着雅典国家的诞生，公民身份也随之产生。古代雅典大约在公元前594年开始的梭伦改革，在确定雅典的私有制同时，梭伦（Solon）借此颁布了一系列法令，这些法令保证了本邦公民不受奴役，规定了公民权与土地的关系，进一步奠定了公民在城邦政治中的地位。实际上梭伦从三方面定义了雅典城邦的公民权，即公民的人身自由、土地所有权和政治参与。而包括这三个要素的公民权也构成了城邦最根本的基础。

在古希腊，公民权是古希腊城邦社会普遍存在的一项基本的政治和社会权利。从法律层面上讲，公民权是指作为一个城邦公民的法律地位和成员资格；从社会层面上讲，它预示着公民在城邦生活中享有城邦赋予他的各项权

---

① 张文山. 自治权理论与自治条例研究 [M]. 北京：法律出版社，2005：145.

利并履行相应的义务。① 古希腊的雅典城邦是其中的典型，公民权以极其纯粹的方式独特存在，并呈现出三个基本特点：（1）直接性；（2）普遍性；（3）排他性。所谓"直接性"，是指全体公民在立法及治理公众事务上有直接与平等的权利，并没有身份上的高低贵贱之分。公民完全遵循自己的意志，直接行使自己的权利和自由表达自己的意愿，而不受什么人或什么集团的干涉、强迫和控制。所谓"普遍性"，是指在雅典，不论涉及民众利益的蝇头小事还是国家大事均由民主决定，且一般都要经过较为充分的民主论证过程。政府的每一项决策往往都要经过公民和公民大会的讨论，参与讨论的不光是推选的公民代表，也包括公民个人——雅典城邦中所有具有合法身份的公民个体。政策的最终推出和执行也往往以体现绝大多数公民的意志为准。所谓"排他性"，是指雅典对公民权的范围和人员构成的严格限制。公民权的行使仅限于占雅典人口少数的成年男性公民，而广大的妇女和儿童、外邦人、奴隶被排除在公民之外。②

客观来看，古希腊雅典公民还具有另外几个特性：（1）平等性。平等性在于公民个体之间政治地位是平等的，都拥有公民大会中同样的参政权利。可以说，其公民权还带有一种类似今天的"世俗性"，相对于宗教、血缘而言，虽然直到民主制繁荣的古典时期拥有公民权也意味着要首先拥有一个真正或假设的本地群体的血统，但是实际上每一次公民权的发展都在破除着血缘部落的藩篱。公民享有参加公民大会、陪审法庭的权利，担任官职等政治权利，而那些不具有公民资格的人则不享有这些权利。城邦在法理上属于全体公民所有，公民与城邦紧密相连，离开城邦公民就可能沦为奴隶。城邦就是公民团体，全体公民就是城邦。一个人的公民身份就意味着他是城邦的主人，享有参加城邦政治生活的权利。从本质上说，城邦就是自由公民的自治团体，是公民在法律之下分享权利和义务的政治体系。（2）特权性。雅典公

---

① 程晋普. 古典时期雅典公民权的排他性［J］. 衡阳师范学院学报，2009，30（1）：109-112.

② 程晋普. 古典时期雅典公民权的排他性［J］. 衡阳师范学院学报，2009，30（1）：109-112.

民具有很多特权,包括拥有土地的特权、在矿区出租土地的特权、管理政府的特权和在法庭上为自己进行辩护的特权。而最吸引人的是公民拥有分配国家财富的特权。①"乃至伯里克利时代,雅典的公民权得到最充分的发展。而此时的公民权也成了普通人心目中对雅典公民权的一般印象。伯里克利时代雅典的特征是,第一,各级官职都向一切公民开放,并都以抽签方式产生。这实际上为公民提供了在古代条件下最广泛也最平等的参政机会,公民内部的不平等消失了。第二,公民大会成为名副其实的国家最高权力机关,所有公民都是大会成员,都有参加讨论发言和投票表决之权。而国家的任何公职和政务,都处于公民大会的监督之下。另外此时公民参加公民大会和民众法庭都实行'给薪制',确保了即使最贫穷的公民,也能履行这些义务,在民权体制中扮演应有的角色。"②(3)宗教性。在任何一个民族的历史发展中,原始宗教都曾起过重要的作用。在古希腊的发展史上,公民概念也同宗教有着密切联系。以雅典为例,雅典公民皆有与神共餐的权利与义务。在向神进行主供之日,全体公民都必须参加,并在供奉仪式结束以后,分食供品。唯参加供奉且食贡餐者才是城邦的合法公民,否则,在此后的一年里便不再被承认为城邦的公民,若想重新获得公民称号,则须等到参加下一次供奉以后。不准其参加类似宗教活动,就是对其政治权利的剥夺,被剥夺宗教权是对雅典人最重的处罚,这反映在一位雅典诗人的作品中,"命令说:叫他去吧,他永远不准再进庙内,任何公民皆不准与他谈话,招待他,任何人皆不准他参加祷祭,或给他圣水"③。

值得指出的是,古希腊雅典公民政治是变化的。由于公民带有的先天特权,雅典公民身份吸引了许多外邦人。当雅典公民人数因为战争、瘟疫等因素大量减少时,雅典就挑选外邦人来扩充公民人数。而当雅典公民人数大量增多时,许多公民为了维护自身更多的权益,就借口纯洁公民队伍,借助一

---

① 周洪祥. 伯里克利公民权法探析 [J]. 淮北煤炭师范学院学报(哲学社会科学版),2005(6):92-96.
② 张素军. 雅典公民权的起源及其早期发展研究 [D]. 重庆:西南大学,2007:28.
③ 古朗士. 古代城邦 [M]. 谭立铸,译. 上海:上海文艺出版社,1990:186.

些法令，将一些所谓血统不纯的公民开除公民队伍，进而剥夺他们的权益。公元前451年，在雅典，伯里克利公民权法获得公民大会的通过，普鲁塔克记载：伯里克利制定了一个新的公民权法令，只有那些父母均具有雅典公民权的才可以成为雅典公民。① 从中可以看出，雅典的公民权是基于出生的父系血缘授予，具有很严重的排外思想。

另一个事实是，一个公民也可能没有任何政治权利（在寡头治下是常有的事）。"尽管他保有公民权的其他主要特征，即拥有土地与房产的权利、内部通婚的权利，以及参加禁止外城邦人的一些公共祭祀。"②

我们应该看到：希腊人的宗教生活对其政治生活有深远的影响，通过共同的宗教信仰，人们确立了共同的群体观念，由此而建立了个人权利及公共组织，进而激发出公民观念，又促进了雅典奴隶制民主政治的形成。而这种宗教信仰可以说是未来资产阶级思想家推崇的"主权在民"思想的继承。

二、古罗马时期公民权发展

公民权在古罗马时期有更深刻的独创性。从政治权利的角度来说，只有拥有罗马公民权，才能参加各种议会、制定法律和选举官吏，甚至可以担任国家官职或元老院议员；从经济权利的角度来说，只有拥有罗马公民权，才能拥有土地所有权，分得土地，获得国家提供的各种福利，其中尤为重要的是粮食补贴。法国人古朗士论述说，"公民权于是极珍贵，一则以其完备；一则以其系特别待遇。有此权者，可以出席意大利最强盛城市的议会，亦可作公素（注：执政官），率领军队。野心少的人亦可满意：至少可与罗马家族通婚；可居住罗马，可做产主；可以在罗马经商，其商务彼时已居世界第一位。亦可充任收税官吏，即参与收税及公地买卖获利；居住任何地方，皆受保护；不再受当地官员管理，亦可避免罗马官员的随意侵犯。做罗马公民可得名誉、

---

① 周洪祥. 伯里克利公民权法探析 [J]. 淮北煤炭师范学院学报（哲学社会科学版），2005（6）：92-96.
② 芬利. 希腊的遗产 [M]. 张强，唐均，赵沛林，等译. 上海：上海人民出版社，2004：10.

财富、安全"①。此外，拥有罗马公民权的公民还可以在罗马征服地区担任官职、经商、享受特权。例如，"包税商主要是由来自罗马的骑士阶级担任，他们常常依靠自己的特权，肆意搜刮行省人民。由于罗马不干预包税人的收税方法，行省居民实际上由包税人任意剥削，实际上包税人所收的税往往比上缴的税多得多。由于手中掌握大笔现金，包税人也会利用所持有的公款进行投机买卖"②。自然，这类盘剥行省的公民官员是不受欢迎的，但是如果拥有公民身份就可以不受盘剥，并有机会担任此类职务。因此，公民权不但被每个罗马公民视为禁脔，也开始成为邻邦人民渴望获得的权利。由于罗马人总以高贵的民族自居，加上公民权有如此特殊而又重要的意义，因而罗马人将公民权视为珍宝，不愿轻易扩展，仅在必要的时刻慎之又慎地对外授予公民权。这就使罗马公民权的对外授予具有了被动性。③

可以说，罗马公民权意味着一种特权，也正因如此，一些行省中的被征服居民才对罗马公民权趋之若鹜。由于公权力的实现主要局限在罗马城内，因此对行省治理意义不大。在行省管理中，罗马公民权最重要的是私权利部分。例如，其一，财产权。拥有罗马公民权，就意味着财产权受到保障，行省官员或者军队无权侵占罗马公民的财产。然而普通的行省居民（以下行省居民特指没有罗马公民权的普通行省居民）就面临着种种财产上的危险，如要为军队提供食宿。普通的行省居民对此深恶痛绝，有些富有的城镇甚至付钱给罗马军队希望其不要驻扎在城镇中。另外，更为重要的是罗马公民有权分得一块公有地，在农业时代，能分得一块土地就等于生活具有了保障。伴随着对外扩张，罗马抢占了大量的公有地，而众多行省居民渴望从中分一杯羹。然而罗马的私有土地受到公社和公民身份的限制，国家有权分给或限制每一个公民的份地，因而罗马公民权对无产者意味着拥有财产的可能性。其

---

① 古朗士. 希腊罗马古代社会研究 [M]. 李玄伯, 译. 张天虹, 勘校. 北京：中国政法大学出版社, 2005：316.

② 杨共乐. 论共和末叶至帝国初期罗马对行省的治理 [J]. 北京师范大学学报（人文社会科学版），2001（2）：76-84.

③ 梁小平. 试论罗马共和国时期公民权对外授予的被动性 [J]. 学理论，2011（10）：67-68.

群体优惠政策：遵循公民平等权　>>>

二，人身保护。行省居民获得罗马公民权意味着人身安全受到保障，公民在罗马帝国境内可以凭借公民权获得民事和司法保护。公元前509年，执政官瓦列里乌斯规定："任何官员对罗马人加以死刑、鞭笞、罚款等处罚时，该公民有权上诉，要求人民裁判。在上诉期间，在人民投票表决之前，公民不受该官员的处罚。"公元前300年，瓦列里乌斯法限制行政长官的强制权，禁止对任何上诉的公民实行死刑或鞭笞，重申公民对包括独裁官在内的高级官员的判决有上诉公民大会的权利。另外，行省执法官无权管理在行省的罗马公民，西塞罗（Marcus Cicero）就曾经控诉过在行省擅自判处罗马公民死刑的行省长官。由此可见，罗马公民权代表着对行省公民的保护。其三，免税权。在共和国时期，罗马公民行省的税收包括直接税和间接税两种。直接税是罗马帝国赖以生存的经济支柱。共和国时期，行省的直接税主要是什一税和贡金税。奥古斯都将行省直接税分为土地税和人头税。罗马从公元前167年起开始对罗马公民免税，此后意大利的罗马公民享受了400年的直接税的免税权，在行省、殖民地居住的罗马公民以及在各省殖民地安家的退伍军人及其后代也享受免税权直到奥古斯都时代，只要有公民权就可不纳土地税和人头税。为了方便对地方行省税收的征集，罗马实行包税商制度：有些地区在合并时就规定了税额，由当地部族首领按时交纳一笔钱给罗马财务官；没有预先定额的地区，则由罗马人和当地人协商确定税收额总数，由地方集团或个人承包，交纳总数给罗马财务官，承包人再从纳税人手中收回税款和他应得的利息。西塞罗曾坦率地说，"为我们承包税收的等级是其他等级的主要依靠"。实际上包税商巧取豪夺，对行省居民剥削十分严重。在这种情况下，免税权就显得弥足珍贵。罗马人在征服意大利诸民族时，常常夺取他们一部分土地，一部分出卖或出租，收取一定的租税；还不时通过殖民或移民等方式，把土地分配给无地或少地的罗马公民。另外，罗马将征服的城市分为六种：纳贡城市、自由城市和不自由免税城市、同盟城市、拉丁权城市、自治城市、殖民地城市。这六种城市分别承担着不同的义务，以纳贡城市承担的义务最为沉重，而殖民城市由于完全由罗马公民组成，因此可以看作罗马城的外延，几乎不承担任何义务。同时，行省居民依据他们是否具有罗马公民权，也分为两类,即拥有罗马公民权的罗马公民和普通行省居民,前者享有的权利已于上一小节描述过,后者没有罗马公民所享有的种种特权,而且还要受到罗马军队和行省官员的盘剥。例如,维列斯是公元前73年到公元前71年西西里的总督,在职期间对西西里人民巧取豪夺、无恶不作,致使整个西西里民不聊生、苦不堪言。在他统治西西里城市的3年中,利奥底努斯的农夫从83人降至32人,莫杜卡的农夫从183人降至86人,赫比塔的居民从252人降至122人,爱奇利乌姆则从250人降至80人。在西西里最肥沃的区域竟然有59%的地主宁愿放弃自己的耕地。①

罗马公民权逐步扩展。对内扩展到城邦内的平民和部分奴隶,对外扩展到被征服的拉丁人、意大利同盟者和部分行省居民。而这个过程是多方因素导致的。

王政时期,罗马还只是一个小小的城邦,周围强邻四起,面临着严重的生存危机。罗马北部有伊达拉里亚人和高卢人,南有拉丁人的城市和萨莫奈部落,半岛南部沿海地区则是希腊人。罗马立于其中,经常受到侵扰,为了维持生存,就不断接受外来人、奴隶,甚至使其成为罗马公民,以增加劳动力和兵源。因为特殊的形势下,罗马力量还不是很强大,所以这一时期的罗马公民权并没有什么价值,对外来人没有吸引力,所以对外的授予也没有严格的限制,授予罗马公民权的条件是很宽松的。罗马统治者愿意把公民权向外授予,甚至是奴隶和敌人也可以接受,授予公民权(罗马公民权的获得可以通过血缘关系即出生或者是居住在罗马或附近地区)。这时由于罗马的公民权与其他城邦的公民权没有什么区别,因此对于外来人一般没有什么吸引力。随着公民权的特殊权利逐步增大,为了获得这类公民权利,罗马共和国境内的各行省乃至意大利本土区域(不包括罗马)的民众进行了多次的抗争,也引起了罗马共和国境内许多有识之士的关注。

公元前133年,提比略·格拉古(Tiberius Gracchus)在民主改革的新方案中提出把公民权授予意大利联盟者和拉丁人,但他还没来得及实现这些改

---

① 宫秀华. 罗马:从共和走向帝制[M]. 北京:高等教育出版社,2006:222.

群体优惠政策：遵循公民平等权　>>>

革便被杀害了。公元前125年，改革派的弗拉古斯（Fuluinsflauus）首次公开提出，凡愿意入籍为罗马公民的同盟者的自由民皆赋予选举权，其余如遭受罗马长官暴政的侵害，皆有向罗马控诉之权。但元老院害怕对外授予公民权会损害其自身的政治经济利益，便极力反对。公元前122年，盖约·格拉古（Gaius Gracchus）再次提出为拉丁人和意大利同盟者要求罗马公民权的法案，但也在反对派的破坏下终结。公元前103年，萨图尔尼努斯（Saturninus）提出新的土地法，规定在军队中服役的意大利人应获得份地，这就等于把罗马公民权给了这些人。但这损害了罗马公民的利益，引起他们的反对，萨图尔尼努斯最后被杀害，改革法案也流产了。但萨图尔尼努斯运动使解决意大利人的公民权问题出现转机。公元前91年，德鲁苏斯（Drusus）答应意大利人的领袖实施把公民权给予同盟者的法律，因其被暗杀也未能实现。

由于罗马共和国内部拒绝对非罗马人授予公民权利，最终引发了多起争取公民权的同盟者战争，有拉丁同盟者战争、意大利同盟者战争。公元前340年，拉丁人因公民权而集体反抗。其首领阿牛斯对罗马参议院要求："给我们平等；有同等权利，我们与你们合成一个国家；有同样名称，大家齐称罗马人。"① 但罗马政府拒绝了他们，爆发了拉丁战争。战后拉丁人从属于罗马，罗马公民权也因拉丁同盟者的斗争而有了第一次大规模的对外授予。之后，爆发于公元前90年的意大利同盟者战争的结果是，除了继续抵抗的起义者残余和少数留恋自己独立的南方希腊化城市外，所有的意大利同盟者都相继得到了罗马公民权。随着罗马征服区域的扩大，设立的各行省争取公民权的斗争也陆续发生。公元前3世纪末，罗马共和国首次将罗马公民权授予非意大利人，即把公民权授予背叛汉尼拔的西西里和西班牙逃兵。公元前78年，罗马将公民权作为奖励授予在同盟战争中对罗马忠诚并提供援助的南部的三个希腊城市：克拉佐迈尼的阿斯可来普代斯、卡里斯图斯的波力斯特斯、米利都的迈尼斯库斯。共和国时期行省制度不完善，行省居民能够获得公民权。共和国末期，一些作战长官就授予被攻占城市居民罗马公民权，目的是赢得

---

① 古朗士. 希腊罗马古代社会研究 [M]. 李玄伯，译. 张天虹，勘校. 北京：中国政法大学出版社，2005：315.

他们的支持。以恺撒（Caesar）的公民权政策最为著名，他以授予罗马或拉丁公民权的办法来笼络行省上层分子。他还制定市政法，提高了罗马以外意大利各城市的自治地位。他授予那些在战争中支持过的行省居民公民权，使得山南高卢和西班牙行省中一些城市居民相继获得罗马公民权。公元前44年，他还授予西西里行省居民公民权。恺撒就是在行省居民的支持下取得内战胜利的。此后，罗马公民权没有得到大的扩展，直到帝国时期，才开始转变。公元212年卡拉卡拉（Caracalla）颁布著名的《安东尼努斯敕令》，授予帝国境内有组织的公社的成员中所有自由民罗马公民权。

因此，公民权的对外授予在一定时期是无权居民激烈斗争的必然结果，是罗马人被迫做出的决策。随着征服区域的扩大，扩展公民权是罗马维护统治的一种方式，公民权的扩展直接破坏了过去的政治秩序。罗马共和国转变到罗马帝国后，为了扩大统治势力，以及为了吸引更多的兵员等多种因素，将罗马公民权普遍授予帝国所有民众。而这时，罗马公民权就不再成为一种民族特权了。

通过罗马公民权的发展，我们可以看到，在罗马共和国时期，公民权的拓展有几方面的作用：扩大了罗马的统治基础；繁荣了经济；促进了罗马文化的传播。为什么到了罗马帝国时期，公民权普遍时，反而失去了它原有的凝聚力呢？笔者认为，由于帝国时期，个人专制统治取代了原有的共和体制，公民权原先带有的经济、政治权利已不能体现，人民都成了被统治的臣民，仅有公民的称号，但没有相应的思想教育、制度上的鼓舞，这种名义上的称号并不能唤起人民对专制统治帝国的忠诚。所以罗马帝国后期，帝国军队的战斗力同前期相比已不复存在。

三、近代意义的公民权形成

近代意义的公民权开始于资产阶级思想起源阶段。为了推翻封建特权和神权统治，资产阶级启蒙思想家约翰·洛克、让-雅克·卢梭等人以自然权利和社会契约论为理论基础提出了"主权在民"的原则和"天赋人权""自由、平等、博爱"的口号。随着这些思想的广泛传播，其不仅成为资产阶级革命的理论武器，而且在资产阶级革命胜利后，成为构建资本主义宪政的指导原则。

1776年，美国发表了《独立宣言》。宣言指出："人人生而平等，造物者赋予他们若干不可剥夺的权利，其中包括生命权、自由权和追求幸福的权利。为了保障这些权利，人类才在他们之间建立政府，而政府之正当权力，是经被治理者的同意而产生的。当任何形式的政府对这些目标具破坏作用时，人民便有权力改变或废除它，以建立一个新的政府；其赖以奠基的原则，其组织权力的方式，务使人民认为唯有这样才最可能获得他们的安全和幸福。"这部宣言被马克思称为第一部人权宣言，具有划时代的意义，确立了之后资产阶级宪法中的公民权利中最重要的基本原则——平等。

1789年的法国大革命时期，《人权和公民权宣言》发表，也称《人权宣言》。这部宣言郑重宣告了基本人权、人民主权、分权和法治原则，充分体现了近代宪政的基本精神，奠定了近代宪法的基础。在宣言题目中直接提出了"公民"一词，17条中直接带有"公民"内容的为："第六条，法律是公共意志的表现。全国公民都有权亲身或经由其代表去参与法律的制定。法律对于所有的人，无论是施行保护或处罚都是一样的。在法律面前，所有的公民都是平等的，故他们都能平等地按其能力担任一切官职、公共职位和职务，除德行和才能上的差别外不得有其他差别。第十四条，所有公民都有权亲身或由其代表来确定赋税的必要性，自由地加以认可注意其用途，决定税额、税率、客体、征收方式和时期。"其公民权中平等权被列为首位。这个宣言在1793年成为法国宪法，此后各国制定的宪法中大都规定了公民权。

尽管资产阶级思想家推崇的主权在民、公民平等思想得以在宪法中体现，我们仍应看到这样一种现象：历史上一些国家出现的公民及公民权都是被人为地限制在很小的范围内，古代"即使在雅典民主的发展最为充分之时，也只有年过18岁的男性公民（30岁对于充任国家官员而言是最小的年龄）才有资格参与政治。妇女和奴隶被排除在外。而且'公民权'严格地限于其生父母都是雅典公民的人……奴隶占人口的1/3。不到15%的人有参与公民大会的权利"①。近代,"在前资本主义国家里,只有奴隶主、自由民、封建主才是公民,奴隶、农奴没有公民资格"②。美国早期的公民资格仅限于有财产的白色男性,妇女、黑人、印第安人、华人和奴隶都没有公民资格。③

1948年12月10日,联合国大会通过并颁布《世界人权宣言》。主要内容为"第一条,人人生而自由,在尊严和权利上一律平等。他们富有理性和良心,并应以兄弟关系的精神相对待。第二条,人人有资格享受本宣言所载的一切权利和自由,不分种族、肤色、性别、语言、宗教、政治或其他见解、国籍或社会出身、财产、出生或其他身份等任何区别。并且不得因一人所属的国家或领土的政治的、行政的或者国际的地位之不同而有所区别,无论该领土是独立领土、托管领土、非自治领土或者处于其他任何主权受限制的情况之下"。可以说,该世界性的宣言将人权确立为首位,也成为其后国家法令中最主要的公民权利条款,即公民平等权。

根据伊格纳提夫的分析,西方传统中有两种主要的公民观念:一个是古典公民的理想,可以称之为共和主义(republican)公民观念,另一个则是自由主义的公民观念。前者从政治的角度,而后者则从经济的角度对人下定义。④ 共和主义的公民观可以追溯到古希腊哲学家亚里士多德(Aristotle),他认为,只有具有理性讨论公共利益的人,才适合成为公民,而只有自由人才具有这种理性选择能力,因此除了拥有财产的成年男性之外,所有需要依赖他人生存的人,如奴隶、女人、小孩、受薪阶级,都不能成为公民。⑤ 而自由主义的公民观对公民的定义是指某人可以依法律自由行动、自由发问且受到法律的保障,换句话说,公民是指个人在一个法律社群中所占有的地位,所以公民是一种法律身份而不再是政治身份。⑥ 用亚里士多德的看法来解释古希

---

① 戈登. 控制国家:西方宪政的历史[M]. 应奇,陈丽微,孟军,等译. 南京:江苏人民出版社,2001:69-70.
② 何华辉. 比较宪法学[M]. 武汉:武汉大学出版社,1988:199.
③ 韩大元. 比较宪法学[M]. 北京:高等教育出版社,2003:174.
④ 林火旺. 正义与公民[M]. 长春:吉林出版集团有限责任公司,2008:143.
⑤ 林火旺. 正义与公民[M]. 长春:吉林出版集团有限责任公司,2008:146.
⑥ 林火旺. 正义与公民[M]. 长春:吉林出版集团有限责任公司,2008:148.

腊、雅典、美国早期公民不能普及全部人的原因,忽略了任何人都具有自身的思想意识,有要求自我权利的意愿,排斥了相关阶级、阶层的利益。自由主义公民观的产生原因,从罗马国家的发展来看,由民政时代发展到帝国时代,由于政体规模扩大,统治人口增加,最终广大的行省乃至全国民众都获得了公民称号,这时的公民就转变成一种法律身份。

西方资产阶级思想家将公民群体定义为基于契约理念组成国家的共同体,则公民个体之间具有平等的权利与义务,在法律上也带有国家给予的民事和司法保障。并且从自由理念出发,每个公民在不违反法律、不触及他人利益的基础上,可以通过自己努力,通过竞争取得相应的社会地位、财富。

综上所述,我们可以看出,早期的公民权实质上是一种"族群特权",并没有普及到所在国全部人民,并且带有时代的烙印。到了近代,公民权才开始逐步扩大普及。

第三节 公民平等权在中国的发展历程

一、公民平等权概念中的"公平、正义、平等"词汇的历史源流

(一) 在西方的渊源

公民平等权中包含着相应的"公平、正义、平等"概念,以及基本等同于"公平"的"公正"概念。古希腊的亚里士多德就认为:"公平就是公正,它之优于公正,并不是一般的公正,而是由于普遍而带了缺点的公正。纠正法律普遍性所带来的缺点,正是公平的本性。"[①] 可以看出,这些词汇大都从属于哲学、伦理学范畴,自然也是法学的范畴,其历史源流也是漫长的。

古希腊在历史上拥有众多西方思想家。柏拉图(Plato)在《理想国》中开篇就开始探讨正义,得出正义的定义为,"它关乎内在的'各做各的事',

---

① 苗力田. 亚里士多德全集:第8卷[M].北京:中国人民大学出版社,1992:117.

即真正关于本身的事情"①，强调了从道德方面，正义不应损害别人的利益。而亚里士多德是从多方面、多角度探讨公正的哲学家。从道德角度，他认为："公正是一切德行的总汇。"② 其后，许多学者也纷纷在伦理学上进行论述。安德烈·孔特-斯蓬维尔（Ardré Comte-Spowville）写道："正义虽然不能代替任何一种美德，却也许能包括其他一切美德。"③ 弗兰克纳（William K. Frankena）说："并非一切正当的都是公正的，一切不正当的都是不公正的……给他人快乐是正当的，却不能严格地称之为公正的。公正的范围只是道德的一部分而不是其全部。"④ 哈特进一步说："与好坏或正确和错误比较，是更具体的道德批评形式。"⑤

从分配角度谈公正的有柏拉图，他认为，"正义就是给每个人以恰如其分的报答"，"把善给予友人，把恶给予敌人"，"假使朋友真是好人，当待之以善，假如敌人真是坏人，当待之以恶，这才算是正义"⑥。

西方的文明主要是建立在基督教基础上的。基督教的经典著作《圣经》中有很多内容带有"公平、正义"等的概念。例如，《圣经》中的《诗篇》主要是赞美上帝的，其中就有这样内容："他要按公义审判世界，按正直判断万民。"显然，基督教所崇拜的上帝，是包括普通百姓和受膏者在内的全体人民的上帝。他虽有审判世界、判断万民的权能，但绝不是随心所欲，而是按照公义和正直进行。基督教中的重要教义，"爱人如己""公义公正""善待穷人""提倡自由""重视每一个人"等，也都深深地扎根西方社会之中。从资产阶级思想家的大多数著作中，我们可以看出：西方社会人权和民主思想的形成发展，是深受基督教影响的。即使西方经典的美国《独立宣言》和法

---

① 柏拉图.理想国［M］.黄颖，译.北京：中国华侨出版社，2012：121.
② 苗力田.亚里士多德全集：第8卷［M］.北京：中国人民大学出版社，1992：96.
③ 王海明.公正与人道：国家治理道德原则体系［M］.北京：商务印书馆，2010：22.
④ 弗兰克纳.善的求索：道德哲学导论［M］.黄伟合，包连宗，译.沈阳：辽宁人民出版社，1987：98.
⑤ 哈特.法律的概念［M］.张文显，郑成良，杜景义，等译.北京：中国大百科全书出版社，1996：156.
⑥ 王海明.公正与人道：国家治理道德原则体系［M］.北京：商务印书馆，2010：22，23，24.

群体优惠政策：遵循公民平等权 >>>

国《人权宣言》中，也都在文中指出，"并按照自然法则和上帝的旨意""国民议会在上帝面前和庇护下，承认并且宣告下述人和公民的权利"，体现了基督教的深厚影响。休谟（David Hume）认为"正义起源于社会协议"①。基于社会契约思想，艾德勒（Mortimer Adler）对公正进行划分："公正，主要来讲，可以分为两个领域。一个是关涉个人与他人或有组织的共同体——国家——之间的公正（这是个人为行为者的公正——引者）。另一个领域则是关于国家——它的政府、法律、政治制度和经济管理——与构成国家人口之间的公正（这是国家、社会为行为者的公正——引者）。"② 从中可以看出，个人针对的更多的公正来自社会制度，而这类观点不过是对正义更深一步的探讨。

在西方伴随公平正义的另一个概念就是平等。社会的发展经历了从身份到契约的变化，经历了等而有序的差序格局到人人平等的过渡与实现。什么是平等呢？平等是历史的范畴，在不同的历史时期，人们对平等的认识有所不同。古希腊哲学家亚里士多德从正义的角度来讨论平等问题时，认为"正义是某些事物的'平等'（均等）观念"③。他还认为"平等的含义就是相类似的事物受到相类似的对待；与此同时，不相同的事物应根据他们的不同而予以不相同的对待"④。同时，亚里士多德还提出了"比例分配"的平等制度："既然公正是平等，基于比例的平等就应是公正的。这种比例至少需要有四个因素，因为'正如 A 对 B，所以 C 对 D'。例如，拥有量多的付税多，拥有量少的付税少，这就是比例；再有，劳作多的所得多，劳作少的所得少，这也是比例。"⑤ 古希腊斯多葛学派自然法概念中的一个重要成分就是平等原则：人们在本质上是平等的。由于性别、阶级、种族或国籍不同而对人进行

---

① 高力克. 正义伦理学的兴起与古今伦理转型：以休谟、斯密的正义论为视角 [J]. 学术月刊，2012，44（7）：47-53.
② 王海明. 公正与人道：国家治理道德原则体系 [M]. 北京：商务印书馆，2010：37.
③ 亚里士多德. 政治学 [M]. 吴寿彭，译. 北京：商务印书馆，1997：148.
④ 周勇. 少数人权利的法理 [M]. 北京：社会科学文献出版社，2002：19.
⑤ 苗力田. 亚里士多德全集：第 8 卷 [M]. 北京：中国人民大学出版社，1992：279.

歧视是不正义的，是与自然法背道而驰的。① 从这里看，亚里士多德的公平和平等区分了不同性质的公平，在不同领域，既具有一种绝对的相同，也带有相对的公平。而斯多葛学派的平等主要指人们相互交往中拒绝歧视的平等，体现在道德领域。公元前1世纪小亚细亚的奴隶起义，提出过没有富人也没有穷人，没有奴隶也没有主人的"太阳国"的平等理想。

近代以来，西方一些思想家纷纷对平等加以定义。约翰·洛克指出："人们既然都是平等和独立的，任何人都不得侵害他人的生命、健康、自由或财产。"② 皮埃尔·勒鲁（Pierre Leroux）认为，"平等是一种原则，是一种信条"③。让-雅克·卢梭将平等和自由并列，单独论述平等说，"至于平等，我们不能从这个词的字面意思理解为是指一切人的权力和财富是绝对相等的。它的意思是指：任何人的权力都不能成为暴力，而必须按等级和法律行使；在财富方面，任何一个公民都不能富到足以用金钱去购买他人，也不能穷到不得不出卖自身。这就要求大人物必须节制财富和权势，小人物必须克服贪欲与妄求"④。美国的博登海默（Edgar Bodenheimer）认为，"平等乃是一个具有多种不同含义的多形概念。所指的对象可以是政治参与的权利、收入分配的制度，也可以是不得势群体的社会地位和法律地位。它的范围涉及法律待遇的平等、机会的平等和人类基本需要的平等"⑤。

正是基于基督教中的《圣经》内容，以及资产阶级思想家的平等思想，在近代资产阶级历史上的两份重要经典文件中，都表现有公平、正义、平等的思想。美国的《独立宣言》在开头部分就写道：在人类事务发展的过程中，当一个民族必须解除同另一个民族的联系，并按照自然法则和上帝的旨意，以独立平等的身份立于世界列国之林时，出于对人类舆论的尊重，必须把驱

---

① 博登海默. 法理学：法律哲学与法律方法 [M]. 邓正来, 译. 北京：中国政法大学出版社, 1999：17.
② 洛克. 政府论：下篇 [M]. 叶启芳, 瞿菊农, 译. 北京：商务印书馆, 1964：6.
③ 勒鲁. 论平等 [M]. 王允道, 译. 北京：商务印书馆, 1998：19.
④ 卢梭. 社会契约论 [M]. 李平沤, 译. 北京：商务印书馆, 2012：58.
⑤ 博登海默. 法理学：法律哲学与法律方法 [M]. 邓正来, 译. 北京：中国政法大学出版社, 1999：285.

使他们独立的原因予以宣布。接着写道,"我们认为下述真理是不言而喻的:人人生而平等,造物主赋予他们若干不可让与的权利,其中包括生存权、自由权和追求幸福的权利"。法国的《人权宣言》在阐述了宣言的必要性后写道,"国民议会在上帝面前和庇护下,承认并且宣告下述人和公民的权利:第一,人们生来并且始终是自由的,在权利上是平等的;社会的差别只可以基于共同的利益。第二,一切政治结合的目的都在于保存自然的、不可消灭的人权;这些权利是自由、财产权、安全和反抗压迫"①。为此,英国历史学家阿克顿在《自由与权力》一书中就曾写道,"民主的实质:像尊重自己的权利一样尊重他人的权利。这不仅是斯多葛学派的观点,还是一条来源于基督教的神圣的规约"②。

与西方资产阶级思想家的平等理念略有区别,马克思认为,"一切人,作为人来说,都有某些共同点,在这些共同点所及的范围内,他们都是平等的,这样的观念自然是非常古老的。但是,现代的平等要求与此完全不同,这种平等要求更应当是从人的这种共同特性中,从人就他们是人而言的这种平等中引申出这样的要求:一切人,或至少是一个国家的一切公民,或一个社会的一切成员,都应当有平等的政治地位和社会地位"③。这里指出了平等的最基本要求:政治地位和社会地位的平等。马克思还指出:"平等是人在实践领域中对自身的意识,也就是人意识到别人是和自己平等的人,人把别人当作和自己平等的人来对待。平等表明人的本质的统一,人的类意识和类行为、人和人的实际的统一,也就是说,它表明了人对人的社会关系或人的关系。"④ 这段话指出了平等的本质:人与人的同等对待关系。这种平等观突出了人对自身的意识,意识到别人是和自己平等的人,它表明了人对人的社会

---

① 潘汉典.(法国)人和公民的权利宣言[J].环球法律评论,1981(2):63-64.
② 阿克顿.自由与权力[M].侯健,范亚峰,译.冯克利,校.北京:商务印书馆,2001:207.
③ 中共中央马克思恩格斯列宁斯大林著作编译局.马克思恩格斯选集:第3卷[M].北京:人民出版社,1995:444.
④ 中共中央马克思恩格斯列宁斯大林著作编译局.马克思恩格斯选集:第2卷[M].北京:人民出版社,1972:48.

关系。针对绝对平等的误区，马克思认为："抽象的平等理论，即使在今天以及在今后较长的时期里，也都是荒谬的。没有一个社会主义的无产者或理论家想到要承认自己同布须曼人或火地岛人之间、哪怕同农民或半封建农业短工之间的抽象平等。"① 由此可以得出，绝对的平等是不存在的，任何时候平等都是包含差别的平等。

实质上，无论是美国还是法国，其平等理念在法律上都有其局限性。美国"1868—1954年，宪法平等充其量是形式上公正的立法的分类（将个人分类）和法律适用，个人平等不过是一种微弱的价值观"②。美国阿玛蒂亚·森（Amartya Sen）对正义的表述体现了一个现实："全世界几千年来对正义理念的基本运用并不是关于某种绝对公正的乌托邦式的理念，而是关于在全世界消除可辨识的'不公正'。"③ 这种说法也表明了没有绝对的平等，只有相对的平等。

（二）在中国的渊源

关于公平、正义、平等的相关概念渊源，从《辞源》《辞海》中，我们可以看出端倪。

《辞源》里对公平的解释为：不偏袒。《管子·形势解》："天公平而无私，故美恶莫不覆；地公平而无私，故小大莫不载。"《战国策·秦一》："商君治秦，法令至行，公平无私。"④《辞源》对正义的解释为：①正当的、公正的道理。如《荀子·正名》："正利而为谓之事，正义而为谓之行。"注："苟非正义，则谓之奸邪。"②正确的含义。如《后汉书·卷二十八上·桓谭》传上疏："屏群小之曲说，述五经之正义。"后人注释经史，多有以"正

---

① 中共中央马克思恩格斯列宁斯大林著作编译局. 马克思恩格斯全集：第20卷 [M]. 北京：人民出版社，1972：670.
② 卡茨. 宪法上平等之历程 [J]. 郑文鑫，译. 中外法学，1992（4）：64-68.
③ 阿玛蒂亚·森. 正义与世界 [J]. 蒋霞，译. 新华文摘，2013（4）：140-142.
④ 广东、广西、湖南、河南辞源修订组，商务印书馆编辑部. 辞源 [M]. 修订本. 北京：商务印书馆，2004：311.

义"为书名者，如唐孔颖达等有《五经正义》，张守节有《史记正义》。①《辞源》中平等的解释为：佛教语。佛教认为宇宙本质皆同一体，一切法、一切众生本无差别，故称平等。《涅槃经》卷三："如来善修，如是平等。"《景德传灯录·志公和尚大乘赞》："慈心一切平等，真如菩提自现。"②

在《辞海》中，公平即公正，与"私"相对，如大公无私。《新书·道术》："兼覆无私谓之公，反公为私。"韩愈《进学解》："行患不能成，无患有司之不公。"③ 在《辞海》中，正义解释为：①公正的道理。如正义感；主持正义。《荀子·儒效》："不学问，无正义，以富利为隆，是俗人者也。"现指合于人民利益的道理。②旧时注释经史，常以"正义"为名，如唐孔颖达等有《五经正义》，张守节有《史记正义》。④ 在《辞海》中，平等指人与人之间在政治上经济上处于同等的社会地位，享有相同的权利。平等这一概念有它的历史条件和阶级内容。⑤

此外，从国内另一部著名的辞书——《汉语大词典》来看，其中关于这三个词的词义基本与《辞源》《辞海》相同。而公正概念基本同公平、正义相同。《辞源》关于公正的解释为：不偏私，正直。汉班固《白虎通义》："公之为言，公正无私也。"⑥ 从中可以看出，我国公平、正义、平等的概念自春秋时期就已经开始了。孔子也曾经说过："丘也闻有国有家者，不患寡而患不均，不患贫而患不安。盖均无贫，和无寡，安无倾。"⑦《礼记·礼运》中这样写道："大道之行也，天下为公，选贤与能，讲信修睦。故人不独亲其亲，不独子其子，使老有所终，壮有所用，幼有所长，矜、寡、孤、独、废

---

① 广东、广西、湖南、河南辞源修订组，商务印书馆编辑部. 辞源［M］. 修订本. 北京：商务印书馆，2004：1665.
② 广东、广西、湖南、河南辞源修订组，商务印书馆编辑部. 辞源［M］. 修订本. 北京：商务印书馆，2004：994.
③ 《辞海》编辑委员会. 辞海［M］. 重印本. 上海：上海辞书出版社，1987：637.
④ 《辞海》编辑委员会. 辞海［M］. 重印本. 上海：上海辞书出版社，1987：3120.
⑤ 《辞海》编辑委员会. 辞海［M］. 重印本. 上海：上海辞书出版社，1987：91.
⑥ 广东、广西、湖南、河南辞源修订组，商务印书馆编辑部. 辞源［M］. 修订本. 北京：商务印书馆，2004：311.
⑦ 论语译注［M］. 杨伯峻，译注. 北京：中华书局，1980：174.

疾者，皆有所养，男有分，女有归。货恶其弃于地也，不必藏于己；力恶其不出于身也，不必为己。是故谋闭而不兴，盗窃乱贼而不作，故外户而不闭。是谓大同。"① 孔子表达的即为均衡的平等思想，以及道德互助的公平思想。这类基于平等的公平理念，历经各朝各代，逐步完善。从以上词源意义及概念中，我们可以看出公平和正义具有一致性，等同于美国的约翰·罗尔斯《正义论》中直接提到"公平的正义"②。我们日常生活中也经常将两者连同使用，表现了其同质性。学者王海明教授将公正定义为，"所谓公正，就是给人应得，就是一种应该的回报或交换，说到底，就是等利害交换的善行：等利交换和等害交换的善行是公正的正反两面；所谓不公正，就是给人不应得，就是一种不应该的回报或交换，说到底，就是不等利害交换的恶行：不等利交换与不等害交换的恶行是不公正的正反两面"③。相对于平等来说，有学者认为："公平与平等，都属于价值观的范畴，它们有一部分内容是重合或交叉的，如机会的平等、竞争规则的平等属于公平的范畴，这是它们的联系。同时，公平与平等又是不同的价值观，平等强调的是某种'同'，公平强调的是某种'异'。公平是以承认差异为前提的，公平就是一种合理的差异。同时，公平与平等的内容可以是矛盾的，如结果的平等基本上属于不公的范围。"④

我国历史上，民众追求平等的历史事件比比皆是。秦末陈胜、吴广起义，提出的口号"王侯将相宁有种乎？"对不平等的压迫提出了疑问。东汉黄巾起义口号内容为"苍天已死，黄天当立；岁在甲子，天下大吉"，反对阶级压迫，追求天下和平的心声表露无遗。而北宋王小波、李顺起义，口号内容"吾疾贫富不均，今为汝等均之"直接触及当时社会两极分化的严重不平。南宋钟相、杨幺起义，口号内容为"法分贵贱，非善法；我行法，当等贵贱，均贫富"直接触及封建社会的不平等的法律，不光在贫富上提出了均等的观

---

① 中华经典名著全本全注全译丛书·礼记：上［M］.胡平生，张萌，译注.北京：中华书局，2017：419.
② 罗尔斯.正义论［M］.何怀宏，何包钢，廖申白，等译.北京：中国社会科学出版社，1998：11.
③ 王海明.公正与人道：国家治理道德原则体系［M］.北京：商务印书馆，2010：28.
④ 郑杭生.民族社会学概论［M］.2版.北京：中国人民大学出版社，2011：303.

群体优惠政策：遵循公民平等权 >>>

点，同时在政治上，也想实践"等贵贱"的平等思想。元末由于民族不平等，导致民族压迫严重，农民起义的口号为"莫道石人一只眼，此物一出天下反"，目的是推翻民族压迫政权。明末李自成起义军口号为"等贵贱，均田免粮"等，再次提出政治上平等、经济上平均的口号。清朝时发生的太平天国起义，将平均主义的理念上升到最高峰，口号内容为"无处不均匀，无人不饱暖。凡天下人田，天下人同耕"等。总体来看，我国封建社会的农民革命中，都提出过"均贫富，等贵贱"等"平等"思想。但是这些主张都有其思想的局限性，农民阶级从其朴素的思想出发，希望达到一种分配上的结果平等。而这种力图使人们获得相同或趋于相同的实际结果的结果平等，由于其在现实中可表现为平均主义，即使在社会主义实践中也被证明是不可取的，如我国计划经济下"吃大锅饭"的现象就是结果平等理念下的产物。平等的结果则要求人类在分配结果上不应当有差别，而平等的权利并不排除结果的差别。结果平等无视人与人之间在能力及社会贡献上的差异，一味地追求结果的均等，试图完全等同地对待所有人，这必然会极大地挫伤人们的积极性和创造性，进而对社会的发展起到消极作用。抛除阶级斗争的因素，这种追求绝对的平均主义在当时的社会也是不可能实现的。故我国有学者表示："我们还可以认识到，平等的价值理念之所以得以传之久远并波及四海，为各种不同的文明所接纳，其实质是益于它作为一种理念的内涵的含糊和空泛。"[①]我国法理学家卓泽渊认为，平等可以简单归纳为人与人的对等的社会关系。平等至少可以从以下两方面理解：其一，在人类美好生活所必需的物质条件方面，它要求实现人类状况的平等，并且在个人能力允许的前提下实现工作和娱乐机会的平等；其二，它要求采取一视同仁的普遍原则，以保证分配标的不会在第一方面的要求实现以后又被一部分人掠走。但一视同仁也存在例外，区别对待首先是有利于那些有特殊需要的人。[②]

我国资产阶级民主派在革命初期，也曾倡导过西方的资产阶级思想家的

---

① 周勇．少数人权利的法理：民族、宗教和语言上的少数人群体及其成员权利的国际司法保护［M］．北京：社会文献出版社，2002：19.
② 卓泽渊．法理学［M］．4版．北京：法律出版社，2004：162.

"平等"思想，宣传"法律面前人人平等"。辛亥革命爆发地——武昌，刚成立的湖北鄂州军政府颁布的《中华民国鄂州临时约法草案》第二章就宣布"人民一律平等"，成为稍后建立的"中华民国"临时政府颁布的《中华民国临时约法》的基础。《中华民国临时约法》第二章中首条公布"中华民国人民一律平等，无种族、阶级、宗教之区别"①，反映了人们反对封建压迫的战斗精神。一些小资产阶级思想家主张在保存私有制的前提下，实现财产的和人身的平等权利。其实在资产阶级占有生产资料，掌握国家机器，劳动人民一无所有的资本主义社会里，资产阶级同无产阶级之间，只有剥削和被剥削、压迫和被压迫的关系，不可能有实质上的平等。马克思主义认为平等的内容是消灭阶级和一切阶级差别："无产阶级平等要求的实际内容都是消灭阶级的要求。任何超出这个范围的平等要求，都必然要流于荒谬。"② 正因为当前社会状况尚不能达到无产阶级社会的标准，我国学者对公平的认识也归纳为两种含义上的理解："一是不同时代、不同文化、不同阶层的人对公平有不同的认识，二是对作为现实追求目标的公平本身有不同的认识。后者可以发生在不同时代、不同文化和阶层的人群中，也可以发生在同一时代、同一文化和阶层的人群中。"③

综上所述，我国历史上，人民对平均主义的追求，反映了在剥削社会，人民追求平等、幸福、没有压迫的理想。相对于公平、正义、平等的理念的内涵来说，当前现实中的公民平等权应是结合公平、正义理念的有差异的平等，即相对的平等。

二、"公民"一词在中国宪法中开始的历程

学者郭道晖认为，"在中国，自古代到近代以迄清代，自由从属和依附于国家的臣民、庶民、子民、顺民乃至贱民等。词源上并无'公民'一词，也

---

① 来自辛亥革命武昌起义纪念馆和辛亥革命博物馆。
② 中共中央马克思恩格斯列宁斯大林著作编译局. 马克思恩格斯选集：第3卷[M]. 北京：人民出版社，1972：146.
③ 鲁鹏. 公平问题三思[J]. 江海学刊，2013（1）：53.

从来不存在所谓公民社会"①。他的看法并不完全正确，公民一词古已有之，但带有近代法律意义的"公民"一词却是舶来品，在商务印书馆编订的《辞源》中，并无这个名词。而据《汉语大词典》来看，公民有四种解释：①指古代为公之民。《韩非子·五蠹》："是以公民少而私人众矣。"《陈子龡集释》："为公之民少，为私之人众。"②指君主之民、公家之民。汉刘向《列女传·齐伤槐女》，"［婧］对曰：'妾父衍，幸得充城郭为公民'"。③具有一个国家的国籍，并依据宪法或法律规定，享有权利和承担义务的人。老舍《四世同堂》："他是个安分守己的公民，只求消消停停地过着不至于愁吃愁穿的日子。"沙汀《代理县长》："他张望了一会，这才发现出一个真正在守卫着的公民。"④指公共土地上的居民。康有为《大同书》乙部第三章："凡未辟之岛皆为公地，居者即为公民。"② 从中可以看出，尽管公民一词在先秦文献中已有，但具有现在通行的第三类意义，还是来自近代。当时的文人志士在介绍西方宪法的著作中引进的名词，在第四类意义中，康有为在《大同书》中提出的公民概念，是新开发土地所有者的含义。

中华人民共和国成立之前，清末自中华民国时期的宪法文本中，表述个人与国家之间政治联系的主要是"臣民""国民"的词汇，并无"公民"字样。1908年，清政府颁布的《钦定宪法大纲》，用"臣民"一词来称呼社会民众，这是基于封建专制传统的常用语，个人是以"被统治者"的法律身份出现在宪法文本中的。其中体现的是个人与国家之间的关系完全属于"从属性"的。

1911年10月10日，辛亥革命爆发。在独立各省的拥护下，资产阶级革命党人在南京成立了以孙中山为首的中华民国临时政府。1912年3月11日，临时政府颁布了《中华民国临时约法》。《中华民国临时约法》在表述与"中华民国"相对应的个人的法律身份时，同时使用了"国民"和"人民"，但并未明确两者之间的法律身份。袁世凯窃取了革命果实后，于1913年由当时

---

① 郭道晖.公民权与全球公民社会的构建［J］.社会科学，2006（6）：112.
② 《汉语大词典》编辑委员会.汉语大词典：第2卷［M］.上海：汉语大词典出版社，1988：60.

所谓的"中华民国国会宪法起草委员会"拟定的《天坛宪法草案》，继续沿用了"国民"与"人民"两词，但是，仍然没有界定两者之间的关系，以及是否指称与国家相对应的个人。该宪法草案第三章"国民"，对"人民"的各项权利做出了详细规定，并且第三条明确地规定"凡依法律所定属中华民国国籍者，为中华民国人民"，首次提及"人民"资格的认定。1914年《中华民国约法》（又称"袁记约法"）、1923年的《中华民国宪法》（史称"贿选宪法"）皆依此做出规定。

蒋介石当政时期的国民政府，分别三次制定相关宪法，主要有：1931年5月12日国民会议通过（同年6月1日国民政府公布）的《中华民国训政时期约法》、1936年的《中华民国宪法草案》（史称"五五宪草"）、1946年的《中华民国宪法》。这三部宪法文本，都用"国民"指称国家主权的归属主体的每一分子或者具备中华民国国籍者，以"人民"概称权利义务主体。其中，《中华民国训政时期约法》又将"国民"与"人民"相结合，共同确认个人的各项宪法权利与义务。

对比中华民国时期宪法中的"国民"与"人民"概念，其中带有个体和整体之分，"国民"表现的是个体，而"人民"表现的是集体。而从"国民"与"公民"的区别来看，"国民"带有一定"公民"意义，但缺少"公民"的权利与义务相统一的内涵。

"公民"概念在清朝末年和中华民国期间虽然没有在宪法中出现，但一些法律文件中"公民"概念已经出现。孙中山主导的《中华革命党总章》中就规定了"革命时期"党员所享受不同待遇的三种身份（等级身份），并将党员和非党员限定为公民和非公民的区别："（1）凡于革命军未起义之前进党者，名为首义党员；首义党员悉隶为元勋公民，得一切参政、执政之优先权。(2) 凡于革命军起义之后，革命政府成立以前进党者，名为协助党员；协助党员得隶为有功公民，能得选举及被选举权利。(3) 凡于革命政府成立之后进党者，名曰普通党员；普通党员得隶为先进公民，享有选举权利。"至于"非党员，在革命时期内，不得有公民资格，必待宪法颁布之后，始得从宪而获得之"①。在中国共产党在革命根据地制定和发布的宪法性文件中肯定了"公民"概念。例如，1934年1月第二次全国苏维埃代表大会修改通过的《中华苏维埃共和国宪法大纲》第四条规定："在苏维埃政权领域，工人、农民、红色战士及一切劳苦民众和他们的家属，不分男女、种族（汉、满、蒙、回、藏、苗、黎和在中国的台湾、高丽、安南人）、宗教，在苏维埃法律面前一律平等，皆为苏维埃共和国的公民。苏维埃选举法特规定：'凡上述苏维埃公民，在十六岁以上者皆有苏维埃选举权和被选举权，直接派代表参加各级工农兵苏维埃的大会，讨论和决定一切国家的、地方的政治任务。'"②

由上述历史可以看出，中华人民共和国正式成立以前，公民概念的表述经历了从"臣民"到"国民"，从"国民"到"人民""公民"的过程，而"公民"的真正概念并未得到解释，存在着简单借用和照搬国外宪法文本的问题。即使如孙中山先生的"公民"概念，还带有少数人的特殊权益的意义。而起到中华人民共和国成立初期临时宪法作用的《共同纲领》还主要使用"国民"的概念，从《共同纲领》关于"人民"和"国民"概念的相关规定来看，"国民"概念同"公民"概念在同"人民"对立的情况下，有一定重叠，但缺乏"公民"概念同国家的近代意义上的权利与义务统一的法律意义上的契约关系。

基于这样的理解，郭道晖认为中华人民共和国成立之前，乃至中华人民共和国成立很长一段时间内，"也从来不存在所谓公民社会"的看法是正确的，毕竟限于当时的社会环境，以及人民受教育的程度，达到理解、接受公民概念，进而建立公民社会的程度还有一段距离。

小 结

公民权与平等权都是一个历史范畴的概念，其在西方诞生后又传到中国。

---

① 孙中山. 孙中山全集：第3卷[M]. 北京：中华书局，1984：79.
② 莫纪宏. "公民"概念在中国宪法文本中的发展[J]. 人权，2010（4）：2-6.

公民权强调一种国家国民的身份，本身就富有一种个体之间人人平等的内涵。平等是人类历史上持久的追求，平等权更是基于法律意义上的一种明确的规定。对国家来说，平等权代表着平等参与国际事务的权利；对个体来说，平等权代表着个体有权利去享受法律赋予的合法权利；对相应的群体来说，平等权又代表符合一定条件的群体，所能获得的一定权利，这种权利既可以是奖励性的，也可以是扶助性的，或者是让人争议的。总之，公民权与平等权之间的紧密结合，也会让平等的观念更加深入人心。

第二章

特定群体优惠政策

美国学者约翰·罗尔斯在《正义论》中谈到补偿的正义,即对相关弱势群体进行相应的照顾、扶持政策。我国的一些群体优惠政策主要针对几个群体,如贫困人群、残疾人群。另外一些群体优惠政策则体现了国家根据特定环境制定的鼓励措施,如对军烈属的优惠政策,有助于弘扬爱国爱军的信念。对返乡农民工、大学生创业,以及华侨、港澳台群体照顾,是为了促进经济发展等。

第一节 贫困人群优惠政策

贫困一直以来都是社会最大的问题。无论是联合国,还是我国都有专门的扶贫机构。关于贫困的研究由来已久,扶贫的政策和号召,从联合国到世界各国都有不同的措施。缩小贫困,对一个国家来说,是社会稳定的需要;对一个世界来说,是社会发展的体现,也是人类公平正义的表现。2016年,联合国启动《联合国2030年可持续发展议程》,将减贫视为首要任务,并为全人类制定脱贫时间表。2021年4月6日,中华人民共和国国务院新闻办公室发布的《人类减贫的中国实践》白皮书显示,中国有7.7亿农村贫困人口摆脱贫困,提前10年实现《联合国2030年可持续发展议程》减贫目标。

中国减贫目标的实现,离不开对贫困人群的帮扶措施。关于帮扶贫困人群,解决他们的实际困难,国家出台了许多相应的政策,主要分城镇和农村两个群体。目前，农村贫困人口数量居多数。

一、城镇贫困人群优惠政策

城镇贫困人口的组成主要分三部分：一是流动人口。流动人口多为外地前往城镇务工人员。二是城市下岗失业工人。许多城市的国有企业下岗失业工人，由于年龄、技能等多种因素，只能依靠救济生存。还有些私营企业的雇佣工人，由于企业破产等因素，无力寻找新的职业。三是城市郊区失地无业人员。由于土地被国家无偿征用，自身缺乏技能，只能依靠零工和救济生活。可以说，城镇贫困人群涉及失能老年人、孤儿、残疾人等。对于他们的优惠政策包括生活救助，政府给予每月必需的基本生活费用；就业培训，对于有就业能力的给予相应的培训；保险救助，对社会保险给予相应的补贴。主要涉及多个方面。

第一，就业。国家针对城镇贫困人口等就业困难群体出台实施了一系列政策措施，积极推动城镇贫困人口就业创业。一是指导各地建立健全就业援助制度，采取税费减免、贷款贴息、社会保险补贴、岗位补贴等措施，如《吸纳城镇贫困劳动力就业岗位补贴政策》等，优先扶持贫困人口就业，对符合条件的及时纳入公益性岗位安置。二是推动各地大规模开展就业技能培训、岗位技能提升培训和创业培训，组织开展有针对性的职业培训并落实培训补贴政策。三是切实加大对残疾人等重点群体创业的税收优惠、担保贷款和资金补贴力度，鼓励他们灵活就业。

第二，医疗救助。对于贫困人群的医疗解困政策各地也有相应的细则。这类细则主要包括贫困患者住院费用的减免和自付比例；政府为贫困人口缴纳医保费用；医疗救助及对相应疾病的免费治疗；等等。目前，国家通过基本医疗保险、大病保险和医疗救助，对城镇贫困人口医疗问题实施综合保障。近年来，各地逐步提高医疗救助水平，低保对象、特困人员政策范围内住院费用救助比例已达到70%，门诊费用报销比例达到50%。

第三，教育解困。对于贫困家庭的子女教育问题，多以经县级以上教育行政部门审批设立的公办、民办学校的城镇贫困子女为扶助对象，资助生活费用，从幼儿园、小学、中学、高中、中等职业学校资助。

第四，基本住房保障。对于贫困家庭的住房保障主要类型有公租房保障和城市棚户区改造。城镇贫困家庭人均住房建筑面积低于当地住房保障面积的，可申请公租房保障。城镇贫困群众住宅在城区范围内，房屋安全隐患严重、周边环境较差、基础设施不完善、群众改造意愿强烈的，由当地政府优先安排实施棚户区改造。

第五，法律援助。对于贫困群体的诉讼事宜，可以申请法律援助。包括的相应内容有请求支付劳动报酬、社会保险金或者因劳动争议请求给付经济补偿、赔偿金；工伤事故、交通事故、食品药品安全事故、环境污染事故、产品质量事故以及医疗教育损害赔偿；请求给付赡养费、抚养费、扶养费；请求发给抚恤金、救济金，给予社会保险待遇或者最低生活保障待遇；依法请求给予国家赔偿；主张因见义勇为行为产生的民事权益；遭受家庭暴力、虐待、遗弃，维护合法权益的；刑事诉讼中，因经济困难没有委托辩护人或者诉讼代理人的；申请公证、司法鉴定法律援助；等等。

第六，基本生活保障。民政部依托社会救助制度体系，对缺乏基本生活保障的城镇贫困人口完善统计，将符合当地最低生活保障家庭的城镇贫困人口全部纳入低保范围，做到应保尽保。对符合特困人员认定条件的城镇困难老年人、残疾人和未满16周岁的未成年人纳入特困人员救助供养，保障其基本生活和日常照料。对遭遇突发性、紧迫性、临时性基本生活困难的城镇困难家庭，及时给予临时救助。

二、农村贫困人群扶持政策

为了实现2020年全面脱贫的目标，国家的扶贫力度特别大，针对农村建档立卡贫困户的扶持政策有九大项。一是产业扶贫。二是就业创业扶贫政策。三是健康扶贫政策。四是兜底保障扶贫政策。对农村的特困供养救助人员（五保户）和最低生活保障对象（低保户）实行兜底保障扶贫政策。五是教育扶贫政策。对贫困家庭的学生从学前到大学均有补助，但各个地方补助标准不一样。六是危房改造扶贫政策。对于建档立卡的贫困户危房改造给予资金补助。七是易地搬迁扶贫政策。对居住在环境恶劣、边远、不具备致富发展条件地区的贫困农户，实行易地搬迁。八是残疾人扶贫政策。落实贫困户残疾人生活补贴和重度残疾人护理补贴，在产业、就业、创业方面的政策向贫困残疾人倾斜，并对残疾儿童少年以及残疾大学生进行资助。九是生态扶贫政策。在建档立卡贫困户当中选聘有劳动能力的贫困人口为生态护林员，另外还有公益林生态补偿和退耕还林补贴。

农村贫困人口新农合、大病保险、医疗救助由财政按照规定资助100%。农村贫困户的新农合和大病保险都由财政统一补助，每人补助220元。并且贫困人口看病，在乡镇内实行"三免"政策，即免起付线、免诊疗费、免住院押金。同时在各级定点医院的报销比例也提高了10个百分点。还有其他相关的救助政策，让贫困人口看病的报销比例大大提高。

三、贫困群体优惠政策的意义

自人类文明诞生以来，贫困始终是人类群体的问题。早期的原始社会，人类靠群体的力量来抵御自然，贫困是共同的。但人类进入阶级社会后，贫困成为底层人士的象征。当人类文明进入21世纪后，科技发展带来了社会进步，但贫困现象依然存在，这就需要我们用专业的眼光来研究贫困群体优惠政策的实施。

对贫困群体实施优惠政策古来有之，不过古代多为灾荒之年对待受灾者的救济政策。制度化政策，主要是工业化时期的济贫法的出现，即通过国家立法，由政府直接出面接管或兴办慈善事业，对工业化过程中出现的贫民实施救济，这是现在社会救助制度的开端。

16世纪，欧洲兴起的工业革命带来了生产力的大发展，但也引发了激烈的社会问题，即由于工业发展对人民造成了冲击，出现了大量的贫民。由于贫民的生活困顿，农民起义等现象不同程度上造成了社会动荡。为了消弭这种暴力隐患，欧洲各国纷纷通过立法实行济贫。17世纪初，英国制定了著名的《伊丽莎白济贫法》。济贫法规定的救济对象有三种：一是有劳动能力的贫民，二是无劳动能力的贫民，三是无依无靠的孤儿。此后，荷兰、瑞典等国家也制定了"济贫法",开始了一个被马克思称为"国家济贫"的时代。

欧洲各国济贫法的伦理基础是基督教新教教义,认为人天生就是有罪的,如果对贫民不严加管束,他们就会更加懒惰、更加有罪。由此可以看出,早期的济贫法带有一种自上而下的恩赐,对贫民阶层是不平等的。从另一角度来看,济贫法开创了国家立法推动济贫事业的先例。之后,各国扶贫政策在社会实践中,从理论到政策取得了许多新的成就,像贫困的分类,常见的有广义和狭义贫困。狭义贫困主要指经济意义上的贫困,即生活不能温饱,生产难以维持。而广义贫困除包括狭义贫困的内容外,还包括社会、文化等意义上的贫困,如营养不足(营养不良)、人口平均寿命短、婴儿死亡率高、文盲人数众多等。此外,还有基于发展角度的贫困分类,即生存型贫困、温饱型贫困、发展型贫困。生存型贫困基本生活缺乏保障,解决衣食问题是主要的奋斗目标。温饱型贫困衣食有保障,但生活水平还很低,收入水平制约着发展。发展型贫困是指在解决衣食等基本问题后,进一步发展过程中的相对贫困。在世界上,狭义的贫困,即生存型贫困帮扶依然是各国主要的帮扶对象。

中华人民共和国成立以来,一直把扶贫当成自己的事业来做,这既是中国共产党立党之初的使命,也是社会责任的使然。从"一部分人先富起来"到"共同富裕",这是我们国家实行群体优惠政策的发展目标。党的十八大以来,我国扶贫治理体系不断创新完善,实现了从"大水漫灌式"的全面扶贫到"滴灌式"的精准扶贫转变。70多年的扶贫工作,使我国贫困人口从几亿到基本全部脱贫,成就举世瞩目。农村扶贫长期以来是国家工作的重点,2020年是全国脱贫攻坚的重要阶段。我们依然要看到,农村未来的贫困问题仍会长时期存在,主要是贫困线标准的划分,以及绝对贫困转向相对贫困的问题。当前,我国的生存型贫困基本解决,正过渡到发展型贫困的奋斗过程中。"人民生活水平会随着经济水平的不断提高而提高,贫困标准的评价也会随社会经济发展水平的不断提高而进行相应调整。"[①] 只要存在贫困问题,对这类群体的优惠政策就

---

① 贺格.乡村振兴战略与中国相对贫困治理的研究[J].农村经济与科技,2021,32(24):240-243.

必然持续下去。

从国家意义上来说，扶贫政策的持续体现了国家制度的优越性，丰富了世界扶贫方案的理论。从个人来说，大量脱贫的群体，走向了新的生活。马克思理论认为，人有了物质基础，才能追求更多的精神生活。大量贫困群体摆脱贫困，也有利于国家将更多资源用于帮助更需要的群体，进行更好的国家建设。

第二节　军人及先烈后人群体优惠政策

一、军人群体优惠政策

军人是国之柱石，承担着保家卫国的重任。世界上不同国家都给予军人不同的优待，除因公牺牲的专有抚恤外，也给予相应的优惠政策。中华人民共和国成立以来，历年来颁布现在实施的与现役、退役军人有关的法律见表2-1。

表2-1　全国现役/退役军人政策文件信息汇总

颁发日期	相关文件
2021年1月1日	《现役军官管理暂行条例》
2021年1月1日	《军队装备条例》
2020年11月11日	《中华人民共和国退役军人保障法》
2018年12月14日	《符合政府安排工作条件退役士兵服役表现量化评分暂行办法》 《〈符合政府安排工作条件退役士兵服役表现量化评分暂行办法〉政策解读》
2011年11月1日	《退役士兵安置条例》
2011年8月1日	《烈士褒扬条例》
2004年10月1日	《军人抚恤优待条例》
2001年1月19日	《军队转业干部安置暂行办法》
1984年5月31日	《中华人民共和国英雄烈士保护法》
1984年5月31日	《中华人民共和国兵役法》

具体到我国各省因省情不同，有着不同的细则。以湖北省为例，湖北省人民政府办公厅专门于2021年1月7日颁布了鄂政办发〔2020〕62号文件《省人民政府办公厅关于印发湖北省军人军属、退役军人和其他优抚对象基本优待目录清单的通知》。该通知是关于现役、退役军人，以及军人家属的基本优待目录，涉及已经退役的军人或者是军人的家属在文化旅游、交通出行、养老医疗等方面各有不同的优待政策。

(一) 现役军人

第一，立功受奖地方有奖励，符合条件高考可加分。现役军人符合当年成人高考公告条件的申请加分。第二，在荣誉激励方面，明确对立功受奖现役军人进行奖励，标准由各地制定。第三，在文化旅游方面，明确对10人（含）以上现役军人团体预约参观全省文化和旅游系统国有博物馆、纪念馆、美术馆时，提供免费讲解。公益性的博物馆、美术馆、爱国主义教育基地、科普教育基地、城市公园等实行免费游览；实行政府定价管理的景区对现役军人免收门票。第四，在交通出行方面，结合湖北特别是武汉的实际情况，现役军人除免费乘坐公共汽车、电车、轨道交通工具外，增加免费乘坐轮渡。第五，在医疗方面，本地区医疗优待定点服务机构，对现役军人提供普通门诊优先挂号、取药、缴费、检查、住院服务。

(二) 军人家属

第一，在荣誉激励方面，湖北将组织开展"最美军嫂"宣传活动。第二，在养老、医疗服务方面，对城镇低收入、农村低保家庭中的高龄和生活不能自理的失能的现役军人老年家属，将发放养老服务和护理补贴，补贴标准不低于100元/月。全省光荣院、优抚医院对长年患病卧床、生活不能自理（失能、失智）的现役军人家属，以及荣获个人二等功以上奖励现役军人的父母，可实行优先入住、优先就诊，床位费减免10%的优待政策。优抚医院原则上对现役军人家属体检项目优惠减免不低于5%。第三，在文化旅游方面，军人家属可免费在公益性的博物馆、美术馆、爱国主义教育基地、科普教育基地、城市公园等处游览。第四，在就业安置方面，属于在编在岗人员的随军家属，由各级党委和政府每年统筹安排一次，用人单位按规定办理工作调动手续，同时各地将面向随军未就业家属开展事业单位专项公开招聘。

（三）退役军人

第一，在荣誉激励方面，湖北将在省内主流媒体开设专栏，大力宣传退役军人中优秀典型的先进事迹，组织开展"最美退役军人"学习宣传活动。第二，在养老、医疗服务方面，对城镇低收入、农村低保家庭中的高龄和生活不能自理的失能老年退役军人，发放养老服务和护理补贴，补贴标准不低于100元/月。优抚医院为老年复员军人、参战参试退役军人、带病回乡退伍军人提供免收普通门诊挂号费和优先就诊、取药、缴费、检查、住院等服务，住院床位费优惠减免50%。第三，在教育方面，湖北优化增加了三方面的教育优待项目：符合条件的退役军人（士兵）考生可申请普通高考及成人高考加分；考入高等学校的退役士兵，符合条件的将给予学费减免；符合条件的退役大学生士兵报考硕士研究生，可以选择专项计划或普通计划，申报加分或免初试照顾。第四，在法律服务方面，湖北明确，对退役军人开辟公共法律绿色通道，设专栏和优待服务窗口，对申报办理法律援助的，简化程序、优先受理、优先审批、优先指派，对伤病残等特殊困难退役军人，提供电话申请、邮寄申请、上门受理等便利服务。第五，在交通出行和文化旅游方面，退役军人可凭退役军人优待证等有效证件享受市内公共交通、文化和旅游等方面优待，具体优待标准由各县级以上（含）人民政府制定。同时增加两方面的优惠优待项目：一是公益性的博物馆、美术馆、爱国主义教育基地、科普教育基地、城市公园对退役军人予以免费游览；二是鼓励全省实行政府定价管理的各类自然保护地，对退役军人提供减免门票服务。第六，为鼓励退役军人创业，对符合条件的退役军人，可按规定申请创业担保贷款，并享受财政贴息支持。

（四）残疾军人

第一，在养老、医疗服务方面，全省光荣院对长年患病卧床、生活不能自理的，提供优先优惠服务，床位费减免50%。全省优抚医院对残疾军人提供优先就诊,免收普通门诊挂号费,检查费优惠减免10%,住院床位费优惠减免50%等服务。第二,对已纳入最低生活保障的残疾军人,可享受困难残疾人生活补贴,对城镇低收入、农村低保家庭中的高龄和生活不能自理的失能老年残疾军人,按规定发放养老服务和护理补贴,补贴标准每人每月不低于100元。第三,在住房保障方面,对符合当地住房保障条件的残疾军人,将采取实物配租或发放租赁补贴的方式实施保障。第四,在交通出行方面,残疾军人除免费乘坐公共汽车、电车、轨道交通工具外,增加免费乘坐轮渡。

二、烈士后人群体的优待政策

不同国家、不同时代的政权,对一些具有高尚情操人士,以及保家卫国的英烈,日常生活中因公牺牲、救人牺牲的英雄,都通过一些特殊的政策,对他们本人、亲属、后人给予照顾。这种优惠政策是弘扬正气,鼓励社会各界加以效仿的国家政策。这类群体主要为烈士后人,以及军人群体。

在革命年代,中国共产党就十分重视对革命烈士的褒扬抚恤工作,在根据地内颁布了相关的优待抚恤条例,如1931年7月鄂豫皖根据地制定了《红色战士伤亡抚恤条例》,1931年11月中华苏维埃第一次全国代表大会通过的《中国工农红军优待条例》等。中华人民共和国成立后,1950年11月25日,政务院批准一系列的有关烈士抚恤条例:《革命烈士家属、革命军人家属优待暂行条例》《革命残废军人优待抚恤暂行条例》《革命军人牺牲、病故褒恤暂行条例》《革命工作人员伤亡褒恤暂行条例》《民兵民工伤亡抚恤暂行条例》等。这些条例构成了我国对烈士家属,以及伤残军人群体的帮扶基础。之后经过多次修订,《烈士褒扬条例》于2011年7月26日中华人民共和国国务院令第601号公布,2019年3月2日《国务院关于修改部分行政法规的决定》第一次修订,2019年8月1日《国务院关于修改〈烈士褒扬条例〉的决定》第二次修订。《烈士褒扬条例》中列有烈士褒扬金和烈士遗属的抚恤优待。相应的细则所列如下:

第十四条,国家建立烈士褒扬金制度。烈士褒扬金标准为烈士牺牲时上一年度全国城镇居民人均可支配收入的30倍。战时,参战牺牲的烈士褒扬金标准可以适当提高。

烈士褒扬金由领取烈士证书的烈士遗属户口所在地县级人民政府退役军人事务部门发给烈士的父母或者抚养人、配偶、子女；没有父母或者抚养人、配偶、子女的，发给烈士未满18周岁的兄弟姐妹和已满18周岁但无生活来源且由烈士生前供养的兄弟姐妹。

第十五条，烈士遗属除享受本条例第十四条规定的烈士褒扬金外，属于《军人抚恤优待条例》以及相关规定适用范围的，还享受因公牺牲一次性抚恤金；属于《工伤保险条例》以及相关规定适用范围的，还享受一次性工亡补助金以及相当于烈士本人40个月工资的烈士遗属特别补助金。

不属于前款规定范围的烈士遗属，由县级人民政府退役军人事务部门发给一次性抚恤金，标准为烈士牺牲时上一年度全国城镇居民人均可支配收入的20倍加40个月的中国人民解放军排职少尉军官工资。

第十六条，符合下列条件之一的烈士遗属，享受定期抚恤金：

（一）烈士的父母或者抚养人、配偶无劳动能力、无生活来源，或者收入水平低于当地居民的平均生活水平的；

（二）烈士的子女未满18周岁，或者已满18周岁但因残疾或者正在上学而无生活来源的；

（三）由烈士生前供养的兄弟姐妹未满18周岁，或者已满18周岁但因正在上学而无生活来源的。

符合前款规定条件享受定期抚恤金的烈士遗属，由其户口所在地的县级人民政府退役军人事务部门发给定期抚恤金领取证，凭证领取定期抚恤金。

第十七条，烈士生前的配偶再婚后继续赡养烈士父母，继续抚养烈士未满18周岁或者已满18周岁但无劳动能力、无生活来源且由烈士生前供养的兄弟姐妹的，由其户口所在地的县级人民政府退役军人事务部门参照烈士遗属定期抚恤金的标准给予补助。

第十八条，定期抚恤金标准参照全国城乡居民家庭人均收入水平确定。定期抚恤金的标准及其调整办法，由国务院退役军人事务部门会同国务院财政部门规定。

烈士遗属享受定期抚恤金后仍达不到当地居民的平均生活水平的，由县级人民政府予以补助。

第十九条，享受定期抚恤金的烈士遗属户口迁移的，应当同时办理定期抚恤金转移手续。户口迁出地的县级人民政府退役军人事务部门发放当年的定期抚恤金；户口迁入地的县级人民政府退役军人事务部门凭定期抚恤金转移证明，从第二年1月起发放定期抚恤金。

第二十条，烈士遗属不再符合本条例规定的享受定期抚恤金条件的，应当注销其定期抚恤金领取证，停发定期抚恤金。

享受定期抚恤金的烈士遗属死亡的，增发6个月其原享受的定期抚恤金作为丧葬补助费，同时注销其定期抚恤金领取证，停发定期抚恤金。

第二十一条，烈士遗属享受相应的医疗优惠待遇，具体办法由省、自治区、直辖市人民政府规定。

第二十二条，烈士的子女、兄弟姐妹本人自愿，且符合征兵条件的，在同等条件下优先批准其服现役。烈士的子女符合公务员考录条件的，在同等条件下优先录用为公务员。

烈士子女接受学前教育和义务教育的，应当按照国家有关规定予以优待；在公办幼儿园接受学前教育的，免交保教费。烈士子女报考普通高中、中等职业学校、高等学校研究生的，在同等条件下优先录取；报考高等学校本、专科的，可以按照国家有关规定降低分数要求投档；在公办学校就读的，免交学费、杂费，并享受国家规定的各项助学政策。

烈士遗属符合就业条件的，由当地人民政府人力资源社会保障部门优先提供就业服务。烈士遗属已经就业，用人单位经济性裁员时，应当优先留用。烈士遗属从事个体经营的，市场监督管理、税务等部门应当优先办理证照，烈士遗属在经营期间享受国家和当地人民政府规定的优惠政策。

第二十三条，符合住房保障条件的烈士遗属承租廉租住房、购买经济适用住房的，县级以上地方人民政府有关部门应当给予优先、优惠照顾。家住农村的烈士遗属住房有困难的，由当地人民政府帮助解决。

第二十四条，男年满60周岁、女年满55周岁的孤老烈士遗属本人自愿的，可以在光荣院、敬老院集中供养。

各类社会福利机构应当优先接收烈士遗属。

第二十五条，烈士遗属因犯罪被判处有期徒刑、剥夺政治权利或者被司法机关通缉期间，中止其享受的抚恤和优待；被判处死刑、无期徒刑的，取消其烈士遗属抚恤和优待资格。

三、此类政策实施的意义

世界各国都有相应的烈士褒扬活动，其形式主要有三种：一是设立相应的纪念日，并广泛举行纪念活动。二是对烈士遗属给予优厚的待遇，照顾其生活。三是建立相应的纪念建筑物永志纪念。在我国历史上，封建王朝也有不少类似褒扬烈士的活动：一是收葬战地遗骸。汉献帝延康元年（220年），下令"士卒死亡者……其告郡国给棺椟殡敛，送至其家，官为设祭"。二是设坛吊祭死难的将士。明朝朱元璋于洪武"三年十一月己亥，设坛亲祭战没将士"。三是发放死难将士丧葬费用。明太祖时，就曾颁布命令"阵亡病故军给丧费一石，在营病故者半之"。四是对死难将士家属给予廪食抚恤，免除赋税劳役，等等。曹操于汉献帝建安十四年（209年），令"死者家无基业不能自存者，县官勿绝廪，长吏存恤抚循"。任何国家、任何民族都需要为国奉献的人，我们称之为"国家的脊梁、民族的灵魂"。许多奉献者为了国家、民族、他人的生命、财产献出了生命，这类人既是烈士，又是英雄。褒扬英雄，是树立社会的正气；抚恤英雄的家人和后人，又是让英雄不至于"流血又流泪"，也是社会正义的一种延续。

近些年来，一些人由于丧失了信念，亵渎烈士，诋毁英雄形象，质疑英雄事迹。这种现象值得我们警惕。

"新中国成立初期的革命烈士褒扬抚恤工作为社会主义革命与建设提供了重要的精神动力，也成为国家民族精神的力量源泉。"[1] 我们今天依然要加大对革命烈士和军人的优待和褒扬政策，这也是面对多元化思潮冲击的基石。

---

[1] 熊彤. 新中国成立初期的革命烈士褒扬抚恤工作：以《人民日报》为中心的考察［J］. 当代中国史研究，2020，27（2）：9-23，156.

新时期，我们依然要鼓励为公、为国，赞颂为了群体利益乃至突发事件献身的英雄，这是一个社会文明进步的标志，也是一个社会正能量的基石。同时，对英雄家人的褒扬、鼓励，也是促进社会道德风尚上扬的前提。一个社会如果人人都保持冷漠自私，这个社会不会拥有光明。

第三节 残疾群体优惠政策

一、残疾人优惠政策的相关内容

由于残疾人身体的因素，大多数国家都实行一定的残疾人福利。我国有相关的法律保障残疾人享有合法的权益，如《中华人民共和国残疾人保障法》《残疾人就业条例》。中共中央组织部等七部门还颁布了《关于促进残疾人按比例就业的意见》。各地政府也制定了相应的地方法规，致力于保障残疾人的合法权益。这些法律法规，为残疾人在生活、工作、教育、医疗和康复等方面提供的设施、条件和服务，主要包括：（1）多渠道、多层次、多形式开拓残疾人就业门路，扩大就业范围，提供就业机会，保障残疾人的工作权利和自我实现的权利。（2）大力发展残疾人特殊教育，提高残疾人的文化素质和自立能力。（3）开展立法、宣传和教育，保障残疾人的合法权益和提供特殊保护，呼吁社会尊重、关心和帮助残疾人。（4）兴办残疾人生活、工作、教育、文化娱乐活动的设施及器材的生产。（5）在社会事业的各个领域尽可能地为残疾人提供方便条件等。

残疾人因为自身身体的因素，往往是贫困人群，他们除享受贫困群体的照顾政策外，国家对残疾人还有相应的帮扶政策。具体如下：

一是税收优惠。（1）残疾人员个人提供的劳务，免征营业税。（2）残疾人员的所得，由纳税人提出申请，报市地方税务局审核批准，暂免征收个人所得税。（3）对民政部门举办的福利工厂和街道办的非中途转办的社会福利生产单位；凡安置"四残"人员占生产人员总数35%（含35%）以上，暂免征收所得税；凡安置"四残"人员占生产人员总数的比例超过10%未达到35%的，减半征收所得税。（4）对民政部门举办的福利工厂用地，凡安置残疾人员占生产人员总数35%（含35%）以上的，暂免征收土地使用税。

二是减免规费。（1）凡残疾人本人从事手工业、商业、服务业、修理业等，规模较小的，登记费、个协会费、管理费减半收取；规模较大（雇用帮手）的，管理费按核定标准90%收取，个协会费适当收取。（2）经核实，确属家庭特别困难的残疾人从事经营活动的，各所报请局里同意后，可免收登记费、会费和管理费。（3）独资企业、合伙企业中的残疾人就业人员达30%以上的，按福利企业对待，管理费按核定标准的70%收取。（4）残疾人领办独资企业、合伙企业的，登记费减半收取。（5）凡残疾人本人从事图书、电子游戏、歌舞厅（卡拉OK）、台球、录像、影碟出租等经营，规模较小的，管理费免收；规模较大（雇用帮手）的，残疾就业人员达30%以上（含30%）的，管理费按核定标准50%收取。

此外，残疾人可以申请法律帮助或法律援助，机关、团体、企业、事业单位必须按比例安排残疾人就业等，也是各地政策的体现。

二、残疾人优惠政策中存在的不足及解决的策略

残疾人优惠政策在当前存在一定的不足。

首先是地区壁垒。这种地区壁垒主要是残疾人在异地不能享受户籍所在地的照顾政策。2017年《新京报》就曾报道了一起残疾人在无锡乘坐公交未能享受免费的事件，原因是该残疾人户籍不属于无锡。按照当地规定，需要是当地户籍的残疾人才能享受本地公交的免费。

从国家法大于地方法规来说，各地法规不应违反《中华人民共和国残疾人保障法》的相关规定，"给予便利和优惠"不应对残疾人的户籍提出要求。

其次是残疾人优惠政策各地差异性较大。具体来看，发达地区补助标准高于欠发达地区。地区差异导致地区标准不同，这个是社会环境不同造成的，需要加快地区经济发展，改善地区差异。

当前，我国处于社会流动期。人员的流动加快，许多残疾人离开家乡，

来到异地再生活，面临着一些困难。从社会公平正义的角度来看，残疾人优惠政策在实施中，有必要加快数据化信息的共享，实现真正的优惠体现。

法国启蒙思想家让-雅克·卢梭曾说过"人生而平等"。这是强调人在合法权益享受上是平等的。他也在《论人类不平等的起源》中论述了个体因为先天的差异，存在着先天的不平等，其中就有先天残疾人。还有许多残疾人是后天因素造成的，也有些残疾人是为了国家，或者为了帮助他人而造成的残疾，像残疾军人。残疾军人是保家卫国过程中伤残的，国家是给予特殊的抚恤的。对于意外事故造成的残疾、先天残疾的群体，他们同健康者相比较，生活中的难度必然很大，出台相应的残疾人优惠政策，是保证人们平等享受资源的前提。

对于任何国家来说，残疾人都不是一个可以忽略的人群。来自中国残疾人协会的数据显示："根据第六次全国人口普查我国总人口数，及第二次全国残疾人抽样调查……推算2010年年末我国残疾人总人数8502万人……重度残疾2518万人……"① 残疾种类有视力、听力、言语、肢体、智力、精神残疾，以及多重残疾。不同类型的残疾都给残疾人自身和他们的家庭带来不同的不便，残疾人的数量以及他们的家庭，决定了这类群体和他们的家庭往往承受了比正常人多许多的痛苦。关爱残疾人群体，一方面体现了社会文明的进步，另一方面也有助于社会和谐稳定。

第四节 外籍人士的优惠政策

改革开放以来，大量的外籍人士进入中国，许多外籍人士参与中国的国家建设，我国也给予他们相应的优惠政策。具体来看，主要以税收为主。

---

① 中国残疾人联合会.2010年末全国残疾人总数及各类、不同残疾等级人数［EB/OL］.中国残疾人联合会网，2021-02-20.

一、个人税收优惠

外籍人员在华期间有下列税收优惠：《国家税务总局关于在中国境内无住所的个人取得工资薪金所得纳税义务问题的通知》（国税发〔1994〕148号）规定，在中国境内无住所而在一个纳税年度中在中国境内连续或累计工作不超过90日或在税收协定规定的期间在中国境内连续或累计居住不超过183日的个人，由中国境外雇主支付并且不是由该雇主的中国境内机构负担的工资、薪金，免予申报缴纳个人所得税。

外国来华人员的免税规定：

第一，外国来华专家个人所得税优惠。对外国来华经济专家、文教专家，在我国服务期间，由我方对其住房、使用汽车、医疗实行免费"三包"的，可只就工资、薪金所得，按照税法规定征收个人所得税，对我方免费提供的住房、使用汽车、医疗，可免予计算纳税。

第二，外国援建人员个人所得税优惠。对援助国派往我国专门为该国援助我国的建设项目服务的工作人员，取得的工资、生活津贴，不论是我方支付还是外国支付，均可免征个人所得税。

第三，对外国来华工作人员，在我国服务而取得的工资、薪金，不论是我方支付还是外国支付、我方和外国共同支付，均属于来源于中国的所得，除上述规定给予免税优惠外，其他均应按规定征收个人所得税，但对在中国境内连续居住不超过90天的，可只就我方支付的工资、薪金部分计算纳税，对外国支付的工资、薪金部分免予征税。

第四，对外国来华留学生领取的生活津贴费、奖学金，不属于工资、薪金范畴，不征个人所得税。

第五，对外国来华工作人员，由外国派出单位发给包干款项，其中包括个人工资、公用经费、生活津贴费，凡对上述所得能够划分清楚的，可只就工资、薪金所得部分按照规定征收个人所得税。

第六，对外籍个人因到中国任职或离职、以实报实销形式取得的搬迁收入，免征个人所得税。在纳税申报时，应由纳税人提供有效凭证，就其合理的部分免税。

第七，对外籍个人按合理标准取得的境内、外出差补贴，免征个人所得税。在纳税申报时，应由纳税人提供出差的交通费、住宿费凭证（复印件）或企业安排出差的有关计划，符合规定标准的免税。

第八，对外籍个人取得的探亲费免征个人所得税。纳税人应提供探亲的交通支出凭证（复印件），就其合理的部分免税。享受免税优惠的探亲费，仅限于外籍个人在我国的受雇地与其家庭所在地（包括配偶或父母居住地）之间搭乘交通工具且每年不超过两次的费用。

第九，对外籍个人取得的语言培训费、子女教育费补贴免征个人所得税。

二、外资、外企税收优惠

改革开放前期，国家为引入外资，在用地、用工、税收上都给予外资相应的优惠政策。随着国家的发展，为了促进公平竞争，国内在相应的政策上，逐步改变了内外资的差异。具体有：

第一，第八届全国人大常委会第五次会议审议通过的《全国人民代表大会常务委员会关于外商投资企业和外国企业适用增值税、消费税、营业税等税收暂行条例的决定》规定，增值税、消费税、营业税、土地增值税、资源税、印花税、城市房地产税、车船使用牌照税、契税等从1994年1月1日起内外资企业统一。

第二，《中华人民共和国城镇土地使用税暂行条例》（2006年修订）规定，2007年1月1日起，城镇土地使用税内外资企业统一。

第三，《中华人民共和国企业所得税法》（2007年修订）规定，从2008年1月1日起企业所得税内外资企业统一。

第四，《国务院关于废止〈城市房地产税暂行条例〉、〈长江干线航道养护费征收办法〉、〈内河航道养护费征收和使用办法〉的规定》中指出，房产税从2009年1月1日起内外资企业统一。

第五，《国务院关于统一内外资企业和个人城市维护建设税和教育费附加制度的通知》（2010年发布）规定，城市维护建设税、教育费附加从2010年

12月1日起内外资企业统一。

三、其他方面的优惠

按照规定，外籍个人符合居民个人条件的，2019年1月1日至2021年12月31日期间，享受住房补贴、语言训练费、子女教育费等津补贴免税优惠政策，但不得同时享受。随着国家税收政策的调整，自2022年1月1日起，外籍个人不再享受住房补贴、语言训练费、子女教育费津补贴免税优惠政策，应按规定享受专项附加扣除。

四、外籍留学生的优惠

改革开放后，中国逐步加大外籍学生的招收力度。2018年，教育部印发《来华留学生高等教育质量规范（试行）》，这是中华人民共和国成立以来首个针对来华留学生高等教育制定和实施的全国统一的基本规范，在实施中，还存在许多问题。主要是一些学校对外国留学生特殊优待引发了一些争议。

究其原因，国内一些高校热衷引进外国留学生，除经济问题外，更多的是为了提升中国大学的国际排名，让中国的大学更加"国际化"的发展，而考量学校国际知名度的标准就是校内国际留学生的占比。

五、外籍人士群体优惠政策的意义

对待外籍人士实施优惠政策，既有历史的因素，也有现实的因素。近代以来，在中国遭受西方帝国主义列强侵略的同时，也有许多外国人本着正义的呼声，为中国人民做了许多贡献。例如，抗日战争时期，来自世界各地的国际友人，在帮助中国反抗日本侵略的过程中，与中国人民共同御敌，像加拿大人白求恩、美国人马海德……他们书写了一幕幕感人事迹。中华人民共和国成立后，许多对中国友好的外籍人士在帮助中国发展中，也奉献了他们的聪明才智，提供了资金和技术。2018年12月18日，中国庆祝改革开放40周年大会宣布了中国改革友谊奖章获得者名单，包括国际奥委会前主席萨马兰奇、松下电器创始人松下幸之助等十位国际友人。他们在助力中国众多行业发展中,都有杰出的贡献。

外籍人士群体优惠政策实施的意义是多方面的。首先,改革开放初期,国家急需大量的投资来促进经济的发展。为了吸引外资,国家出台了大量的优惠政策。其次,许多外籍人士带来了先进的技术和管理经验。这些外籍人士群体的到来,促进了当时国内工业、文化等诸多方面的发展。

我们欢迎真诚对待帮助我们的外籍友人,但也需要抵制那些不遵守我们国家规章制度的外籍人士,不刻意制造人为的不平等。

第五节　我国华侨、港澳台地区群体的优惠政策

一、我国华侨、港澳台地区群体优惠政策内容

华侨、港澳台地区群体的优惠政策主要涉及教育、投资等方面。

(一) 教育

教育方面主要为高考。"中华人民共和国普通高等院校联合招收华侨及港澳台地区学生",是教育部针对中国华侨、港澳台地区群体,鼓励全世界海外华侨及中国香港、中国澳门、中国台湾地区的子女,升读中国高等院校而设置的单独命题、考纲独立、单独考试、提前录取的全国统考。

联考等同于我国普通高考,但考试难度以及录取分数线要求却降低很多。我国华侨、港澳台地区联考具有非常明显的优势,是通往211、985大学的绿色通道。

联考独立命题、录取分数线低、报考人数少,招生院校多。

(二) 华侨、港澳台地区群体投资的优惠

国家根据社会公共利益的需要,对华侨、港澳台地区群体投资企业实行征收时,依照法律程序进行并给予相应的补偿。具体到地方,涉及的内容繁多,举例如下:

（1）有些地方规定，对华侨、港澳台地区群体投资企业，免征地方所得税10年。（2）投资于能源、原材料、交通、通信和农业等开发性项目，兴办产品出口企业、先进技术企业和在少数民族地区、边远地区兴办企业，免征地方所得税15年。（3）对华侨、港澳台地区群体投资企业自建的房屋或购置的新建房屋，自建成或购置月份起，给予免征相应的房产税年限、免征车船使用牌照税年限。（4）华侨、港澳台地区群体投资企业进口用于生产出口的原材料、燃料、散件、零部件、元器件、配套件，免缴进口关税、工商统一税，免领进口许可证；对在其投资总额内进口本企业所需的机器设备、生产用车辆和办公设备，以及华侨、港澳台地区群体个人在企业工作期间运进自用的、合理数量的生活用品和交通工具，免缴进口关税、工商统一税，免领进口许可证。华侨、港澳台地区群体投资企业生产的出口产品，除国家限制出口的外，免缴出口关税和工商统一税。（5）华侨、港澳台地区群体投资企业可以向境内的金融机构借款，并可以本企业资产和权益抵押、担保。（6）华侨、港澳台地区群体可以在投资的企业中安排适当数量的亲属就业。在合资经营和合作经营企业中安排的人数，由合资或合作双方商定。其安排就业的亲属户口在农村的，可转为企业所在地的城镇户口。

二、华侨、港澳台地区群体优惠政策的意义

华侨群体在辛亥革命、抗日战争、解放战争，中华人民共和国的成立、建设过程中都做出了贡献。中华人民共和国成立后，海外侨胞纷纷回国参加社会主义建设。钱学森、华罗庚等大批的海外学子放弃西方优渥的生活条件，回国参加国家建设，成为中国各个学科领域的带头人；许多华侨积极为国家引进物资，像侨商李引桐历尽千辛万苦，将橡胶树苗引进海南岛，填补了中国橡胶种植的空白……中华人民共和国成立初期，国家外汇短缺，侨汇对扭转中国外汇不平衡起到了重要作用。改革开放之初，华侨群体率先回国投资办厂。他们发挥在资金、技术、管理、商业网络等方面的优势，对企业的经营观念更新、产业工人培育、管理制度创新等方面都做出了贡献。华侨群体在国内捐资助学、办学上也发挥了很大的作用，大大减少了国家和地方的财政

经济负担，为国家培养了大批人才。

华侨、港澳台地区群体优惠政策实施的意义是多方面的。其中有一个共同方面是改革开放初期，国家急需大量的投资来促进经济的发展。国家出台了大量的优惠政策吸引华侨、港澳台地区群体中拥有先进技术、文化的成员进行投资，促进工业、文化等多方面的发展。对于华侨、港澳台地区群体实施的优惠政策，除上述相同的经济因素外，还有更多的政治意义。在此不展开叙述。

第六节　单项的特定群体优惠政策

单向的特定群体优惠政策，有些是沿袭的，还有许多是近些年来，国家新出台的一些政策。

一、特定学生群体的优惠政策

中小学学生是社会关爱较多的群体，对其公开的优惠政策在许多旅游景区也有显示，比如，凭学生证件享受景区门票半价等。乘坐公共交通，如火车、长途客车、地铁、轮渡时，对于幼儿园和小学的学生，身高未满1.2米是免费的，身高在1.2米和1.5米之间半价。乘坐飞机时，年龄在2~12周岁之间的可以购买飞机儿童票，票价为成人全价票的50%。对中小学生的优惠政策体现了社会对未成年人的关爱，也符合未成年权益保护法的内核。

沿袭的单项特定群体优惠政策有大学生假期火车票优惠政策。按照铁路部门的要求，学生只有购买普通硬座才能享受半价的政策。由于卧铺的价格是包括了硬座和铺位价格在内，所有学生购买卧铺的票价为原有的铺位价格减去硬座票价一半。此外，动车组一等座不享受学生票优惠，二等座学生可以享受公布票价的75%优惠。

二、名人群体入学高校的优惠政策

国家体育总局官网在2018年发布的文章："根据教育部、国家体育总局等六部委《关于进一步做好退役运动员就业安置工作的意见》（体人字〔2002〕411号）和体育总局科教司《关于做好2018年优秀运动员免试进入高等学校学习有关事宜的通知》（体科字〔2017〕147号）规定……经各省级体育部门和体育总局运动项目管理中心审核，拟推荐931名运动员进入普通高等学校就读。"[1] 来自2021公示信息显示，"703员通过审核"[2]。概括起来，历年来国家级运动员入学高校的人数绝对是一个大数目，我们所能熟知的就有世界围棋冠军柯洁、篮球运动员姚明等。北京体育大学在2003年获得教育部批准，成为国内唯一可免试招收奥运会冠军和世界冠军攻读硕士学位研究生的高等院校，就此创建了独一无二的研究生冠军班，也是一种针对体育明星特招政策的具体化。

高校热衷吸引名人入校就读，给予他们特殊的推荐入学资格。最大的目的是借助名人营造独特的宣传作用。另外，高等学府钟爱社会名人，也有借助名人群体为高校争取更多资源的目的，这种事在国外的高校同样如此。例如，比尔·盖茨（Bill Gates）的儿子提前申请了美国芝加哥大学（世界排名第10）的本科，学校迅速接受申请并录取他为2022年的新生。

对于名人免试入学高校，长期以来社会各界争议很多。赞同者认为：首先，从合理性的角度来说，它体现了社会需要。允许名人免试就读体现了社会对于人才的多样化需求。社会的稳步发展需要名人群体良好的社会影响和持续的发展前景，这恰恰又迎合了高校发展的需求。其次，从公平性的角度来说，它能更深层次地保证公平公正。例如，体育明星因训练需要放弃了自己入学就读的最佳时机。他们通过辛苦拼搏为国家赢得了荣誉，遵循人人都

---

[1] 李晓洁.56名冬季项目运动员入选2018优秀运动员免试入学推荐名单[EB/OL].国家体育总局官网，2018-04-16.
[2] 体育总局科教司.关于2021年优秀运动员本科保送推荐名单的公示[EB/OL].国家体育总局官网，2021-03-10.

群体优惠政策：遵循公民平等权 >>>

有受教育权这一原则，向他们提供这一平台给他们一个学习机会更彰显了其公平化与人性化。再次，若让丧失正常学习机会的名人与普通学生一同高考于名人而言就是不公平的。而免试就读从名人的特殊性出发，在结构上完善了高校的入学机制，深化了录取机制的公平。最后，从积极性即现实效益的角度来说，它对于名人、名校至全社会都具有积极意义。名人上大学，提高了名人本身的文化素质和认知能力，有利于其今后进一步的发展。名牌大学发扬了人才多元的思想，从而促进校园文化的繁荣。名人功成名就后的回归校园也给当今社会大众浮躁的心态以良好的示范作用，倡导了教育为本、终身求知的价值观念，引领了正确的社会导向。

反对者认为：第一，现代社会倡导公平竞争，名人应该遵守公平竞争的原则，同所有考生一样参加国家的统一考试。第二，免试招收名人进入名牌大学不利于他们的发展。许多名人进入名牌大学更多是利用个人品牌效应，这种效应会带给名人相应的压力，不利于其合理发展。第三，大学是学术机构，不是名人堂。名人进入大学镀金，既是对社会教育资源的浪费，也破坏了教育公平。

易剑东堪称中国研究奥运文化第一人，对于体育明星上大学，他有着自己的看法。易剑东说，体育明星上大学虽然成功率不高，但是也有非常成功的案例。比如邓亚萍，她从清华大学本科生到剑桥大学博士生，就是一个极其成功的典范。体操运动员陈翠婷退役后在深圳大学学习并获得英语六级考试全校最高分，曾经被媒体广为报道。李宁坚持在北京大学默默地学习历史和法律，如今成为一代商界领袖，这些都算是比较成功的案例。

2010年8月30日，武汉华中科技大学研究生院在官网上公开发表声明，要求307名未能按期完成学业的研究生退学。[1] 事实上，明星在大学里读书是挂名的，课堂里难以见到他们的身影。因此，我们难以看到在学校注册的体育明星能坚持上课和顺利完成学业。中国校友会网、《大学》杂志和《21世纪人才报》联合发布《中国奥运冠军调查报告》指出，我国高等院校培养出

---

[1] 褚朝新. 华中科技大学清退307名研究生 多为官员和老板 [EB/OL]. 中国新闻网, 2010-09-21.

的奥运冠军非常少，奥运冠军多是获奖后到高校深造。由于体育明星的稀缺属性，大学往往破格招收，这使得他们的高学历更像是针对体育成绩的额外奖励。

名人读书是好事，提升自身教育水平，促进个人素质的提高。但入学的门槛一直是社会各界质疑的焦点。

三、创业群体的优惠政策

近些年来，国家为了鼓励、促进地区经济发展，促进就业开展了一些优惠政策。

（一）农民工返乡创业政策

2020年1月9日，人力资源社会保障部、财政部、农业农村部联合印发的《扩大返乡留乡农民工就地就近就业规模实施方案》，对于返乡创业扶持政策作出以下规定：第一，落实创业扶持政策，返乡入乡创业人员可在创业地享受与当地劳动者同等的创业扶持政策。对返乡入乡创业人员符合条件的，及时落实税费减免、场地安排等政策。对首次创业、正常经营1年以上的返乡入乡创业人员，可给予一次性创业补贴。对返乡入乡创业企业吸纳就业困难人员、农村建档立卡贫困人员就业的，按规定给予社会保险补贴，符合条件的可参照新型农业经营主体支持政策给予支持。

第二，落实创业担保贷款政策，加大对符合条件的返乡入乡创业人员创业担保贷款贴息支持力度。建立诚信台账和信息库，探索建立信用乡村、信用园区、创业孵化示范基地、创业孵化实训基地，推荐免担保机制。落实创业担保贷款奖补政策，合理安排贴息资金。鼓励创业担保、贷款担保、基金运营管理机构等单位多渠道筹集资金，更好地服务创业就业。开启"'互联网+'+返乡入乡创业企业+信贷"新路径，将"政府+银行+保险"融资模式推广到返乡入乡创业。

第三，提升创业培训，落实培训补贴。对参加返乡入乡创业培训的农民工、建档立卡贫困人口、大学生和退役士兵等人员，按规定落实培训补贴。有条件的地方可按规定通过项目制方式购买培训项目，为符合条件的返乡入乡创业人员提供培训。各地可结合实际需要，对师资培训、管理人员培训、管理平台开发等基础工作给予支持。

（二）大学毕业生创业优惠政策

1999年，教育部出台了《面向21世纪教育振兴行动计划》，首次提出了"加强对教师及学生的创业教育"。2002年3月，《国务院办公厅转发教育部等部门关于进一步深化普通高等学校毕业生就业制度改革有关问题意见的通知》（国办发〔2002〕19号）中明确规定："鼓励和支持高校毕业生自主创业，工商和税收部门要简化审批手续，积极给予支持。""从事个体经营和自由职业的高校毕业生要按当地政府的规定，到社会保险经办机构办理社会保险登记，交纳社会保险费。""到非公有制单位就业的高校毕业生，公安机关要积极放宽建立集体户口的审批条件，及时、便捷地办理落户手续。"

2003年5月，国务院办公厅在《国务院办公厅关于做好2003年普通高等学校毕业生就业工作的通知》（国办发〔2003〕49号）中规定："鼓励高校毕业生自主创业和灵活就业。凡高校毕业生从事个体经营的，除国家限制的行业外，自工商部门批准其经营之日起1年内免交登记类和管理类的各项行政事业性收费。有条件的地区由地方政府确定，在现有渠道中为高校毕业生提供创业小额贷款和担保。"

国务院办公厅发文后，各级部门在2003年正式出台了一系列的扶助大学毕业生自主创业的政策，主要有：2003年6月，财政部、国家发展和改革委员会联合下发《关于切实落实2003年普通高等学校毕业生从事个体经营有关收费优惠政策的通知》（财综〔2003〕48号）；劳动与社会保障部下发《关于贯彻落实国务院办公厅关于做好2003年普通高等学校毕业生就业工作的通知若干问题的意见》（劳社部发〔2003〕14号）；国家工商行政管理局下发《关于2003年普通高等学校毕业生从事个体经营有关收费优惠政策的通知》（工商个字〔2003〕第76号）；共青团中央、教育部、财政部、人事部联合下发《关于实施大学生志愿服务西部计划的通知》（中青联发〔2003〕26号）；2003年9月，国家发展和改革委员会下发《国家发展改革委关于鼓励中小企业聘用高校毕业生搞好就业工作的通知》（发改企业〔2003〕1209号）。之后，按照《国务院关于进一步做好普通高等学校毕业生就业工作的通知》（国发〔2011〕16号）、《国务院办公厅转发人力资源社会保障部等部门关于促进以创业带动就业工作指导意见的通知》（国办发〔2008〕111号）等文件规定，高校毕业生自主创业优惠政策主要包括：

第一，税收优惠：持《就业失业登记证》（注明"自主创业税收政策"或附着《高校毕业生自主创业证》）的高校毕业生在毕业年度内（指毕业所在自然年，即1月1日至12月31日）从事个体经营的，3年内按每户每年8000元为限额依次扣减其当年实际应缴纳的营业税、城市维护建设税、教育费附加和个人所得税。对高校毕业生创办的小型微利企业，按国家规定享受相关税收支持政策。

第二，小额担保贷款和贴息支持：对符合条件的高校毕业生自主创业的，可在创业地按规定申请小额担保贷款；从事微利项目的，可享受不超过10万元贷款额度的财政贴息扶持。对合伙经营和组织起来就业的，可根据实际需要适当提高贷款额度。

第三，免收有关行政事业性收费：毕业2年以内的普通高校毕业生从事个体经营（除国家限制的行业外）的，自其在工商部门首次注册登记之日起3年内，免收管理类、登记类和证照类等有关行政事业性收费。

第四，享受培训补贴：对高校毕业生在毕业年度内参加创业培训的，根据其获得创业培训合格证书或就业、创业情况，按规定给予培训补贴。

第五，免费创业服务：有创业意愿的高校毕业生，可免费获得公共就业和人才服务机构提供的创业指导服务，包括政策咨询、信息服务、项目开发、风险评估、开业指导、融资服务、跟踪扶持等"一条龙"创业服务。各地在充分发挥各类创业孵化基地作用的基础上，因地制宜建设一批大学生创业孵化基地，并给予相关政策扶持。对基地内大学生创业企业要提供培训和指导服务，落实扶持政策，努力提高创业成功率，延长企业存活期。

第六，各城市应取消高校毕业生落户限制，允许高校毕业生在创业地办理落户手续（直辖市按有关规定执行）。

国家的指导政策在各地根据具体情况有着不同程度的标准。20年来，大学毕业生创业优惠政策一直处于延续状态。究其原因，一方面在于社会上原有的企事业用人单位不足以容纳日益增多的大学毕业生。另一方面在于许多大学毕业生有自主创业的需求。对于有充足财力、物力资源的富有家庭的大学毕业生，创业对他们来说是一个没有压力的生活。但对于大多数家境一般的大学毕业生，他们的创业是需要一定的扶持的。因此，国家出台大学毕业生创业优惠政策也是有必要的。值得思考的一点是，大学毕业生创业群体中是否应该对一般家庭的大学生与富有家庭的大学生加以区分？是否应该给他们同等优惠政策？这是值得思考的一个问题。

小　结

特定群体优惠政策是一个普遍现象。这种特定群体之间往往又是交互的，像残疾人群体与贫困群体同是一体的现象就很多。有调查显示，残疾人占贫困人口总数的12%以上，而中国农业户口残疾人中贫困人口所占比例接近一半。[①] 特定群体的优惠政策，有的是国家为了自身发展提出的鼓励性政策，如针对外籍人士和华人华侨的政策。有的是照顾性的政策，如未成年人及残疾人、贫困人的政策。有的是表彰性的政策，如军烈属等的政策。

特定群体的优惠政策大都切合了实际情况，但也有些引起了争议，其内容实质上有着不妥之处，尚需要在实践中加以调整。

---

① 张希敏. 调查显示，中国农业户口残疾人中贫困人口所占比例接近一半［EB/OL］. 中国新闻网，2016-09-26.

第三章

民族群体优惠政策

第一节 国外的民族（族群）优惠政策

一、有关民族优惠政策相关概念

民族优惠政策是一种相对特殊的群体优惠政策，是以族群文化为基础的群体优惠政策。当今世界上的多民族国家，大都施行一定的民族优惠政策，而关于民族优惠政策的争议也很多。

对于民族优惠政策的相关概念，我们先进行一番梳理。

首先谈及的是政策。对于这个概念，国内外的学者已给出很多。其内容大都肯定了制定者，以及相关的要求、性质。以周晓中的定义来看："政策就是政治实体的行为规范和行为模式。具体地说，政策就是国家政权机关、政党组织及其他社会政治集团为了实现各自所代表的阶级、阶层的利益、意志、愿望和理想，以权威形式标准化地规定在一定的历史时期内，应该达到的奋斗目标、遵循的行动原则、完成的明确任务、实行的工作方式，以及采取的一般步骤和措施。在广义上，政策表现为这些内容的总和；在狭义上，则把其中的单项内容或几项内容叫作政策。"[1] 政策具有以下特点：①阶级性。其是

---

[1] 周晓中. "政策"概念辨析：兼论政策与路线、方针的关系[J]. 党校科研信息，1987(4)：9.

政策的最根本特点。在阶级社会中，政策只代表特定阶级的利益，从来不代表全体社会成员的利益，不反映所有人的意志。②正误性。任何阶级及其主体的政策都有正确与错误之分。③时效性。政策是在一定时间内的历史条件和国情条件下，推行的现实政策。④表述性。就表现形态而言，政策不是物质实体，而是外化为符号表达的观念和信息。它由权力机关用语言和文字等表达手段进行表述。作为国家的政策，一般分为对内与对外两大部分。对内政策包括财政经济政策、文化教育政策、军事政策、劳动政策、宗教政策、民族政策等。对外政策即外交政策。政策是国家或者政党为了实现一定历史时期的路线和任务而制定的国家机关或者政党组织的行动准则。

政策决定政治，成了现代社会的政治发展新动向与特征。一个国家要形成和维持下去，就必然要有其固有的国家政策，政策也决定着这个国家的兴衰与存亡。因此，也可以这样来理解：政策是一种政治行为，是政府意志的体现；还是一种过程概念，表现为政府为达到某种既定目标而采取的一系列可操作性的活动，是动态的并与过去和未来有关；同时又是有关政府机构集体成员之间的一种默契，要求所有成员在给定的政治环境下能够把握其他成员的行为准则；而且可视为是一种权威性的社会价值分配方案，这种价值分配将在与政策相关的目标群体范围内进行。①

关于民族政策，金成镐认为：民族政策是政党（尤其是执政党）、国家机关及其他政治团体在一定时期为实现或服务于一定政治、经济、文化、社会目标所采取的政治行为或规定等的准则，是为民族发展、协调民族关系采取的一系列相关法令、规定、措施、办法、条例等的总和。② 这种看法同高永久比较相似，"民族政策就是执政党和政府为处理国内民族事务，规范国内民族关系而采取的一系列策略、准则、措施和方案的总称"③。郑杭生教授定义为："民族政策是指在多民族或多民族国家中，由国家机关、政党等政策主体为处理民族问题、调控族际关系和保障多民族社会良性运行而采取的行为原

---

① 金炳镐. 民族理论通论 [M]. 修订本. 北京：中央民族大学出版社，2007：458.
② 金炳镐. 民族理论通论 [M]. 修订本. 北京：中央民族大学出版社，2007：458.
③ 高永久. 民族政治学概论 [M]. 天津：南开大学出版社，2008：233.

则以及执行这些原则的一系列法令、条例、谋略、措施、方法等的总和。世界上有许多国家并不专门使用民族政策这一概念,而是把针对民族或民族的政策纳入国家公共政策体系中的公民权利（Civil Rights）、少数群体事务（Minorities' Affairs）、土著人事务（Indigenous Affairs）等领域。"① 这个概念增加了相应的前提"多民族或多民族国家中",以及国外的做法,相对更全面些。

至于民族政策的分类标准很多,高永久将民族政策分为传统的民族政策和现代的民族政策。传统的民族政策主要包括民族歧视政策、种族隔离政策、民族同化政策和土著保留地政策等。这种类型的民族政策一般都强调主导民族的核心、地位和利益优先,推行的是一种不平等的民族关系,并且将这种不平等法律化和制度化。现代民族政策包括民族一体化政策、民族区域自治政策、多元文化政策、民族和解政策等。这些政策都强调法律上的民族平等原则,符合国家以"现代化"为发展目标的战略方向,同时也体现出对特定历史经验的反思与修正。② 学者对比这些不同类型的民族政策,认为,"典型的平等的民族政策主要有多元文化（主义）政策和民族区域自治政策"③。

本书所论及的民族优惠政策,简单地说,就是民族平等政策中,有利于相应民族发展且相对于其他民族带有福利性质的那部分内容。各国的现代民族政策中大都带有这类性质,所以也是我们对比的一个参考。

二、美国、加拿大、澳大利亚、新西兰、印度等地区的内容

对待少数民族或族裔,采取相应的优惠政策,是许多国家和地区都实行的政策。美国、加拿大、澳大利亚,以及其他国家和地区也都有相应的措施。

（一）美国的少数族裔优惠政策

美国的"平权法案"（Affirmative Action）,也称"肯定性行动"。这是一项立法行动,希望通过法律的形式来保证对弱势群体的关怀,法案在包括入

---

① 郑杭生. 民族社会学概论 [M]. 2版. 北京：中国人民大学出版社, 2010：207.
② 高永久. 民族政治学概论 [M]. 天津：南开大学出版社, 2008：235.
③ 郑杭生. 民族社会学概论 [M]. 2版. 北京：中国人民大学出版社, 2010：208.

学、就业、商务签约的许多方面都应当考虑少数族群的利益。①

1961年肯尼迪（John F. Kennedy）总统的10925号行政命令被视为"肯定性行动"的发起性文件。这个法律文件申明了其反歧视的立法本位。其前言明确指出，"鉴于基于种族、信仰、肤色和原籍地歧视违反宪法原则"；"鉴于不分种族、信仰、肤色和原籍地促进和保障所有符合条件的人的平等的机会是美国政府的明确的积极的义务"；"鉴于现有的有关政府就业和遵守非歧视性合同条款的行政命令、实践和政府机构程序的审查和分析表明，迫切需要在促进充分平等就业机会方面做出更大的努力……特制定并发布此命令"。"命令"要求政府承包商"采取积极的行动以确保申请人在被雇佣、雇员在工作中一律不考虑其种族、信仰、肤色或原籍"②。其后，美国陆续出台了多种相应的法律，并由历届美国总统签署命令发布。主要有1965年约翰逊（Lyndon B. Johnson）总统签署的11246号行政命令、1969年尼克松（Richard M. Nixon）总统签署的11458和11478号行政命令、1980年卡特（Jimmy Carter）总统签署的12232号行政命令等。总之，从20世纪60年代到20世纪80年代前期（即所谓"肯定性行动"的上升时期）出台的行政命令，强烈地表现出反歧视的立法本位，其所推出的矫正性措施都带有对相应的少数族裔的优惠措施。

其中，教育上的优惠政策体现得最多。例如，美国1972年颁布的《11246号行政命令高等教育实施条例》、2006年《大学入学机会法》、2009年《美国复苏与再投资法案》及其他相关的文件和报告中，对少数族裔的受教育方面都给予了相应的优惠措施。美国高等教育机构对少数族裔、女性学生采用特殊的录取政策预留制，目的在于矫正或反对历史上的或现实中的性别或种族歧视。《11246号行政命令高等教育实施条例》中有一条是实行特别的招生计划，目的在于增加妇女、少数族群学生的入学机会。美国政府致力

---

① 范可. 文化多样性及其挑战［M］//吴晓萍，徐杰舜. 中华民族认同与认同中华民族. 哈尔滨：黑龙江人民出版社，2009：109.
② 周少青. 反歧视："肯定性行动"政策和立法的本位："肯定性行动"刍议（一）［N］. 中国民族报，2013-01-18（8）.

于显著提高低收入家庭学生的入学率，从而扩大高等教育入学机会，促进学生学业的成功。其中，既包括经济资助，也包括学业方面的补偿教育。一方面，为了避免少数民族学生由于经济贫困而中途辍学，美国政府推出了一系列的资助政策，加大了对贫困学生的资助力度。1958年的《国防教育法》通过。《国防教育法》开创了一个先例，因此影响深远。它的通过第一次使联邦对教育的广泛资助获得了合法性。"在此基础上，从1958年开始，美国先后设立国防贷学金、工读方案、教育机会助学金、国家担保贷学金、基本教育机会助学金、联邦直接贷学金、全国信托服务方案等贫困学生资助计划。这些计划实施的主要依据是学生的经济状况。由于少数族裔学生的经济状况普遍不佳，因此他们从中受益最大。实质上，这些政策是对于少数族裔教育的倾斜。"① 再有，2006年《大学入学机会法》及其他相关的文件和报告中即指出提高和扩大佩尔助学金的额度和资助范围。另一方面，美国政府十分注重补习教育，以提高弱势群体学生，尤其是少数族群学生的学习能力。其根本目的在于缩小不同学校、不同阶层子弟学习上的差距。

在就业上，《公共工程就业法案》（1977）在美国现代史上第一个明确规定公共工程建设中对少数族裔企业提供10%的预留条款，它的通过标志着美国国会对于反歧视矫正措施的正式接受（也有论者指出，美国国会之所以通过这部法律，是因为视其为一般的利益群体诉求）。该法案创造的矫正（优惠）模式，为各州和地方政府竞相追随。1978年，美国国会又为"社会上或经济上处于不利的人"创办的企业（DBEs）创制了预留条款的法律。② 联邦政府的反歧视矫正行动最典型的案例是尼克松主政时期的"费城计划"，该计划以严格的配额和时间表，将针对少数族裔的优惠计划成功地应用到建筑业及其之外的数十万家与政府有商业往来的公司的范围，覆盖了整个非农私人公司就业人口的近一半，覆盖到所有的联邦机构和实际上全美所有的重要雇

---

① 王玉平，魏良臣. 美国少数族裔高等教育公平问题研究［J］. 教育科学，2011（6）：90-93.
② 周少青. 反歧视："肯定性行动"政策和立法的本位："肯定性行动"刍议（一）［N］. 中国民族报，2013-01-18（8）.

主。此外，通过执行国会的相关法案，截至20世纪90年代，联邦政府为少数族裔企业预留份额的现象已十分常见，分别是：10%的国际发展援助项目、8%的NASA合同、10%的美国海外使馆工程造价额度、10%的超高能超导对撞机的建设和运营预留额度，至1990年，联邦政府各机构已为少数族裔企业争取到86.5亿美元的合同份额。[①]

在时间跨度上，优惠政策针对的少数族裔群体也有区别。20世纪60年代至20世纪80年代，主要给予非洲裔学校、拉美裔少数民族、少数民族企业等。从20世纪90年代后期开始，"对西班牙裔少数民族（12900号）、亚裔少数民族和太平洋岛民（13125号）以及信仰群体和社区（13198、13199、13279号）实施了一定幅度的矫正措施（优惠政策）"[②]。

经过30多年行政的、司法的包括立法的矫正措施，到20世纪90年代后期，少数族裔的政治、经济、社会状况发生了重大变化：少数族裔在政治上、法律上全面进入主流社会，议员、市长、法官、大学校园中各个族裔的学生以及各个行业的少数族裔白领人数等，都已大致符合人口比例。总体上有超过1/3的少数族裔进入了美国社会的中上层。[③]

（二）加拿大、澳大利亚、新西兰等国的多元文化主义政策

1971年，加拿大联邦政府宣布开始执行多元文化主义政策。1988年，加拿大通过了多元文化法案。总体来说，该政策主要包含四方面的内容：一是在资源允许的情况下，政策将对那些愿意和努力发展自己的能力为加拿大做出贡献，而又明显需要帮助的弱小民族进行帮助；二是政府将帮助所有文化集团的人员克服文化障碍，全面参与加拿大社会建设；三是政府将在促进国家团结的前提下，促进加拿大各文化集团成员之间的接触和交流；四是政府

---

① 周少青. 矫正措施：助力于反歧视的实践：肯定性行动刍议（二）[N]. 中国民族报，2013-01-25.
② 周少青. 反歧视："肯定性行动"政策和立法的本位："肯定性行动"刍议（一）[N]. 中国民族报，2013-01-18（8）.
③ 周少青. 矫正措施：助力于反歧视的实践：肯定性行动刍议（二）[N]. 中国民族报，2013-01-25.

将继续帮助移民学习加拿大的一种官方语言,以便他们全面进入加拿大社会。[1]

因为多文化主义政策承认不同族群的文化主体地位,因而族体意识得以保留、延续甚至是强化,甚至可能存在族体文化权利意识在主体地位确立的情况下进一步向群体政治权利延伸的倾向,因而,多元文化主义政策下的民族政治关系整合模式,是一种弱政治、强文化的整合模式,所体现的是国家主权意义上的自主和族群文化权利意义上的自主的"两个自主"理念。之所以将多元文化主义政策界定为弱政治、强文化的民族政治关系整合模式,是因为文化权利必须依靠政治诉求和政治表达才能实现,这种强文化的政治回避不了其背后的政治关系。[2]

在加拿大多元文化政策的影响下,澳大利亚的民族平等政策也是经历了漫长的过程后开始转变的,先是土著人,继而扩展到其他少数族裔群体。1972年,澳大利亚联邦政府推出了一体化政策,开始承认土著人的价值。进而,在1973年,澳大利亚正式制定和执行了多元文化主义政策,并具有公民权利与义务角度的陈述,"多元文化主义可以被定义为是权利与自由的体系,同时它伴之以对国家的义务,这就是接受宪法和法治、接受宽容和平等、英语作为官方语言和两性平等的义务"[3]。最终目标是"所有澳大利亚人(土著、早期移民的后代,新移民)都拥有发展自己文化和语言的权利,通过确认其保持祖先文化并将其传给子孙的权利,人们更容易把忠诚献给澳大利亚"[4]。新西兰于20世纪90年代出台的文化主义政策,以毛利人、新西兰人二元文化体系为基础,其主要规定有:新西兰议会引进比例代表制;在不放弃直接的社会和经济政策创新的前提下就协定政策进行直接的谈判;化解毛

---

[1] 高永久. 民族政治学概论 [M]. 天津:南开大学出版社,2008:240.
[2] 严庆. 从冲突到整合:民族政治关系模式研究 [D]. 北京:中央民族大学,2010:180.
[3] PEARSON D. The Politics of Ethnicity in Settler Societies [M]. New York: Palgrave, 2001: 141.
[4] 黄飞. 关于澳大利亚、新西兰民族政策有关问题的考察报告 [Z]. 民族工作研究(内参), 2012 (5): 85-93.

利政治；改变多数人关于移民和"毛利人问题"的氛围。① 强调多元的实质就是共存，新西兰政府在保障"原住民"等少数民族权利的同时，也在不断地强化新西兰的"国民认同"意识。新西兰政府推行"多元文化政策"，一方面是为了表示各个不同的个人和集体都有平等的权利，另一方面是想努力体现重视所有个人和集体所拥有的价值和成就。

澳大利亚2004年的《土著民族教育目标援助法案》对土著民族的受教育情况也给予优惠政策，澳大利亚政府通过与各大学签订拨款协议，将拨款数与促进社会公平的程度相挂钩，以经济激励而非行政计划的方式鼓励大学录取土著学生，很好地建立了鼓励大学招收土著学生的引导机制。这样一来，政府既达到了自己的目标又保障了大学的招生自主权。澳大利亚的大多数高校包括墨尔本大学，都有尽量增加弱势族群入学的计划，包括来自贫困家庭的学生和土著学生。在土著居民就业方面，1980年成立了由10名土著居民组成的"土著居民就业发展委员会"，进行扩大土著居民的就业战略规划。随着就业的扩大，一系列的相应保障法规都被制定。土著居民在就业、培训、工资、住房，乃至医疗等领域都得到改善、提高。

新西兰也对本土的原住民采取了平等保护的优惠政策。并且，还设立专门的机构来解决少数族裔的相应问题。"除新西兰毛利事务部等专门处理'原住民'问题的机构外，还有一个不带有过多的党派色彩，为少数族裔群体提供全方位、多角度、高质量服务的负责民族事务的中立性政府职能部门。"② 该职能部门起到保障少数族裔权利的作用，其提供多方面的服务。

(三) 其他国家和地区的少数族裔优惠政策

在欧美一些国家还奉行相对柔和的民族优惠政策，例如，民族和解政策及民族一体化政策。

民族和解政策是指一些国家在经历长期民族冲突后，为缓和国内民族关

---

① PEARSON D. The Politics of Ethnicity in Settler Societies [M]. New York: Palgrave, 2001: 145.
② 黄飞. 关于澳大利亚、新西兰民族政策有关问题的考察报告 [Z]. 民族工作研究（内参），2012 (5): 85-93.

系，政府往往采取一定的措施来弥补在民族对抗中受损害一方的利益。为了缓和印第安人与白人之间的冲突，巴西于1910年采取了针对印第安人的民族和解政策，对印第安人的利益施行特别保护，使印第安人的传统文化受到尊重和保护。

民族一体化政策又称民族文化一体化政策，是指在承认各民族文化多样性的基础上，倡导各民族在文化上的相互交流、相互补充、相互容纳，形成一种为各民族所认同的国民文化。民族一体化政策坚持以国家利益为价值取向，通过建立统一的国民文化来为国家统一奠定基础。民族一体化的理论和实践均产生于墨西哥。① 在20世纪20年代，墨西哥人类学家曼努埃尔·加米奥（Manuel Gamio）提出了民族一体化理论，认为无论哪一个民族、哪一个种族都是墨西哥国家民族的一员，所有民族共同构成了统一的墨西哥国民，应该促进不同民族的相互接近与容纳。20世纪40年代，墨西哥正式形成了官方的民族一体化政策并付诸实践，取得了较好的效果。②

自1841年以来，多民族、多语言、多宗教的瑞士成了民族整合的经典个案。瑞士人的语言有德语、法语、意大利语和雷蒂亚罗马语，分别享有德国、法国、意大利和奥地利的现代文化，但是他们既没有形成统一的特色文化，也没有试图加入周边同文化国家。联邦与分权赋予了不同群体的自治与自主，一个人操持两种以上的语言促进了民族之间的理解与融合，中立的外交政策赢得了稳定与发展。也许世界上所有的国家都不会具有瑞士的特殊国情，但瑞士的事例说明，不同语言集团和不同的宗教集团，是能够发展成为一个民族（nation）的，同时又保持各自独立的文化不被破坏。③ 瑞士的成功证明了民族整合的成功。针对瑞士的民族整合，早在1913年，列宁便在《关于民族问题的批评意见》中指出："如果在资本主义世界一般地还有解决民族问题的

---

① 高永久. 民族政治学概论［M］. 天津：南开大学出版社，2008：240.
② 高永久. 民族政治学概论［M］. 天津：南开大学出版社，2008：241.
③ 希顿-沃森. 民族与国家：对民族起源与民族主义政治的探讨［M］. 吴洪英，黄群，译. 北京：中央民族大学出版社，2009：105.

可能，那就只有一个办法，就是实现彻底的民主主义。"① 列宁的解答强调了民族的平等和尊重，这是民族之间共同发展的前提。

第二节 当前我国民族优惠政策的相关内容

我国是一个多民族国家，几千年来，各民族一直能够和谐相处，这是我国不同于其他多民族国家之处。中华人民共和国成立以后，我国出现了一些新的民族政策，例如，根据苏联的民族政策，建立了民族自治区，随着这一趋势的扩大，在各省也相继建立了民族自治州、自治县，甚至自治乡村。这是我国依据宪法中的民族区域自治制度建立的行政机构。此外，我国在少数民族权利上，还通过相关的法律法规，赋予少数民族一些优惠政策，这些优惠政策带给少数民族一些有别于公民平等权的权利。

我国的少数民族优惠政策是在民族平等的社会主义民族关系基本原则下，针对少数民族社会经济发展相对滞后，本身无力实现国家法律所赋予的各项权利的现状，在经济、政治、文化、社会发展等方面所给予的帮助及其优惠。② 而在国际法的视野中，民族优惠政策实际上可以被视为针对少数人的特殊权利，它"可以定义为，提供适当方法，包括差别待遇，以使少数人有别于人口大多数的特征和传统得以保留"③。

我国目前实施的少数民族优惠政策主要是集体性优惠政策，政策的内容涉及教育、经济、计划生育、就业和干部任命等诸多方面。

一、教育方面的扶持政策

中华人民共和国成立以来，党中央和政府对少数民族地区和少数民族群

---

① 中央民族学院民族研究所. 马克思恩格斯列宁斯大林论民族问题[M]. 北京：中央民族学院出版社，1985：224.
② 刘成琼. 浅论优惠政策[J]. 经营管理者，2009（14）：268.
③ 艾德，克洛斯，罗萨斯. 经济、社会和文化权利教程[M]. 中国人权研究会，译. 成都：四川人民出版社，2004：309.

众的教育十分重视，为促进民族地区的教育事业的发展，为了促进少数民族地区与汉族地区的教育公平，国家出台了很多的政策措施，其决心之大、力量之强、面积之广、时间之久都是空前的。这些旨在促进民族地区教育公平的政策主要是以下几类。

（一）教育经费的倾斜

少数民族群众很多生活在相对落后的中西部地区，而这一地区的经济发展落后，这就制约了教育的发展。从 20 世纪 50 年代开始，由于教育经费不足，为了帮助少数民族教育事业的发展，政府设立了少数民族的教育补助费，在一般的教育经费之外特设的补助费用，以补助一般教育经费的不足，并对划拨补助费用的使用作了具体详尽的规定。

（二）招生考试上对少数民族群体的照顾

国家在各类学校的招生考试中对少数民族学生实行了不少的照顾政策，主要体现在高等教育领域。1977 年，在国务院批转教育部《关于 1978 年高等和中等专业学校招生工作的意见》中规定，对"边疆地区的少数民族考生，最低录取分数线及录取分数段，可适当放宽"。国家教委在 1980 年招生工作中继续进行了强调。1987 年，国家教委颁布的《普通高等学校招生暂行条例》，使降分照顾政策进一步具体化、规范化。以教育部《2008 年普通高等学校招生工作规定》为例，边疆、山区、牧区、少数民族聚居地区的少数民族考生可以降低 20 分以内的录取分数线；散居在汉族地区的少数民族考生，在与汉族考生同等条件下，优先录取。[1]

为了保证实行民族语文教学的中学与升入大学的衔接问题，1981 年，在《国务院转批教育部关于 1981 年全国高等学校招生工作会议的报告》中又规定：自治区用本民族语文授课的高等学校或系，由自治区命题、考试和录取，不参加全国统一考试。用本民族语授课的民族中学毕业生，报考用汉语授课的高等院校，应参加全国统一考试。汉语试卷由教育部另行命题，不翻译，

---

[1] 教育部.教育部关于做好 2023 年普通高校招生工作的通知［EB/OL］.中华人民共和国教育部官网，2023-01-16.

群体优惠政策：遵循公民平等权 >>>

并用汉语答卷，其他各科译成少数民族文字，考生需用本民族文字答卷。在考汉语的同时，由有关省、自治区决定也可以考少数民族语，并负责命题；汉语和少数民族语的考试成绩分别按50%计入总分。① 此外，在硕士、博士研究生招生工作中，对少数民族考生也有相应的照顾政策。

1980年，教育部发出《关于1980年在部分全国重点高等学校试办少数民族班的通知》，决定从1980年开始，有计划、有重点地在部分全国重点高等学校举办民族班。1981年、1982年国家多个部委又分别下发文件，民族班范围扩展到艺术、医学等领域。由于大部分民族班要先办一年预科，所以降分幅度大一些。国家重点院校在预科招生时降分幅度不得超过30分，民族院校降分幅度一般不得低于学校在该省、自治区招生最低录取分数线以下80分。2000年，全国有100多所学校举办民族预科班，招收少数民族预科生8000多人。② 近年来，随着高校扩招，更多大学举办了民族预科班，并且降分幅度也比以往大。

综上所述，对少数民族考生在高等教育上的照顾政策，主要体现在两方面：降分和提升录取比例。并且，我国针对少数民族大学生由于家庭经济相对困难，从1950年起，就对少数民族大学生实行学习期间的生活补助金制度。"1950年政务院《培养少数民族干部试行方案》中明文规定：为了保障少数民族学生的经济生活条件，对考入高等学校民族学生，一律享受公费待遇。1977年国家教育部、财政部等部门联合下文规定：民族学院的学生全部享受人民助学金。1987年，两部委又发布文件将助学金改为奖学金和贷款制度，对家庭经济有困难，不能部分或全部解决在校学习期间生活费用的民族大学生，由中国工商银行提供低息贷款。少数民族大学生毕业后，如果分配到边疆少数民族地区工作5年以上，可以免还所贷款项的资金。除国家统一的优惠政策，一些民族地区政府还制定了具体政策。例如，1993年，云南省西双版纳傣族自治州制定的《民族教育条例》第十七条规定，对民族学校的

---

① 俸兰.新世纪我国民族教育发展研究［M］.北京：民族出版社，2004：151-152.
② 俸兰.新世纪我国民族教育发展研究［M］.北京：民族出版社，2004：147.

民族学生给予一定的生活补助。"① 此外，1998年全国招生并轨改革后，针对民族考生中民族类专业的可以免交学杂费，这也是生活上的一大照顾。

这些政策在客观上有利于弥补少数民族学生与汉族学生之间在高等教育上的差距。

（三）加大对西部师资建设的力度

要建设一支良好的师资队伍是教育事业的基础，没有良好的师资，提高教育质量是无法想象的，所以教师队伍的建设是提高教育质量的关键所在。《国务院关于深化改革和加快发展民族教育的决定》指出"要把教师队伍建设作为民族教育发展的重点，教育投入要保证教师队伍建设的需要"。1997年国务院办公厅发出了《国务院办公厅关于解决民办教师问题的通知》，其中尤其对民族地区有特别的关注，规定由国家每年拿出一定数量的劳动指标，经过严格的考核逐步把民族地区的民办教师转为公办教师。

（四）以对口支援为主的帮扶政策

民族地区应该自力更生开发自身的教育教学资源，但民族地区经济社会发展水平和东部沿海地区之间有巨大的差距，如果要加快民族地区教育事业的发展，需要其他经济发达地区给予支持和帮助，对口支援政策是发达地区对落后民族地区教育事业发展的一个重要资助形式。改革开放以来对口支援工作全面和广泛地展开，如由中央统一安排部署一些内地较好的学校明确对口支援的西部院校。在经济发达省份的一些名校举办西藏班、新疆班之类的民族班，为民族地区培养高素质高水平的中学生和本、专科学生。

可以说，在中高考上，我国实施的优惠政策具有普遍性的特点，即不同地区、不同民族、不同阶层的少数民族学生都可以享受教育优惠政策。

二、在经济方面的扶持政策

在经济方面也有很多的优惠政策，比如，国家优先在民族自治地方安排

---

① 黄俊官，黄明光. 论民族大学生教育平等权的具体表现［J］. 玉林师范学院学报，2002，23（4）：95.

资源开发和深加工项目，征收的矿产资源补偿费优先安排在民族自治地方，建立对民族自治地方的生态补偿机制。① 总体来看，主要体现在以下几方面：

一是税收减免方面。(1) 民族区域自治法第三十四条规定："民族自治地方的自治机关在执行国家税法的时候，除应由国家统一审批的减免税收项目外，对于属于地方财政收入的某些需要从税收上加以照顾和鼓励的，可以实行减税或免税。"财政部〔81〕财税字第279号文件《关于"三项照顾"地区基层供销社和生产民族用品的手工业企业实行所得税定期减征照顾有关问题的通知》（已废止）中对民族地区基层供销社和定点企业所得税减征做了规定。对"三项照顾"县（旗）的商业企业继续实行减免税。鼓励企业、单位向少数民族地区进行开发投资，投资分得的利润5年内减半征收所得税，若将利润再投资于少数民族地区即可免征所得税。② (2) 从1958年开始至2006年实行的《中华人民共和国农业税条例》规定，经省级人民政府批准，农民的生产和生活困难的以及革命老根据地，生产落后和生活困难的少数民族地区，交通不便、生产落后和农民生活困难的贫困山区，可以减征农业税，西藏自治区免征农业税。③ (3) 从1994年1月到2006年实行的《国务院关于对农业特产收入征收农业税的规定》明确要求，革命老根据地、少数民族地区、边远山区、贫困地区和其他地区中温饱问题尚未解决的贫困户，缴纳农业特产税确有困难的，可以免税。④ (4) 1994年3月至2008年实行的财政部、国家税务总局财税字〔94〕001号规定：国家确定的"老、少、边、穷"地区新办的企业，经主管税务机关批准，可以从开始生产、经营之日起，减征或者免征企业所得税3年。⑤

二是财政扶持方面。(1) 宪法第一百一十七条规定："凡是依照国家财政体制属于民族自治地方的财政收入，都应当由民族自治地方的自治机关自主

---

① 国务院实施《中华人民共和国民族区域自治法》若干规定 [J]. 黑龙江政报, 2005 (18): 33-36.
② 李惠英. 西部大开发中少数民族地区财政政策研究 [D]. 北京: 中央民族大学, 2005: 9.
③ 李惠英. 西部大开发中少数民族地区财政政策研究 [D]. 北京: 中央民族大学, 2005: 9.
④ 李惠英. 西部大开发中少数民族地区财政政策研究 [D]. 北京: 中央民族大学, 2005: 9.
⑤ 李惠英. 西部大开发中少数民族地区财政政策研究 [D]. 北京: 中央民族大学, 2005: 10.

地安排使用。"（2）民族区域自治法第三十三条也明确规定："民族自治地方依照国家财政体制的规定，财政收入多于支出的，定额上缴上级财政，上缴数额可一定几年不变；收入不敷出的，由上级财政机关补助。"（3）民族自治地方的财政预算支出，按照国家规定设机动金。预备费在预算中所占比例高于一般地区，自治州4%，自治区5%（一般省2%），自治县3%（一般县1%）。民族自治地方的自治机关在执行财政预算过程中，自行安排使用收入的超收部分资金和支出的结余资金。20世纪60年代开始，为照顾各少数民族特点，解决民族地区一些特殊开支，国家在预算中安排了民族补助费；1980年，国家预算中设立支持不发达地区发展资金，此项资金逐步达到国家财政支出的2%的比例；民族地区仍保留原来的某些特殊政策和自治地方的财政管理体制。中央对民族地方的补助额，由一年一定改为一定5年不变，并每年递增10%。1992年开始国家又从财政中拿出很大部分资金支持民族地区经济发展，称为新增发展资金。（4）为配合西部大开发战略，自2000年起，中央财政对少数民族地区专门实行民族地区转移支付，用于解决少数民族地区的特殊困难。资金来源，其一，2000年专项增加对民族地区政策性转移支付10亿元，今后每年按上年中央分享的增值税收入增长率递增；其二，对8个民族省区及非民族省区的民族自治州的增值税收入，采用环比办法，将每年增值税收入比上年增长部分的80%转移支付给民族地区。（5）2001年修改后的民族区域自治法第三十二条规定："民族自治地方在全国统一的财政体制下，通过国家实行的规范的财政转移支付制度，享受上级财政的照顾。"第六十二条规定："随着国民经济的发展和财政收入的增长，上级财政逐步加大对民族自治地方财政转移支付力度。通过一般性财政转移支付、专项财政转移支付、民族优惠政策财政转移支付以及国家确定的其他方式，增加对民族自治地方的资金投入，用于加快民族自治地方经济发展和社会进步，逐步缩小与发达地区的差距。"2002年实施的所得税收入分享改革，明确中央因改革所得的收入全部用于一般性转移支付，建立了一般性转移支付资金稳定增长机制。同时，过渡期转移支付概念不再使用，改为"一般性转移支付"，原来的一般性转移支付改称"财力性转移支付"。一般性转移支付按照公平、公正、循序渐进和照顾老少边区的原则,主要参照各地标准财政收入和标准财政支出的差额及可用于转移支付的资金规模等客观因素,按统一公式计算确定。其中,标准财政收入是指各地区的财政收入能力,主要按税基分税种测算;标准财政支出是指各地达到均等化基本公共服务水平的财政支出需求,主要按地方政府规模、平均支出水平和客观因素测算,财政越困难的地区,中央财政补助程度越高。为落实《中华人民共和国民族区域自治法》的规定,中央财政从一般性转移支付设立之始就对民族地区给予了特殊照顾,如提高对5个民族自治区、3个财政管理体制上享受民族地区待遇的省一级这些地区以外的8个民族自治州转移支付系数,增加一般性转移支付额等。(6)在财政转移支付其他制度的安排上,也体现了国家对民族自治地方的照顾。如在调整工资转移支付的安排中,经国务院批准,对调整工资及离退休费的增加,沿海经济发达地区自行解决;对财政困难的老工业基地和中西部地区,由中央给予适当补助,对民族地区给予照顾,对民族地区的补助系数在同等非民族地区补助系数的基础上适当提高。[1]

三是财政投融资方面。(1)在金融贷款方面对民族地区实行优惠:中央为少数民族贸易和少数民族用品生产贴息贷款进行财政贴息,即对少数民族贸易和少数民族特需商品定点生产企业流动资金贷款,实行比基准利率月息低2.4‰,年息2.88%的优惠照顾,利差由中央财政负担;每年安排1亿元贴息贷款,用于民族贸易网点建设和民族特色用品定点生产企业的技术改造。[2] (2)中央为少数民族地区乡镇企业专项贷款贴息。国务院决定由农业银行在"八五"期间每年安排1亿元专项贷款用于支持民族地区乡镇企业发展,从1996年开始增加到12000万元,由中央财政和地方财政各贴50%利息。[3] (3) 2005年5月底生效的《国务院实施〈中华人民共和国民族区域自治法〉

---

[1] 雷振扬,成艾华.民族地区财政转移支付的绩效评价与制度创新[M].北京:人民出版社,2010:27-30.

[2] 中国财政学会民族地区财政研究专业委员会.2007/08年度中国民族地区财政报告[M].北京:中国财政经济出版社,2009:316.

[3] 中国财政学会民族地区财政研究专业委员会.2007/08年度中国民族地区财政报告[M].北京:中国财政经济出版社,2009:316.

若干规定》明确指出:"中央财政性建设资金、其他专项建设资金和政策性银行贷款,适当增加用于民族自治地方基础设施建设的比重。""国家根据经济和社会发展规划以及西部大开发战略,优先在民族自治地方安排资源开发和深加工项目。"①(4)中央设立边境建设事业补助费。1994年分税制实施以后,中央在税收返还资金数额中保留了1977年以来实施的边境事业补助费。②(5)1998年中央财政将"少数民族发展资金"由有偿使用改为无偿使用。此外,从2002年开始,针对人口较少民族的特点和需要,安排资金专门支持人口较少民族的发展。通过扶持,目前人口较少民族的经济生活状况有了较大改善,其中基诺族、布朗族等民族已基本实现整体脱贫。③2005年,国务院批准实施《扶持人口较少民族发展规划(2005—2010年)》,对全国总人口在10万以下的22个民族聚居的640个行政村给予重点扶持。规划实施6年来,共投入各项资金37.51亿元,实施项目11168个,基本实现了"四通五有三达到"的规划目标,人口较少民族面貌发生了新的历史性变化。④这项规划在"十二五"规划中还在继续贯彻执行。

四是生产经营及其他方面。(1)民族区域自治法第五十五条中指出:上级国家机关从财政、物资和技术等方面帮助各民族自治地方加速发展经济建设和文化建设事业;上级国家机关在制订国民经济和社会发展计划的时候,应当照顾民族自治地方的特点和需要;在分配生产生活资料时照顾自治地方的特点;在投资、贷款、税收以及生产、供应、运输、销售等方面,扶持自治地方合理利用本地资源发展地方工业,发展交通、能源,发展民族特需商品和传统手工业的生产。(2)20世纪50年代起全国设立民贸机构、民贸县,对少数民族特需且国内供应偏紧的商品列出目录,实行专项优惠安排;1963

---

① 张冬梅,陈颖.少数民族经济发展中的财政政策[M].北京:中央民族大学出版社,2006:194.
② 中国财政学会民族地区财政研究专业委员会.2007/08年度中国民族地区财政报告[M].北京:中国财政经济出版社,2009:316.
③ 中国财政学会民族地区财政研究专业委员会.2007/08年度中国民族地区财政报告[M].北京:中国财政经济出版社,2009:316.
④ 国家民委,国家发展改革委,财政部,等.扶持人口较少民族发展规划(2011—2015年)[EB/OL].中央政府门户网站,2011-06-20.

年起实行民贸企业"三项照顾"政策；20世纪70年代国家对民族地区实行农副产品收购价运费补贴；设置民贸网点建设费；20世纪80年代以来国家又设立了各种补助资金，如扶贫专项贷款、财政贴息。中国人民银行、中国工商银行等国家专业银行对边穷地区的开发贷款、贫困县企业贷款、农业建设专项资金、各项扶贫资金配套物质、其他各类扶持资金和建设项目投资，都对支持民族地区发展生产、搞活经营、增加财源起了重要作用。[①] 党和国家推行中央政府单方面向民族地区提供资金、财政、税收政策的照顾和扶持，辅以实行经济发达省、市同少数民族地区对口支援和经济技术协作的政策，多角度和多领域对少数民族地区的经济恢复直接进行输入。从中央层面上看，经济资源的直接输入包含资金的投入、财政直接拨款、财政政策的优惠、税收政策的减免、基础设施的建造等；从省市对口支援的层面上看，主要包含重点企业的对口支援改造、经营管理的改善、技术难关的攻克、人才的培训、智力资源的开发以及资源利用的评估和物资的互通有无等。[②]

历年来相关具体政策见表3-1、表3-2。

表3-1 少数民族地区财政优惠政策

序号	政策	起止时间
1	国家设置少数民族地区补助费	1955年至今
2	国家实施少数民族地区财政"三项照顾"政策	1964年至今
3	国家规定民族自治地方财政超收分成全额留用	1964—1988年
4	国家对边疆民族地区设置补助专款	1972—1975年
5	国家设立边疆建设事业补助费	1977年至今
6	国家设置边疆建设专项补助投资	1977—1988年
7	国家设立支援不发达地区发展资金	1980年至今

---

① 闻继霞.社会主义市场经济体制下民族经济优惠政策的思考［J］.贵州民族研究，1995（3）：6-11.
② 金炳镐.民族纲领政策文献选编：1921年7月—2005年5月［M］.北京：中央民族大学出版社，2006：670-671.

续表

序号	政策	起止时间
8	国家规定对民族自治区补助数额每年递增10%	1980—1988年
9	国家对贫困地区棉布提价实行补贴	1983—1985年
10	国家对少数民族地区实施政策性财政转移支付	1995年至今

资料来源：温军．中国少数民族经济政策稳定性评估（1949—2002年）（上）[J]．开发研究，2004（3）：40-45．

表3-2 少数民族地区税收优惠政策

序号	政策	起止时间
1	国家对边疆民族地区实行减免工商税	1950—1993年
2	国家对生活困难的少数民族地区减征农业税	1958年至今
3	国家对边疆县和民族自治县乡镇企业免除工商所得税5年	1979—1985年
4	国家对少数民族八省区基建企业按降低成本额三七分成	1979—1985年
5	国家对"老、少、边、贫"地区减免所得税	1985年至今
6	国家对边境贸易实行税收优惠政策	1991—1994年
7	国家规定减免少数民族地区固定资产投资方向调节税	1992年至今
8	国家对12大类162个品种的边贸进口商品免税及减税	1992—1995年
9	国家规定"老、少、边、穷"地区新办企业减免所得税3年	1994—1997年
10	国家对收购边销茶原料企业减按10%征收农业特产税	1994年至今
11	国家对设在中西部地区的外商投资企业给予3年减按15%税率征收企业所得税	2000—2002年
12	国家对西部地区民族自治地方企业可以定期减征或免征企业所得税	2001—2010年
13	国家对西部地区新办交通、电力、水力、邮政、广播电视企业实行2年免征、3年减半征收所得税	2001—2010年
14	国家对收购边销茶原料企业减按10%征收农业特产税	2001—2005年

续表

序号	政策	起止时间
15	国家对西部地区实行为保护生态环境，退耕还生态林、草产出的农业特产品收入，在10年内免征农业特产税	2001—2010年

资料来源：温军．中国少数民族经济政策稳定性评估（1949—2002年）（上）[J]．开发研究，2004（3）：40-45．

三、在其他相应方面优惠政策

在民族婚姻、人口生育政策上，给予少数民族群体以相应的特权。依据《中华人民共和国婚姻法》（已废止）第三十六条的规定，中国五个自治区和一些自治州结合当地的具体情况，制定了婚姻法的补充规定，将婚姻法中关于公民的法定婚龄"男不得早于22周岁，女不得早于20周岁"的规定，修改为"男不得早于20周岁，女不得早于18周岁"。

我国从1971年起对汉族广泛开展计划生育，对少数民族一直采取"少数民族地区除外"的政策，直到1982年12月经第五届全国人民代表大会第五次会议批准的"六五"计划指出："少数民族聚居的地区，也要实行计划生育，并根据各个地区的经济、自然条件和人口状况，制定计划生育工作的规划。"[1] 1984年4月，中共中央批转的国家计划生育委员会党组《关于计划生育工作精神的汇报》中说："对少数民族的生育政策，可以考虑，人口在一千万以下的民族，允许一对夫妇生育二胎，个别的可以生育三胎，不准生四胎……"但全国各省、自治区、直辖市制定的生育政策中对少数民族生育的政策规定，在优惠程度上还有所不同。[2]

近年来，随着社会人口老龄化的加剧，国家在人口生育上的放开，民族之间在生育权上逐渐趋同。

---

[1] 郭志刚，李睿．从人口普查数据看族际通婚夫妇的婚龄、生育数及其子女的民族选择[J]．社会学研究，2008（5）：98-116，244．
[2] 郭志刚，李睿．从人口普查数据看族际通婚夫妇的婚龄、生育数及其子女的民族选择[J]．社会学研究，2008（5）：98-116，244．

此外，对于就业和干部任命上的优惠政策，国家相关政策也明确规定了少数民族许多优先权利。我国政府在就业问题上也给予了少数民族成员以倾斜性政策。例如，2005年4月27日，第十届全国人民代表大会常务委员会第十五次会议通过《中华人民共和国公务员法》，其第二十一条规定："民族自治地方……录用公务员时，依照法律和有关规定对少数民族报考者予以适当照顾。"[1] 2007年8月30日，第十届全国人民代表大会常务委员会第二十九次会议通过《中华人民共和国就业促进法》，其第二十八条规定："各民族劳动者享有平等的劳动权利。用人单位招用人员，应当依法对少数民族劳动者给予适当照顾。"[2] 一些地方法规也对少数民族在民族特色企业就业做了明确规定。例如，2004年6月30日，天津市人民政府修订公布的《天津市生产经营清真食品管理办法》第五条中就规定："（一）生产单位的回族等少数民族从业人员，不得低于本单位从业人员总数的10%；经销单位的回族等少数民族从业人员，不得低于本单位从业人员总数的15%；餐饮单位的回族等少数民族从业人员，不得低于本单位从业人员总数的20%；（二）个体工商户或私营企业业主本人，必须是回族等少数民族公民。"[3]

由此可见，从制度安排上来讲，国家对少数民族的优惠政策是涉及多个领域的。[4]

小　结

民族优惠政策是一项独特的群体优惠政策，这项优惠政策是在民族这个

---

[1] 王凡妹. 教育领域的种族/民族优惠政策及其社会效果：美国高校"肯定性行动"的启示［J］. 民族社会学研究通讯，2012（110）：8-34.

[2] 王凡妹. 教育领域的种族/民族优惠政策及其社会效果：美国高校"肯定性行动"的启示［J］. 民族社会学研究通讯，2012（110）：8-34.

[3] 江曼琦，翁羽. 散杂居城市少数民族就业竞争力与对策研究［J］. 城市经济，2009（2）：41-45.

[4] 张锐. 少数民族优惠政策探析［J］. 文山学院学报，2010，23（3）：69-71，89.

群体的基础上实施的，在世界各国都有不同的表示形式。从中国来说，中国共产党在中国革命时期就已经明确了民族优惠政策。中华人民共和国成立后，将民族优惠政策进行了系统化、法律化，并加以实施。对比国际上一些国家的特定民族（族群）优惠政策，中国的民族优惠政策实施了多年，成效显著。自然，这些政策也存在一定的争议，需要再加以研究。

第四章

公民平等权与群体优惠政策的争议

第一节 社会背景的因素

一、社会上公民理念认同的增强

新中国最早使用"公民"概念的规范性文件是1953年公布的《中华人民共和国全国人民代表大会及地方各级人民代表大会选举法》，其中第四条写道："凡年满十八周岁之中华人民共和国公民，不分民族和种族、性别、职业、社会出身、宗教信仰、教育程度、财产状况和居住期限，均有选举权和被选举权。"[①] 公民意识，是指公民对自己在国家中的地位和作用的认识，是公民以宪法和法律规定的基本权利和义务为依据，以自身作为国家经济生活、政治生活、文化生活和社会生活等活动主题的一种心理感受与理性认识。公民意识是在现代法治环境下形成的民众意识，它要求公民具有作为国家主人翁的责任感和使命感、权利观和义务观，秉持合理、合法、守法的基本理念，形成对待个人与国家、个人与社会、个人与他人关系的正确价值取向和道德观念。

公民意识是一种现代社会意识。只有确立了公民的法律地位后，才会对

---

① 全国人大常委会办公厅研究室. 中华人民共和国人民代表大会文献资料汇编：1949—1990 [M]. 北京：中国民主法制出版社，1991：216-217.

公民意识提出要求。随着市场经济的发展，人们在高度集中的计划经济体制下近乎固定的身份界限逐渐淡化，社会角色变换的机会增多、频率加大，"公民"这个基本角色便进一步凸显出来；人们在更多的情况下，是以公民的身份活动。这样一来，就对增强公民意识提出了更高的要求，同时也为增强公民意识提供了更为有利的条件。

根据我国宪法关于公民基本权利和义务的规定，公民意识主要包括五方面的内容。一是公民的主体意识，即公民作为国家主人和社会主体的意识。公民无论何时何地都要以国家和民族利益为重，自觉关心维护国家、民族的利益、荣誉和安全。二是公民的权利意识，即公民对宪法和法律赋予自己某种行为合法性的意识，以及对他人合法权利的尊重。三是公民的责任与义务意识，即公民必须履行对国家和社会应尽的责任与义务的意识。四是公民的法律意识，即公民要有尊重法律和在法律面前人人平等的意识。公民不仅要自觉遵守宪法和法律，而且要同各种违法行为作斗争。五是公民的道德意识，即公民在国家经济、政治、文化与社会生活中必须具有的道德规范意识。公民要正确处理个人与国家、个人与集体、个人与社会、个人与他人之间的关系。此外，公民意识还包括公民应具有的民主、自由、平等、公平、正义等方面的意识。

公民意识主要体现在：一是参与意识。公民的参与意识，主要是指公民作为政治共同体的成员，具有积极参与（包括直接参与和间接参与）公权力运行的主人意识，实质上也是一种践行权利的意识。在参与中，公民才能切身体会自己的权利和义务，并逐渐形成理性的参与意识。二是监督意识。公民的监督意识正是权利制约权力机制的思想保障，国家权力受到人民的监督是人民主权原则的核心所在。三是责任意识。公民责任是指公民履行与自己的公民身份相适应的义务，公民在遇到有关国家政治和社会利益的问题时，必须自觉维护公共利益。四是法律意识——规则意识。由于每个人都拥有独立的意志，所以在民主管理的过程中，公民还必须有规则意识，即依据明确的规则来协调各种相冲突的意志和行为，而不是由某个个人或某个利益集团决定。这些规则都是公民共同合意的结果，或是通过国家予以确认，或者是通过习俗加以强化。

公民意识体现了社会成员对自己基本社会身份的认同，也是公民支配自己社会行为的基本价值观念，广泛表现在社会成员参与政治、经济、法律、道义等社会生活的各方面。公民意识的内容是基于公民的身份意识而构建的，它也可以基于核心意识而不断拓展，如平等意识，独立人格，公共精神，自主、理性精神。

公民意识的实质是强调一个人在社会、国家中所处的地位以及个人对自己政治地位和法律地位的自我认识。公民意识教育是指以现代公民的本质特征为基本内容和基本目标而实施的各项教育活动的集合体，其核心是要使受教育者正确地认识、积极而负责地参与国家和社会公共生活，以发展国家和社会为己任。而就公民意识教育的目标而言，教育旨在培养未来公民社会的基本单位，即具有权利义务意识、自主意识、程序规则意识、法治意识、道德意识、生态意识、科学理性精神，具有与时代共同进步能力的现代公民。

对于我国公民对自我身份认同的看法，有的学者给出四种典型的行为类别，或者说原型类别。这四种行为类别的基本特征如下[①]：

1. 公民型。这一类人的特征是，在面对公私冲突、人我关系矛盾时能够为公共利益牺牲个人利益，并以契约精神和方式处理这些关系。他们的权利与义务是平衡的，作为个人，相互间强调平等。

2. 臣民型。这一类人的特征是，在公与官合一的文化中，面对公私冲突和人我关系时，因服从差序权力而能够牺牲个人利益；作为个人，边界是不清晰的，自我是被君王或国家包容的，权利和义务是不平衡的。

3. 商人型。这一类人的特征是，在面对公私冲突、人我关系矛盾时不能够为公共利益牺牲个人利益，但注重以契约精神和方式处理这些关系；作为个人，边界是清晰的，强调个人权利胜于强调个人对公共事务的义务。

4. 熟人型。这一类人的特征是，在面对公私冲突、人我关系矛盾时不能够为公共利益牺牲个人利益，也不能以契约精神和方式处理这些关系；他们

[①] 杨宜音．当代中国人公民意识的测量初探［J］．社会学研究，2008（2）：54-68，243-244．

倾向将他人分为"自己人"或者"外人",把各种社会和国家的事务分为"份内"与"份外"两种,是一种特殊主义的处理方式。作为个人,边界是不清晰的,完全不讲权利、义务,而是讲自己人之间的亲密、责任、信任。

改革开放后,一方面,随着高等教育的深入,由"精英化"教育进入"大众化"教育后,更多的年轻人受教育层次提高,对公民理念认同加深。另一方面,来自外界社会的影响,让更多的社会群体认识到,公民的权利和义务之间的概念。再有,来自国家的大力普法教育。1985年11月22日,第六届全国人大常委会第十三次会议通过决议,决定从1986年起用5年左右的时间,有计划、有步骤地在一切有接受教育能力的公民中,普遍进行一次普及法律常识的教育。自1986年后,历时5年,全国各族人民尤其是各级干部(特别是领导干部)和青少年受到了一次全面系统的宪法知识教育,全社会的宪法观念得到了提高和强化,具体表现在以下几方面:(1)全国有7.5亿人比较系统地学习了宪法,了解了宪法的基本内容,其中绝大多数人通过了各级普法机构的验收考试;(2)宪法根本法地位与性质已被广大人民所普遍认识;(3)我国公民越来越重视宪法赋予公民的民主权利,如积极参加县、乡两级人民代表大会代表的选举,参选率逐年提高;等等。① 此后,我国又先后开展了"二五""三五""四五"等普法活动。这些行动都大大增强了公民的宪法观念,以及公民对自身的认识,促进了第一类公民型群体的日益增多。

公民意识是社会意识形态的形式之一,它是公民对自己在国家和社会中的地位、权利和责任的一种自觉意识。作为政治文化的重要组成部分,它集中体现了公民对于社会政治系统以及各种政治问题的态度、倾向、情感和价值观。②

二、维权意识增强

近年来,随着社会的发展,人们的思想观念日益进步。在公民社会中,公民深层次的权利意识正在觉醒,他们对政治问题感兴趣,愿意投身于公共

---

① 周叶中. 宪法[M]. 2版. 北京:高等教育出版社,2005:432.
② 王强,王瑜卿,秉浩. 民族意识与公民意识、民族认同与国家认同:相协调还是相对立:民族理论前沿研究系列论文之六[J]. 黑龙江民族丛刊,2012(5):12-23.

活动，试图通过积极的政治参与来维护自身的权益。公民通过组织化的形式将分散的个人组织起来，将分散的社会意志集中化，将个体的私人利益公共化，然后将其诉求和活动政治化，通过支持和监督、制约国家权力而成为有组织的社会力量。公民社会里公民享有平等的政治参与权、政治决定权，保障人民主权提供最充分的发展空间。

公民意识的复苏，也体现在公民不再对一些行政措施完全信服，维权意识增强。"1987年7月，温州苍南县政府以未经合法审批、占用水道为由，将该县舥艚乡农民包郑照所建的房屋强制拆除。包郑照不服，于1988年8月将苍南县政府告上法院，请求确认其房屋合法，赔偿经济损失。"此案被称为中国第一起"民告官"案件，原告虽然败诉，但通过法律途径理性维权，代表了当时公民权利意识的觉醒。此案为《中华人民共和国行政诉讼法》的出台起到促进作用，成为中国民主进程、法治建设的里程碑式案例。1990—2009年，浙江法院共受理一审行政案件55460件，案件总量逐年攀升，年均增幅达40%。① 个体运用法律手段来维护自身权益，打破了历史上"民不与官斗""平民身份低于官员"的认知，既是文明进步的体现，也是公民身份平等诉求的象征。

第二节 国外的争议

一、国外群体优惠政策概述

世界上每个国家都有着不同的群体优惠政策，有的政策针对特定族裔划分的族群，有的政策针对年龄划分的群体，有的政策针对财富划分的群体，有的政策针对地域划分的群体……

概括起来，第一类就是获得社会共识的优惠政策。主要有扶贫优惠政策、

---

① 李飞云. 浙江20年间"民告官"55460件 公民意识崛起早［EB/OL］. 中国新闻网，2010-09-28.

群体优惠政策：遵循公民平等权　>>>

残疾人帮扶政策。对特定的贫困人群实施的优惠政策主要有：对贫困地区基础交通建设的扶助；对贫困人群基本生活保障的帮扶；对贫困人群中儿童教育的减免费政策；还有健康医疗，以及就业资助的小额贷款；等等。这类优惠政策统称为"社会保障权"，这些是基于社会共识的一种群体优惠保障政策。

1948年联合国通过的《世界人权宣言》第二十二条规定："所有公民，作为社会成员之一，都享有社会保障权。"① 第二十五条对此加以解释："每个人都有权享受能够保证个人及其家庭身心健康的生活标准，其中包括食物、衣着、住房、医疗、必要的社会服务以及在失业、生病、残疾、丧偶、老年或其他个人无法控制的影响生计的情况下获得社会保障的权利。"② 其后，社会保障权作为一项国际人权，被许多国家作为公民的一项基本权利，在宪法中予以规定。如意大利、丹麦、菲律宾、巴拉圭等国家的宪法都有这类明确的条文。这类法律规定，切实保障了弱势人群的基本生活。以残疾人为例，许多残疾人同时是贫困人，他们除享受贫困扶助政策外，往往也拥有免费享受公共资源的优惠，如乘坐公共交通工具：飞机、火车、地铁、轮渡等，享受减免费用。对于残疾人就业或创业，许多国家对其实施减免税等政策。在医疗保障上，有些国家可以提供免费救治的条件。

另一类国外群体优惠政策并未得到社会共识。因为所在国家的国情条件不同，政策制定阶级所制定的利益享受者不同，故享有特定优惠政策的群体往往不是弱势群体。例如，君主制国家中的世袭君主所在的家族群体，他们往往无偿或优先享有国家资源的特定供给，并从法律上给予明确规定。再有，一些国家在就业中摒弃女性，只允许男性成员的特定群体优惠政策……这样的政策往往是基于优势群体特定的优惠政策，因为国家权力制度、宗教、文化类的因素，并不是改变社会不平等的优惠政策，故而不能获得社会共识。

二、与公民平等权的冲突

在西方世界里，沿袭有许多强调平等精神的宣言、法律，这些思想从公民

---

① 董云虎，刘武萍．世界人权约法总览［M］．成都：四川人民出版社，1990：263．
② 董云虎，刘武萍．世界人权约法总览［M］．成都：四川人民出版社，1990：263．

受教育起就被深深浸润到他们心底。首要的代表性的宣言有法国资产阶级革命时期的《人权宣言》，其第一条就明确指出："在权利方面，人们生来是而且始终是自由平等的。只有在公共利用上面才显示出社会上的差别。"[1] 这里明确强调权利平等，出于公益的原因，可以体现社会差别。第二个代表性宣言就是美国的《独立宣言》，里面谈道，"我们认为下面真理是不言而喻的：人人生而平等，造物者赋予他们若干不可剥夺的权利，其中包括生命权、自由权和追求幸福的权利"[2]。其强调了个体尊严上的平等，以及对幸福追求的权利。

这两个宣言代表了早期资产阶级革命思想核心。当然，早期的这两个宣言也有着事实上的不平等。如法国《人权宣言》公布后不久就实行《纳税选举法》，用纳税标准将公民区分为"积极公民"和"消极公民"，大多数"消极公民"被剥夺了选举权。而且占人口半数的妇女也被列为"消极公民"。再如美国《独立宣言》宣布的"人人平等"并不包括黑人、印第安人等有色人种，也不包括妇女。第二次世界大战后成立的联合国在1948年颁布的《世界人权宣言》真正意义上体现了平等的全面性："人人生而自由，在尊严和权利上一律平等。他们富有理性和良心，并应以兄弟关系的精神相对待。"基于这些思想的传播，人们对平等的认知更加深入。

在西方发达国家，社会中有人质疑帮扶性的优惠政策，认为其破坏了平等的竞争。在美国，"平权法案"（注：肯定性行动）得到许多民众的支持，但同时也遭到了许多阻力。最具讽刺意义的是，最大的阻力并非来自主流群体，而是来自少数族群内部。反对实施这一法案的少数族裔人士的游说往往比来自主流社会人士的更具说服力。许多大学取消对少数民族学生的特殊招生指标往往是极力反对这一法案的少数民族精英游说的结果。无论是支持还是反对这一法案者，都具有十分充足的理由。支持取消法案者认为，社会政策关注的对象应当是独立的个人，而不是整个群体。他们相信，美国的社会制度为每一个独立的个人都提供了机会，每个人只要通过奋斗都有可能取得成功。对少数族群的整体性关心和照顾，从长远的角度看对族群和整个社会

---

[1] 吴于廑，齐世荣. 世界史·近代史编：上卷 [M]. 北京：高等教育出版社，2007：319.
[2] 赵一凡. 美国的历史文献 [M]. 北京：生活·读书·新知三联书店，1989：17.

群体优惠政策：遵循公民平等权 >>>

本身都是不利的，除了会使少数族群的成员产生依赖性之外，还会使不同族裔者过度关注和强调自己与他人之别，换言之，也就是关注自身族群的"边界"（ethnic boundaries），这样可能会损害国家社会的整体凝聚力。激进的平权法案倡导者和支持者则认为，美国政府和主流社会必须为几百年的错误和罪过买单。种族之所以不平等，主要是因为经济不平等，历史上的奴隶买卖和种族隔离政策是经济不平等的根源。但是，无论来自哪一个阵营，有一点是共同的，那就是他们都相信，接受教育是消除经济不平等的重要途径，因为美国人的收入大抵上同所受教育程度成正比。二者的不同点在于，接受教育的机会究竟是靠自己去争取，还是得通过其他立法形式保证。在反对平权法案者看来，通过立法保证来提供更多的机会给少数族裔，无异于是一种"赐予"，少数族裔实际上在自我矮化。①

对美国来说，所谓的"肯定性行动"这种"积极平权措施"是否违宪，是令美国法院大伤脑筋的讼案。相关的研究认为，"姑且先搁置宪政不论，把焦点直接放在道德上面：在聘雇或招生中考虑族群因素，是否不公不义？"对反对者来说，以分数的高低来主张人人平等的权利，将种族、族裔配额（或保留）措施视为"逆向歧视"的不公不义，也是言之凿凿的普遍理由。② 针对这类事件，在美国发生了许多诉讼案件，也是让法院为之头疼的案子。并且，"肯定性行动"的反对者"他们尖锐地指出，'肯定性行动'应该帮助的是那些需要帮助的人，也就是那些'经济上处于弱势'的人，而不是根据种族而给予某些人以特殊照顾。在他们看来，并非每个白人都处于优势地位，也并非每名少数族群成员都处于弱势地位。显然，他们的这种以'社会经济阶层'来划分人群的方法与奥巴马的思想有吻合之处。他们认为，'我们都是美国人'，而美国宪法强调的是人人平等，从而对以'群体对群体'优待的方

---

① 范可. 文化多样性及其挑战［M］. //吴晓萍, 徐杰舜. 中华民族认同与认同中华民族. 哈尔滨：黑龙江人民出版社, 2009：109.
② 郝时远. 印度构建国家民族的"经验"不值得中国学习：续评"第二代民族政策"的国际经验教训说［J］. 中南民族大学学报（人文社会科学版），2012, 32（6）：1-12.

式操作的'肯定性行动'计划表示出很大的敌意"①。

2003年,限制"肯定性行动"政策的趋势在美国联邦最高法院受到挫折。在审理一位白人考生起诉密歇根州立大学法学院录取过程中实行"逆向歧视"一案时,当时的高院以5票对4票的微弱优势裁定,公立大学可以在录取过程中考虑族裔因素,但同时强调,考虑族裔的原因不应是族裔身份本身,而应当是多元化的学生构成有利于丰富学生的学习环境和经历。

2012年年初,最高法院的上述裁定遇到了新的挑战。2月,美国最高法院同意审理得克萨斯州一名白人女生对得克萨斯州立大学的起诉。在对"肯定性行动"政策实行改革后,该大学4/5的招生名额不再受种族因素影响(州内所有高中前10%的毕业生),但其余的1/5的名额仍可考虑种族等其他因素。由于该白人女生是毕业班的前12%,未能直接进入美国得克萨斯州大学,因而她诉诸法律,指控美国得克萨斯州大学在录取中存在"逆向种族歧视"。最高法院同意受理此案,这使已经淡出的"肯定性行动"的种族优惠问题重新进入公众视线和争议之中。由于目前美国高院的背景比2003年更为保守,一般舆论认为,此次高院禁止公立学校在录取中考虑族裔成分的可能性极大。②

在20世纪60年代和20世纪70年代时,亚裔美国人曾经被列为被保护和被优待的对象。然而,从20世纪70年代末期开始,随着亚裔在就业状况和受教育程度上的迅速提高,该群体在社会经济地位上不但不逊于盎格鲁-撒克逊族群成员,甚至在某些领域还超越了后者。比如说,就受教育程度而言,1970年的美国人口普查数据就表明,在那些25岁及以上的男性美国人中,受过大学四年及以上教育的华裔、日本裔和菲律宾裔在本族群相应样本中所占的比例分别为30.8%、22.3%和16.6%。而同期与之具有可比性的盎格鲁-撒克逊族群男性成员中,除英国二代男性移民外(17.5%),其他如挪威二代(12.2%)、瑞典二代(13.9%)、法国二代(15.3%)和德国二代(10.0%)

---

① 王凡妹.美国"肯定性行动"的历史沿革:从法律性文件的角度进行回顾与分析[J].西北民族研究,2010(2):45-80.
② 孙雁."肯定性行动"并非优惠政策[J].民族社会学研究通讯,2012(110):1-7.

男性移民中，受过大学四年及以上教育的均低于菲律宾裔成员。① 基于亚裔群体的竞争能力上升，针对他们的优惠政策也就逐步被取消，乃至竞争条件被抬高。美国的一个研究组织——"平等机会中心"（Center for Opportunity）在一项报告中指出：2008年考取威斯康星大学麦迪逊总校区的亚裔学生SAT数学和阅读平均成绩为1370分（满分1600），而白人录取者平均为1340分，拉丁裔1250分，非裔1190分。"2009年一项研究报告显示，如果竞争同一所学校，亚裔学生的SAT成绩必须达到1550分，白人需要1410分，非裔需要1100分才能被录取。"② 若然如此，美国的这一优惠少数族裔的政策，在面对亚裔这一少数族群时事实上不仅变成了最高的门槛，而且其优惠对象包括了美国人口主体的白人。同时，美国的大学，尤其是名牌大学还存在着"校友子女优待"（legacy preference）和非校友的"发展性录取"（development admits）措施，以致"富爸妈拿钱就可以帮孩子在常春藤名校买到位置"③。

针对"肯定性行动"经过几十年的消化，少数族裔同美国主体白人族裔的差别降低，许多部门开始改变这些优惠政策。1995年7月20日，加州大学校董会选举通过了"SP-1"录取政策修改案，明文规定"从1997年1月1日起，加州大学体系内各校不得在大学水平或任何学习项目的录取过程中，将种族、宗教信仰、性别、肤色或族裔背景纳入考虑范围"。之后，随着"209提案"的通过和加州宪法④的修订，SP-1录取条例被"校董会RE-28解决方案"所代替，核心内容仍旧是"大学在录取过程中应平等地对待所有的学生，不得将种族、宗教信仰、性别、肤色或族裔背景纳入考虑范围"⑤。

---

① 王凡妹. 教育领域的种族/民族优惠政策及其社会效果：美国高校"肯定性行动"的启示 [J]. 民族社会学研究通讯，2012（110）：8-28.
② 郝时远. 印度构建国家民族的"经验"不值得中国学习：续评"第二代民族政策"的国际经验教训说 [J]. 中南民族大学学报（人文社会科学版），2012，32（6）：1-12.
③ 郝时远. 印度构建国家民族的"经验"不值得中国学习：续评"第二代民族政策"的国际经验教训说 [J]. 中南民族大学学报（人文社会科学版），2012，32（6）：1-12.
④ 王凡妹. 教育领域的种族/民族优惠政策及其社会效果：美国高校"肯定性行动"的启示 [J]. 民族社会学研究通讯，2012（110）：8-28.
⑤ 王凡妹. 教育领域的种族/民族优惠政策及其社会效果：美国高校"肯定性行动"的启示 [J]. 民族社会学研究通讯，2012（110）：8-28.

20世纪90年代初以来,随着反歧视理念的全面发展和反歧视力度的进一步增强,以及随之而来的种族平等关系的明显改善,美国国会逐步淡出矫正(优惠)立法,先前立法已确立的预留条款(份额)在实践中不断缩水。不仅如此,最初作为"肯定性行动"强有力支撑的民权法案,逐渐与宪法第十四条修正案一道成为悬在"肯定性行动"矫正措施(优惠政策)头上的两把利剑。

2011年,奥巴马(Barack Obama)总统签署新的"肯定性行动"的行政命令(13583号),该"命令"提出协调联邦政府各机构和部门,提升联邦政府就业中的机会均等,强调以业绩为基础的多元、包容的人力资源战略。在这个行政命令中,已不见"采取措施"或对某些族裔的"优惠政策"之类的规定,"机会均等""多元""包容"成为新的"肯定性行动"的关键词。[①]

从中可以看出,西方的族裔群体的优惠政策并不是永久的政策,随着各族裔之间平等条件的改善,这项优惠政策也在逐步取消,以创造更多的"公民平等机会"。

三、限制了自由和竞争

很多对比美国"肯定性行动"的文章认为,美国在逐步淡出针对少数族裔的优惠政策的原因,主要是来自种族关系的改善。这固然是其中的一个原因,但笔者认为,其中还有来自语言教育的普及因素。毕竟,无论任何移民,到美国的首要条件就是语言关,如果语言不通过就不可能在美国发展。在这种条件限制下,前往美国的移民大都在语言应用上达到了自如的地步。当语言的限制消失后,剩下的主要因素就是来自个人的努力。美国社会力争提供给个人一种机会平等的竞争条件。如果个人拥有这种条件,但还是没有出类拔萃,那就安于现状,不会有人认为他受到不公正对待。

当美国的语言教育普及后,抛除残存的种族歧视,给予公平的竞争机

[①] 周少青. 反歧视:"肯定性行动"政策和立法的本位:"肯定性行动"刍议(一)[N]. 中国民族报,2013-01-18(8).

会，还实行配额的少数民族优惠政策。自然，会有反对者质疑：其影响了资本主义发展的核心本质"自由和竞争"。资本主义自开始起，其传统的商业文明就主张自由竞争，即通过个人努力在社会中取得相应的地位、收入等。

从教育理念来看，一个孩童成长时期需要成人适当呵护，如果这种呵护达到事无巨细，会让孩童的心理成长陷于停顿，成为只知道依赖成人的"巨婴"。我们知道，总是给予一个人特殊的优惠政策，会影响这个人的竞争力。而其享受久了这种优惠政策，就会形成依赖感。一个社会的发展主要来自竞争，竞争需要公平。

四、认可态度

不同国家文化思想上的认知也决定了人们对群体优惠政策的态度。从社会公益的角度来说，不同国家对于弱势群体采取优惠政策，其国民多是持认可态度的。但对基于族裔群体照顾的优惠政策，持质疑态度的不少。

发达国家中，美国是最有代表性的。在 Bakke 诉加利福尼亚大学案中，白人考生未能成功地被加利福尼亚大学戴维斯医学院录取。当他得知未被录取的原因乃是戴维斯医学院将 16 个入学名额留给属于"少数族群"的学生，从而使得成绩远低于他的"少数族群"学生可以入学之时，Bakke 提起诉讼，认为学校的招生计划当中存在种族歧视。该案中最高法院作出了一个双重判决，一方面支持了 Bakke 的入学请求，另一方面却裁定加利福尼亚大学在招生时仍可将种族因素纳入考虑范围。①

美国宪法倡导的平等自由的精神深入广大民众。保障少数族裔高等教育机会的政策是在同等条件下优先录取部分少数族裔学生，甚至是降低标准录取。孤立地看，这有悖于宪法的平等原则。也正是基于同样的原因，最高法院在 1978 年的巴基案中裁定高定额录取制度违宪。1996 年第五巡回法院也裁定大学录取学生时不得再考虑少数族裔因素。最高法院的判决代表了美国社

---

① 陈鹏.少数民族考生高考享受倾斜性政策的合宪性：以美国 Bakke 案中的两个对立逻辑为视角［J］.考试与教育，2009（5）：20-24.

>>> 第四章 公民平等权与群体优惠政策的争议

会维护宪法公平的原则。然而现实却是少数族裔的教育状况落后。一个群体的教育状况长期落后会导致社会的不稳定。最高法院在判决高校定额录取制度违宪的同时也裁定：大学为了使生源和校园学术环境多元化，在录取新生时，可以把族裔背景作为一个附加因素来考虑。最高法院看似模糊的判决其实体现了维护宪法平等原则的同时正视现实的智慧。①

民意测验的结果显示，美国大多数的民众（70%）继续支持某种形式的种族优惠政策。对他们来说，种族优惠政策本身没有错，只是形式上要更合理和公平。尽管美国大多数公立大学系统仍然在录取过程中考虑族裔因素，但由于各分校具体择生时又顾全了择优原则，使这种合理的种族优惠录取政策能够为公众所接受。②

而且，基于多年的实践标准，美国对"肯定性行动"中的优惠政策已开始转化为"多元化"的方向。以教育为例，"单一的录取标准和族裔结构失调的学生群体，不仅严重损害教育的公正性，而且给学生的成长造成不利的后果"，"为解决学生族裔结构失调以及学习、培养过程中的种种不足，2009年，加州大学在'推动公平，减少入学障碍'的名目下，对1996年以来的单一标准选拔进行了改革，试图实现亚裔学生、非洲裔、西班牙裔以及白人男生的多元平衡"③。从中可以看出，多元化话语将单纯的优惠理念转变为文化的兼容促进，更能为社会接受。

就发展中国家来说，民族的群体优惠政策的认可多是同国家政权的统治层有关。印度社会长期存在种姓制度，这种制度严重束缚了下层人士的进步，也影响了他们的发展。深入印度社会进行调查研究的西方学者认为："虽然优惠政策带来很多不太正常的发展，但还是比完全没有优惠政策的情形下带来

---

① 王玉平，魏良臣. 美国少数族裔高等教育公平问题研究［J］. 教育科学，2011，27（6）：90-93.
② 孙雁. "肯定性行动"并非优惠政策［J］. 民族社会学研究通讯，2012（110）：1-7.
③ 周少青. "多元化"：后矫正时期的权利话语：肯定性行动刍议（三）［N］. 中国民族报，2013-02-01（8）.

群体优惠政策：遵循公民平等权 >>>

更多正面的发展。"① 在缅甸、马来西亚等东南亚国家，居于统治地位的主体民族对于自身群体给予一定的优惠政策，而对于少数民族的群体则在政策上加以限制，这也造成了族群融合的困境。

---

① 郝时远.印度构建国家民族的"经验"不值得中国学习：续评"第二代民族政策"的国际经验教训说［J］.中南民族大学学报（人文社会科学版），2012，32（6）：10.

第五章

国际上民族政策与公民平等权之间的不平衡

第一节 主体民族及种族优先政策带来的不平等

一、历史上国家统治民族优先体现的不平等

(一) 中国历史上典型的统治民族优先的不平等政策

民族是伴随着国家产生的,当国家扩张时,它对新统治地区民族实行占领政策,往往伴随着猜疑心态,"非我族类,其心必异"等警惕话语在世间流传,其统治策略往往是限制、利用策略。历史上统治民族推行不平等的民族政策的例子比比皆是。例如,中国的元朝公开实行民族不平等政策,将国内群体划分为四类:蒙古人、色目人、汉人、南人,把统治族群蒙古人列为第一等群体,享有特殊的政治权利。最典型的是对不同群体犯法的刑罚处理差异极大:蒙古人作为国族,犯法量刑从宽,在讯问和关押期间享有特殊待遇。比如,刑法明确规定窃盗、强盗者要刺字,但蒙古人犯窃盗、强盗者"不在刺字之例"(卷104《刑法三·盗贼》),不遵此法,将蒙古人刺字的审讯官员要受到"杖七十七,除名"的处罚(卷103《刑法二·职制下》),还要除去已给蒙古人刺上的字。又如,刑法规定"诸杀人者死,仍于家属征烧埋银五十两给苦主",而蒙古人"因争及乘醉殴死汉人者,断罚出征,并全征烧埋银"(卷105《刑法四》)。可见,汉人犯杀人罪必须处死,而蒙古人打死汉人可以用喝醉酒等种种理由开脱罪责，不必偿命，只需从军出征，给受害家属50两丧葬费便可了事。此外，蒙古囚犯的在押政策也颇为优待，"除犯死罪，监禁依常法，有司毋得拷掠，仍日给饮食。犯真奸盗者，解束带佩囊，散收。余犯轻重者，以理对证，有司勿执拘之"（卷103《刑法二·职制下》）。这就是说，蒙古死刑犯的监禁方式同其他犯人一样，但不得施刑拷问，还要每天供给饮食。蒙古重囚在押，解去衣带佩饰即可。蒙古人犯轻罪者，地方官府只可查证事实，无权拘押。[①] 元朝的民族不平等政策带来的是民族之间矛盾冲突不断，最终的结果是元末红巾军大起义，导致了蒙古族统治阶层败亡蒙古草原，明朝建立。

清朝政府，同样实行以满蒙民族群体为贵的不平等民族群体政策。这种不平等最初带有典型的压迫政策，如实行剃发易服令和制造的文字狱。剃发易服政策是清朝统治阶级实行的民族征服政策。皇太极继位后，清军每征服一处汉族的土地，就要求汉人剃发易服，就是按照满族人的习惯，让汉人前额剃发，后脑留发，将辫子垂于后背。伴随着清军入关，征服区域扩大到明朝全部地域，剃发就逐渐演变成了一种固定的制度。清朝在强制实行剃发易服制度的初期，发出的号令是"留头不留发，留发不留头"，这种行径遭到了无数汉人的抵抗，经过多次镇压后才慢慢推行下去。清朝初期大兴文字狱，目的是扼杀汉族自我的民族意识。清政府在汉族文人的著作中寻找一些自认为对清政府不满的文字，对有关著作人及亲友加以株连，轻则发配边疆，重则满门抄斩，这就是文字狱。文字狱导致学者在学术思想上限于停滞，其后的学者的研究多转向考证研究，以免惹祸上身。

自然，这类不平等的民族政策引发了强烈的族群冲突，无论是元末的农民大起义，还是清末的辛亥革命，其中一个关键因素就是民族不平等政策引发的民族主义群体的族群不满。

（二）世界近现代历史上的民族不平等政策

再看世界历史上曾经存在过的大帝国，波斯帝国、马其顿帝国、罗马帝

---

① 李莎. 试析元代的刑律优免政策 [J]. 学术探索, 2012 (1)：47-50.

<<< 第五章 国际上民族政策与公民平等权之间的不平衡

国、阿拉伯帝国、奥斯曼帝国等,这些大帝国的崩溃,都有着统治民族奴役被统治民族的尖锐矛盾和冲突。走进近现代历史,现代意义的国家出现后,通过航海大发现,欧洲殖民者开始全球扩张,他们在将统治势力拓展全球的同时,也将民族不平等的压迫带到殖民地。典型的不平等民族政策,如美国黑人被奴役政策、纳粹德国种族灭绝政策、日本殖民同化政策等。

1. 美国黑人被奴役时期的政策

欧洲殖民者来到美洲后,把自己当成美洲的主人,对美洲的原住民——印第安人进行了血腥的镇压。由于印第安人不堪压迫,以及不擅长劳役,欧洲殖民者为了提高劳动生产率,他们将大批黑人运到美洲,迫使他们成为奴隶。1619年8月,一艘荷兰船载运20名黑人契约奴来到位于北美的英国第一个殖民据点詹姆斯敦,这是最早一批登陆北美的黑人。在1808年以前,美国黑奴人口约66万,其中7%来自非洲奴隶贸易。[1] 随着黑人奴隶的持续增多,北美的各殖民地相继以法律的形式确立了黑人奴隶制。1776年,美国的建国精英们宣扬"人人生而平等"的《独立宣言》时,他们中许多人却是奴隶主。像华盛顿(George Washington)、杰斐逊(Thomas Jefferson)都拥有数百名奴隶,以名言"不自由,毋宁死"著称于世的弗吉尼亚州州长亨利(Patrick Henry)也拥有大量的黑人奴隶。这也决定了1787年美国制定的联邦宪法,以"五分之三条款""逃奴条款"和"奴隶贸易条款"等规定隐晦地承认了奴隶制的合法存在。1861—1865年,美国南北战争期间,林肯(Abraham Lincoln)总统在1862年正式颁布解放黑奴宣言,废除了黑人奴隶的制度。

具体到美国黑人奴隶制度的政策有几方面:首先,从思想上营造奴隶制是正确的。在当时的殖民地时期以及美国建国后一段时期,美国许多学者提出许多论据来阐述"黑人天生是奴隶"的理论,灌输白人统治黑人奴隶的合法性。媒体也不断地传播着黑人群体素质低下、等级低下的观念,影响着许多白人。美国白人普遍信仰基督教,当黑人进入美洲后,为了维护奴隶制,

---

[1] SMITH M M. The Old South [M]. New York: Blackwell Publishers, 2000: 3.

群体优惠政策：遵循公民平等权 >>>

美国的宗教神学家们也对宗教教义加以转化，让黑人相信他们是被上帝诅咒的民族。在 18—19 世纪期间，在马里兰州和弗吉尼亚州圣公会的牧师们中就流行一个典型的教会案例，这里的奴隶相信他们占据低贱的地位是上帝的旨意，他们被告知除非他们很好地完成分配的任务，否则他们将永世在地狱受苦受难。当他们傲慢、粗鲁、固执、忧郁时他们会收到被惹怒的上帝的警告。① 这样，通过宗教教义的洗脑，让许多奴隶选择忍受奴役，以期望未来得到救赎。

其次，从法律上把奴隶制度规定化。经过早期黑人奴隶的贩卖，北美黑人奴隶的数量越来越多，到 17 世纪末期，北美殖民地上的黑人才正式沦为奴隶，各殖民地政府陆续制定管制黑人奴隶的法律，黑人奴隶制度得以最后确立。其中包括：第一，对黑人奴隶地位的确定。一方面，明确规定黑人是奴隶。1663 年，马里兰殖民地的法律规定：该殖民地上的所有黑人都是奴隶，即将出生的黑人新生儿也是奴隶。1665 年，纽约殖民地当局正式颁布法律，宣布黑人为奴隶。1670 年，弗吉尼亚州殖民当局法律规定：用船运进这个殖民地的非基督教徒，都是奴隶。到 1682 年又增加下列条款：接受基督教的信仰，并不能成为解放的理由；白人男子与黑人妇女结合所生下来的子女，也是奴隶。到了 17 世纪末期，新英格兰地区也宣布所有黑人为奴隶。随着各殖民地纷纷颁布黑人奴隶的法律，整个英属北美殖民地将黑人奴隶制在法律上确定下来。另一方面，确定黑奴等同于主人的私有财产，可以转让、继承。在殖民地的法律上，许多奴隶主在过世后财产的分配中，黑人奴隶也属于分配的一项。第二，管制黑人奴隶的刑法及体制。在如何管制黑人奴隶的人身自由，以及刑法处理黑人奴隶上，奴隶主无所不用其极。束缚黑人奴隶的法律规定：在没有白人的同意或是白人在场的情况下，禁止自由黑人为黑奴布道传教；白人不在场的情况下禁止在种植园以外的地方进行集会；在任何时候如果没有通行证不得离开种植园，在晚钟敲响后不得停留在外；要定时接受搜查，不得反抗；不准在印刷厂和药店工作，不得给白人看病；不得击鼓

---

① APTHEKER H. American Negro Slave Revolts [M]. New York：International Publishers，1969：56.

吹号、持有武器，不得私自买酒；另外，黑奴不得离开监工、工头的视线；不能接受读写教育；凡参与谋反、强奸白人妇女、投毒、纵火的黑人都将处以死刑。① 为了预防奴隶的群体反抗事件发生，许多州从17世纪开始制定法律限制奴隶的聚集及携带武器。1680年弗吉尼亚州通过一项法律宣布奴隶间的集会不合法并禁止他们携带武器；在1682年，为更好杜绝黑奴叛乱通过了一项附加法，重申和加强了1680年相关法，并且增加了条款：一个种植园的奴隶在任何时候不能停留在另一个种植园超过四个小时；1684年纽约州宣布，在不为主人尽职时超过4个奴隶不能在任何时间和地点聚集在一起，奴隶不能携带武器；在1702年，允许聚集的奴隶数量从4个降到3个。其他殖民地，尤其是南卡罗来纳州和马里兰州，在1690年通过法律严厉惩罚煽动或是密谋或是反抗行为。② 对于反抗的奴隶处罚更是极端残酷。在1751年，南卡罗来纳州签署了对试图毒死白人的奴隶执行死刑的法律，无需牧师在场，序文中提到了这种行为的不断发生是法律制定的原因。凡是任何提供奴隶试图对主人投毒信息的黑奴，法律规定奖励他4英镑。③ 在这样的事件中奴隶告发者将会每年获得20先令，直到去世，而且当天就会收到这个钱，并免除劳役。④

美国各种植园的奴隶主，在种植园中，对奴隶的管理普遍实行监工制度。一方面，监工可以帮助奴隶主监管与镇压奴隶；另一方面，奴隶主利用监工合理分配黑奴劳动，可以实现经济利益最大化。为保障以上法令的实施，南部各州建立了巡逻制度，专门捕捉、杀戮黑人，以此制度来防止黑奴的逃离，并维护奴隶主的利益。针对奴隶的刑罚也很多，除死刑惩罚外，奴隶主和监工经常性地鞭打奴隶，乃至斩断奴隶的肢体，以及随意屠杀奴隶的事件屡屡发生，这些行为都得到认同，即使因为某些因素奴隶主和监工受到处罚，也

---

① STAMPP K M. The Peculiar Institution：Slavery in the Antebellum South [M]. New York：Random House, Inc, 1956：149-150.
② APTHEKER H. American Negro Slave Revolts [M]. New York：International Publishers, 1969：71-72.
③ COOPER T, MCCORD D J. The Statutes at Large of South Carolina：Acts, Records, and Documents of A Constitutional Characte [M]. Columbia：Columbia Press, 1836：422.
④ CATTERALL H T, HAYDEN J J. Judicial Cases Concerning American Slavery and the Negro [M]. New York：Octagon Books, 1968：39-40.

是很轻微的。可以说美国历史上的黑奴制度时代是人权极为不平等时代，也是美国黑人没有公民权利，更没有平等权的时代。美国作家哈丽叶特·比切·斯托（Harriet Beecher Stowe）的小说《汤姆叔叔的小屋》深刻描绘了美国黑人悲惨的历史，让许多美国白人的良知被唤醒，也促进了美国的"废奴运动"。

2. 纳粹德国的种族灭绝政策

第二次世界大战期间，德国将主体民族压迫其他民族的政策升级到登峰造极的地步。希特勒（Adolf Hitler）是一个种族主义思想严重的人，他撰写的《我的奋斗》充斥着强烈的种族主义思想。种族与民族是两个概念，种族是基于生理因素定义的一个概念，它强调肤色等生理特征，世界上主要有四个种族，而民族主要基于文化政治意义上的划分，两者之间有一定的重合性。但在希特勒的种族灭绝政策中，其种族政策带有相对应的民族特点。

针对第一次世界大战战胜国对德国的不平等政策，他利用德国民众内心的不平，大肆宣扬种族主义思想。德国将雅利安民族视为最优秀的民族，把其他民族视为劣等民族，对占领地的犹太民族进行了疯狂的屠杀。其中，纳粹德国迫害的最主要民族为犹太人，仅仅在欧洲就杀戮了600多万犹太人。归结起来，纳粹德国实行的种族主义政策主要有以下几种：

（1）对生育的限制。1933年7月14日，纳粹政权颁布《防止具有遗传性疾病后代法》。该法案禁止"不合要求"的人拥有子女，并授权对那些身体或心智上有缺陷的人强制施行绝育手术。这种限制包括那些少数民族群体。

（2）实行种族主义法律。1933年，上台不久的纳粹党就解雇了所有犹太裔的政府工作人员，1935年通过的《纽伦堡法案》直接定义了犹太人：三代以内，即祖父母一辈中有一个是犹太人的即被视为"犹太人"。同时剥夺了犹太人的国民权利。

针对犹太人最重要的一部法律是1935年9月15日纳粹党代表大会在纽伦堡批准的《纽伦堡法案》，包括《德意志帝国国旗法》《德意志帝国公民法》和《日耳曼种族及荣誉保护法》。其中后两项是完全的种族立法。此前，通过种族鉴定，已经把德国公民划分为雅利安人和非雅利安人两类。其中《德意志帝国公民法》明确规定只有具有日耳曼血统或者属于日耳曼血统者才是帝国公民,而犹太人则被剥夺了公民权。1935年11月4日通过的一项补充法令更明确规定,"犹太人不得成为德国公民,不得行使选举权,不得担任公职"。虽然纳粹的伪科学家们声称种族不是政治概念,而是生理概念。

对犹太人,纳粹当局颁布了大量法律和难以计数的相关条令。这些法律和条令的目录,附上简短摘要,竟厚达400多页。[①]

1942年,纳粹的高级官员举行"万湖会议",制定了臭名昭著的"最终解决方案"。该方案围绕"如何能高效且廉价地清除犹太人",系统地制定了对犹太人的种族屠杀。这一方案最终导致了超过600万的犹太人死于种族大屠杀。

针对犹太人的实验,经过总结经验,纳粹德国的执政者将其实行范围加以扩大。随着纳粹德国占领区的增加,他们对一些弱小民族,如吉卜赛人也实行相应的种族灭绝政策。甚至,对于一些占领区,纳粹德国人还利用占领区当地的民族矛盾制造种族屠杀事件。如克罗地亚人对塞尔维亚人的屠杀,被害人数至少在几十万人。

不可否认的是战争时期,国际公法中的人权往往被交战国蔑视,各民族一律平等也只能是空话。而希特勒的种族灭绝政策通过宣传,一度使当时的德国人认为是理所应当的,许多德国士兵在战争期间犯下了反人类罪行,这是值得世界深思的。

3. 日本的民族同化政策

日本自明治维新之后,迅速走上对外扩张的军国主义道路。通过1894—1895年的中日甲午战争,迫使当时的清政府割让台湾,并控制了朝鲜。之后日本在1910年正式吞并朝鲜。其后的1931年,日本借助"九一八事变"占领中国东北,进而扶持溥仪建立了伪满洲国傀儡政权,又统治了中国东北。其后日本在1937年发动全面侵华战争,1941年发动太平洋战争,占据了大半个中国和东南亚大部分地区。日本也将自己的大和民族视为最优秀的民族,

---

① 苑爽. 试析纳粹德国种族主义政策 [J]. 北方论丛, 2006 (5): 93-95.

将遭受侵略的中国人蔑称为"支那人",并进行了次数众多的大屠杀,以及人体细菌实验。且在占领的领土上实行民族不平等的统治政策,将日本民族视为第一等的民族,肆意掠夺、欺压被统治民族。对比而言,日本占领中国台湾、中国东北、朝鲜的统治,由于时间较长,其民族政策带有有意识的同化政策,保留着特有的民族不平等性质。1937年后,由于处于战争对峙阶段,未能建立稳固的统治,对占领区实行的民族政策则是赤裸裸的屠杀镇压政策。

首先,日本对朝鲜的民族同化政策。在日本殖民政策中,消灭别的民族文化和历史往往是其同化的首要任务。1910年,日本正式吞并朝鲜后,就开始有意识地抹杀朝鲜民族的历史文化。日本人专门开展了一次大规模的毁灭朝鲜书籍的工作,他们对朝鲜历史地理书籍进行了一次全国性搜查,查禁的书籍包括古代民族英雄传记,有关独立、国家的诞生、革命等外国书籍的朝文译本。并将二三十万册书籍没收烧毁。

在教育上,朝鲜总督府在1911年颁布新的教育法令,除许可设立数量极少的公立学校进行奴化教育外,对原有私立学校大力裁减,绝大部分朝鲜学龄儿童被剥夺了学习机会。到1938年,中学课程取消了朝鲜语教学。从1941年起,朝鲜学校被迫完全采用日本学校的课程。随后,小学也不再教朝鲜语。所有学校教育只能教日语,有关朝鲜民族史和朝鲜地理等的课程都被取消,彻底的奴化教育加以实行。在学校课堂里,灌输朝鲜民族也是"日本帝国臣民"的思想,并要求学生在学校的朝礼仪式及其他场合体现天皇崇拜。此外,朝鲜人民还被强令"参拜"日本神社、"遥拜"日皇宫城。为了彻底隔断朝鲜民众与过去历史的联系,日本人还强制朝鲜人"创氏改姓",要求朝鲜人用日式名字,将姓氏改为"复姓"。在其他方面,日本对待朝鲜的统治总体思想是力图泯灭朝鲜人民的国家民族意识,将其整体改造成日本的一个二等民族。

其次,日本占据台湾的民族政策。长达半个世纪的日本占据台湾时期,学者一般将其分为三个阶段:前期武官总督时期(1895—1919年)、中期文官总督时期(1919—1937年)以及后期武官统治时期(1937—1945年),这是以台湾总督府的施政策略的变化为依据,后两个又分别被称为"同化时期"和"皇民化运动时期"。日本在台湾实行的是彻头彻尾的同化政策,但这种同化政策带有明显的民族不平等。政治上，台湾的汉族、高山族进入政府的限制非常多，大都只能担任下级职位，台湾人在政治上毫无话语权，台湾的政府机构成为日本人的官方机构。在经济上，日本殖民机构制定各种不合理政策，限制台湾居民的经济发展，并大肆掠夺台湾资源和剥削台湾人民，以此促进日本资本进入台湾发展。本地资本在股份公司中只能附属于日本资本，否则不能参与相关企业经营。还要求台湾人承担比在台日本人更高的租税负担。教育上，除进行皇民化运动，力求同化台湾人民，让其学日语，取日本名外，还严格限制台湾学生接受高等教育的比例，防止台湾人民的民族觉醒，以确保自身在台湾的支配地位。

最后，在东北，日本的殖民统治除同化政策外，还有明确的民族等级政策。1932年，日本扶持建立了伪满洲国傀儡政权，在其《建国宣言》中炮制出了"五族协和"理论："凡在我国家领土之内居住者，皆无种族之歧视、尊卑之分别，除原有之汉族、满族、蒙古族及日本、朝鲜各族外，即其他国人，愿长久居住者，亦得享平等之待遇，保障其应得之权利，不使其有丝毫之侵损""必使境内一切民族，熙熙皞皞，如登春台，保东亚永久之光荣，为世界政治之楷模"。实质上，这个"五族协和"是一种民族等级制度，排位为日、满、朝、蒙、汉。

日本人在强调"五族协和"的同时，提到了支撑"五族协和"的先决条件——"必须以日本民族为核心"。为了实现这个彻底占领东北的目的，日本除大规模派遣军队驻扎东北外，还实行了从日本本土将日本人大规模迁移至东北的移民计划。这一移民计划伴随着对东北中国人的掠夺行动而展开。抢占东北人民的土地、房产，导致许多东北人民沦为贫民、四处流浪。日本人在东北拥有着各方面的特权，日本工人、农民的收入都远远高于中国人。行政官员也以日本人为主，即使是号称"满洲国"的皇帝溥仪也仅仅是名义上的最高统治者。此外，日本人在诸如土地占有权、经商权、开办企业矿山权、教育权等方面，都有着"高人一等"的特权。

对比德国和日本对侵略占领区的民族统治政策，可以看出，日本在殖民地实施的这种政策就是彻底的民族不平等政策，也是民族压迫政策。即一个

123

民族借助军事上的实力占领其他民族所生存的领土，并进行殖民统治，统治者除使用武力镇压外，还进行多方面的压迫政策，以迫使被统治民族屈服，并成为二等臣民。尽管日本力图同化占领区民族，宣称占领区民族也是日本人，但在具体实行的民族政策上，依然是以日本民族优先为主体的政策。

二、当代主体民族优先政策的国家

当前，世界上有200多个国家和地区，每个国家都由不同的民族组成，其中人数占该国人口绝大多数的民族，往往被称为"主体民族"。由于天然的人口和文化优势，主体民族往往在国家内拥有天然的文化政治优势。可以说，世界上绝大多数国家的法律政策标准是由主体民族的精英群体制定的。在族裔之间的关系上，有像中国一样坚持民族平等政策的，也有许多坚持"主体民族优先"政策的国家，这类国家很多，区别也很多。

（一）"马来人至上"的马来西亚

1. 马来西亚民族政策的特殊性体现

马来西亚的主体民族是马来人，其他民族组成主要有华裔以及印度裔。马来西亚实行的民族政策的特殊性是照顾人口最多的主体民族——马来人。1957年，马来西亚建国，从第一任马来人的总理开始，人口占多数的马来人就开始自称土著，认为他们是这个国家的主人，把华裔和印度裔当作客民，进而要求"马来人优先"，并成为一种种族主义信条，即马来人作为马来西亚的主人，拥有特权，马来西亚华裔和印度裔承蒙马来人的恩惠所以要进行一定代价的"奉献"弥补，这种"奉献"的弥补交换通常被称为"马来西亚社会契约"，1957年，马来西亚颁布了《马来西亚联邦宪法》，规定了如下的民族差别政策：(1)以马来语作为国语（第一百五十二条）。(2)保护马来人的特权地位（第一百五十三条）：A. 有任公务员的优先权；B. 有获得奖学金、受教育、得到培训机会的方便；C. 确保从事经济活动的马来人得到执照和许可证。(3)为马来人在各州保留土地。(4)除马来人外，取得公民权要受到限制。①

第八十九条和一百五十三条加以确认，并在1963年的《马来西亚联邦宪法》中得到了继承。"宪法规定，马来人有土地保留权，马来人在公务职位、商业经营及教育机会上有优先权，此项权利之修正与否由最高元首视当时情形而定。"马来西亚主体民族至上的政策在建国初期，一定程度上弥补了马来人在经济上的弱势地位。经过几十年发展，马来人各方面条件获得了一定程度的改善后，主体民族至上的政策引发非马来人的质疑，质疑的内容涉及多方面。

首先，在法律上忽略马来西亚华裔、印度裔权益。特权具体内容归结为以下几方面：马来西亚的总理必须是马来人；各部部长及国会议员中，马来人要占2/3；马来人公务员占总数的3/4；内政、财政等关键部门，以及警察和军队也全部由马来人把持。

其次，在教育政策上区别对待。所有马来文教育的学校可以获得政府的资助，不接受改制的华文和泰米尔文中学将成为无政府津贴的独立中学。比如，在马来西亚公办大学中，马来西亚政府颁布的《1961年教育法令》，给予马来人和其他种族的录取比例是7∶3。在录取条件上，马来人只要成绩及格，基本能被录取。所有的热门专业针对马来人学生优先录取，政府设立的奖学金也多是分发给马来人学生。马来西亚华裔在马来西亚建立的完整的中文教育体系在世界范围内广泛被认可和接受，但马来西亚政府至今仍拒绝承认。

最后，在工作机会上，也是限制雇员种族。在马来西亚政府职能部门中，所有岗位都要留给马来人，华裔不能担任任一职务。在民营企业中，必须雇佣一定比例的马来人工作，否则政府会限制企业经商。1975年通过的《工业协调法令》又规定：所有企业和厂家必须有至少30%的股权属于马来人，并雇佣至少30%的马来员工。② 在税收上，马来人享有免纳税的特权，而华裔每年还要额外缴纳巨款。

---

① 努哈姆特茵，宋建华. 马来西亚的民族问题 [J]. 民族译丛，1981（5）：15-20.
② 廖文辉. 马来西亚史 [M]. 双溪毛糯：马来西亚文化事业有限公司，2018：384.

可以说，马来西亚这种主体民族优先政策，将马来人的地位抬高到特权地位。

2. 马来人的主体民族优先的背景

探究马来西亚族裔不平等政策的根源要追溯到马来西亚国家建国前后的政治背景。

如前所述，马来人自认为是马来西亚最早的原住民，而另两个民族华裔和印度裔都是后来移民。华裔的由来主要是近代从中国前往南洋谋生的移民。清朝前期实行海禁政策，严厉禁止沿海人民进行海上贸易。19世纪中后期，鸦片战争打开了中国的国门，清政府被迫废除了海禁政策。西方列强当时已经占据了东南亚国家，为了更好地开发当地资源，西方列强大力在中国东南沿海招募华工。迫于国内谋生的困难，大量的华工开始了下南洋的历程。华人也开始大量移民马来西亚和印尼各地，成为矿工和种植工人等。辛亥革命后，中华民国建立，由于军阀混战，中国国内动荡不安，更多人进入南洋谋求生存，扩大了东南亚国家的华人数量。1949年，中华人民共和国成立以后，持续数百年的下南洋移民活动基本停止。此后，留居南洋的华人就一代一代地延续下去，并成为当地国家的民族群体——华裔。

马来西亚印度裔主要是在英国殖民马来西亚时期从印度迁移到马来半岛的。当时的英国殖民者为了发展种植业，便在其殖民地印度引入一批契约劳工来到马来半岛从事咖啡和甘蔗的种植工作，这些契约劳工后来也定居在当地，逐渐成为马来西亚第三大族群，保留着自身的民族文化。

在英国人殖民马来西亚期间，殖民统治者为了有效统治当地，采取分而治之的策略，在当地形成了三个阶层：上层为欧洲殖民者和少数马来贵族，在经济上和政治上都占有明显优势；中层为华裔与印度裔，经济实力比普通马来人强大；下层为普通马来人，经济实力居于弱势。形成了"马来贵族从政""华人经商""普通马来人务农"的畸形社会形态。[1] 英国殖民统治者还分别与各民族上层进行合作，让各个民族的领袖统率本民族。英国殖民者的

---

[1] 李志龙. 马来西亚收入分配研究[D]. 厦门：厦门大学，2016：51.

"分而治之"策略，造成各民族之间互不信任。由于华裔买办垄断了商业利益，造成马来人群体对华裔十分仇视。英国殖民者在逐步撤出马来西亚统治过程中，将政治权力逐步移交给了马来人。马来西亚也在1957年成为独立国家。

马来西亚独立之初，掌握政治权力的是马来人贵族。由于当时马来西亚华裔群体数量庞大，而且经济实力雄厚，这就使马来人的政治家们异常不安。他们担心马来西亚华裔和新加坡华裔联合起来抢夺马来族的政权。1965年，马来西亚政府强行要求加入马来西亚联邦一年的新加坡独立出去，以弱化华裔的政治力量。这也令新加坡成为世界上罕见的"被独立"的国家。

同样出于忌惮的心理，马来西亚政府颁布"旨在保护多数民族（马来人）"的平权法案。可以说，马来人优先的政策背景是作为统治者的主体民族为了提升自身民族群体的地位和实力，保证国家权力归属于主体民族掌控的目的而实行的。这个具有"主体民族优先"突出特点的思想，依靠宪法的明文规定，来禁止非马来人加以质疑和挑战。1964年，曾积极为华文争取官方语言地位的"华教第一斗士"林连玉被剥夺了公民权。[1] 因为马来西亚政府可以利用内部安全法对质疑人进行逮捕和迫害，通过这种途径使"马来人至上"观念的合理性在非马来人中实现代际传递。某种程度上，"马来人至上"的观念是国家政权依据专政工具在一国管辖范围内以强制手段推行的不平等政策。

历经几十年的发展，马来人的经济地位已经上升，尽管遭到国内外各界的批评和质疑，但"马来人至上"的政策依然没有改变。

（二）缅甸的缅族至上

缅甸民族的数量有两种说法：一种是说缅甸共有135个民族，[2] 另一种说法是42个民族。前者是根据缅甸独立后对民族进行初步调查和分类后得出的数字，后者是现在缅甸政府正式对外公布的数字也是目前通常为人们所了

---

[1] 衣远. 马来西亚独立以来的民族政策演变：基于认同政治视角的分析[J]. 国际政治研究，2020，41（2）：32-58，6.
[2] 贺圣达. 当代缅甸[M]. 成都：四川人民出版社，1993：44.

群体优惠政策：遵循公民平等权 >>>

解的数字。① 缅甸主体民族是缅族，占全国人口 2/3，其他人口多数的少数民族有掸族、克钦族、孟族、佤族等。近代，英国殖民者占领缅甸期间，执行的殖民政策多是利用当地民族分化方式，即"分而治之"政策进行统治，扶植少数民族抑制缅族来统治缅甸。故此，对缅甸的这些少数民族一定程度上给予民族自治权利。

第二次世界大战结束后，缅甸开始了民族独立进程，为了谋求各民族的合作建国，缅甸国父昂山将军身穿克钦族服装来到克钦邦首府，劝说克钦族群体一起建立联合国家。其他各少数民族纷纷响应，1947 年 2 月 12 日，《彬龙协议》（the Panglong Agreement）由掸、克钦以及钦族领导人同缅甸总督执行委员会的代表签署于彬龙地区。彬龙（Panglong，也称为"班弄"）是缅甸北部掸邦境内一个小镇。协议签署的目的是，联合缅甸本部以及掸联邦、克钦邦、钦邦等少数民族地区，从英国殖民者手中争取独立。尽管昂山将军在 1947 年 7 月 19 日被暗杀，但《彬龙协议》的原则在 1947 年 9 月 24 日通过的《缅甸联邦宪法》中得到了充分体现。

《彬龙协议》全文如下②：

  1. 山地人民的一位代表，在联合山地人民最高委员会代表的推荐下，并经由总督挑选之后，将会被任命为负责处理边疆事务的总督顾问。

  2. 上述受到任命的顾问还将被任命为总督执行委员会成员，但不担任部长职务。边疆地区的事务也将根据国防与对外事务方面的宪制惯例，而被纳入总督执行委员会的职权范围之内。处理边疆事务的顾问将以相同方式被授予行政职权。

  3. 上述受到任命的顾问将获得 2 名副顾问的协助。这 2 名副顾问代表少数民族，但前提是他们并非所代表的少数民族的成员。2 名副顾问应

---

① 梅学惠. 缅甸民族问题探析 [J]. 云南师范大学学报（哲学社会科学版），2003（5）：63-68.
② TINKER H. Burma：The Struggle for Independence，1944—1948 [M]. Volume II. London：Her Majesty's Stationery Office，1984：404-405.

当在第一时间处理好所代表地区的各项事务,顾问应当在第一时间处理好其他边疆地区所有事务。按照宪制惯例,顾问及2名副顾问都应遵循共同承担责任的原则,并履行职务。

4. 作为执行委员会成员,顾问是委员会中边疆地区事务的唯一代表。当讨论边疆地区有关事务时,副顾问有权出席委员会召开的会议。

5. 虽然总督执行委员会的职权范围如上所述将会扩大,但在边疆地区事务方面,它不会以任何方式剥夺这些边疆地区目前在国家政治中享有的任何自治权。这些边疆地区在国家政治中享有充分自治是一条根本原则。

6. 虽然在一个统一的缅甸境内划界并单独建立一个克钦邦的问题必须移交给立宪会议做决定,但是与会者一致认为,单独建邦是人心所向。为了实现如此目标,边疆地区事务顾问和2名副顾问在对1935年缅甸政府法案第2部分所列出地区——如密支那和八莫等地区——进行管理时应当进行协商。

7. 边疆地区公民将享有各项权利和特权。这些权利和特权被视为民主国家的根本。

8. 本协议中所认可的各项内容,不能损害目前已赋予掸联邦的财政自主权。

9. 本协议中所认可的各项内容,不能损害克钦山地以及钦族山地目前从缅甸财政收入中获得的财政援助,执行委员会将偕同边疆地区顾问及副顾问一起,审查克钦山地及钦族山地是否能实行同缅甸本部及掸联邦地区相类似的财政举措。

《彬龙协议》的重点是,在联邦国家体制下实行民族自治,各个少数民族地区在国家政治中享有充分自治,并且各个少数民族地区人民享有民主国家公民所享有的各项权利和特权。依此协议形成的《缅甸联邦宪法》,其中规定了掸邦和克伦尼邦在10年之后有权决定是否继续留在联邦内。《彬龙协议》对缅甸民族政策产生了深远影响,直至今日很多少数民族仍表示要在这个协议框架内与缅甸政府谈判。

现在来看,《彬龙协议》还存在许多问题,主要问题有:首先,签订《彬龙协议》的少数民族只有掸人、钦人和克钦人,其他少数民族没有明确承认这个协议,特别是缺少了缅甸的第三大民族——克伦族。协议给人代表性不完整的感觉。其次,协议签字的少数民族代表们,只能说代表了他们族裔中部分人,并不能代表他们整个民族。最后,协议并未触及民族问题的核心,许多问题采取搁置争议的办法处理。这也导致后来缅甸民族问题的复杂化。尽管《彬龙协议》影响很大,但昂山将军之后的继任者在独立后不久,对原来宪法中给少数民族自治邦的一些权利和给少数民族上层人物的一些特权就加以取消。一些没有实行民族自治的民族如若开族和孟族要求成立自治邦的要求,也被缅甸政府漠视。同时,缅甸政府还试图削弱少数民族邦的自治权和上层人物的特权,并企图压制少数民族的要求。少数民族群体与政府的对抗也就不可避免。

之后修订的缅甸宪法直接表述就是清晰的同化政策,即同化为缅族政策。在宗教政策上,缅甸政府于1961年将佛教定为国教。军政府于1962年执掌缅甸后,国家概念变成了——在一个种族(缅族)、一种语言(缅语)、一个宗教(佛教)的理念下,通过民族建构实现民族同化。这种同化政策引发了各少数民族群体强烈的反抗运动,其中最大的起义是由克钦独立军发动的。克钦族多信仰基督教,反对强迫自身成为佛教徒的同化政策,因此开始了长达数十年与政府对抗的历史。缅甸现在公开的和非公开的反政府民族武装就有数十支,多年冲突没有让双方真正取得胜利。

1947年颁布的《缅甸联邦宪法》中还存在着一些问题,如规定少数民族拥有民族自决权,特别是明确规定了掸邦和克耶邦在宪法生效10年之后有权按照有关规定决定是否继续留在缅甸联邦。这种权利根据这两个邦居民全民投票来实现。[①] 该宪法虽然有民族平等和民族自决的原则,但事实上缅甸只建立了掸、克耶、克钦和克伦族的自治邦,人数较多的孟族和若开族并没有自

---

① 贺圣达. 缅甸史[M]. 昆明:云南人民出版社,2015:402.

治权利。而投票脱离缅甸的自决权只给予了掸邦和克耶邦，并没有平等赋予所有少数民族。这种不平等也不被其他少数民族接受。

缅甸在对待国内民族身份证件上，也实行着独特的证件制度。在缅甸有6种身份证与9种护照，现在还有30%左右的人口没有任何身份证。缅甸的身份证可以总结为"1红卡2白卡3蓝绿偏蓝卡4蓝卡5绿卡6三折卡"，就是指的6种身份证不同的颜色、有效期和权益等。（1）红色卡，是最正式的缅甸居民身份证。这种身份证的居民就是法律意义上的正式公民，可享受当地公民的所有权利，红卡卡片有效期在卡片上有打印，有的是终身有效，也有的是要在失效前申请更换。（2）白色卡，也就是临时身份证。据说现在白卡正在逐步取消，不具有法律效力。（3）蓝绿偏蓝卡，属于白卡临时身份证的替代证件。白卡上交后就发这个卡，但是它不属于身份证，只是一种临时证明身份的卡片；该卡的有效期是2年，到期后各项审查合格就发正式身份证，不合格则继续延期考察。（4）蓝色卡，客籍身份证。这种身份证持有者多是华侨人士，也就是第一、二代华人持有者较多，部分其他国家居民后裔也是这类身份证。（5）绿色卡，准国民身份证。这类身份证的持有者多为蓝卡持有者子女，或者父母有一方为缅甸公民一方为外籍国民所育子女持有，持有这种身份证的第三代子女，才有资格申请红卡。（6）三折卡，特殊的身份证，跟蓝卡绿卡有差不多的权益。在办理身份证的时候，部分资料不齐全或者遗失，或者在特定年代、特定的政治情况下签发的身份证。三折卡为绿色代表男性，粉红色代表女性。缅甸有9种常用的护照，分别是PB＝商务护照、PT＝依亲护照、PJ＝工作护照、PR＝宗教护照、PS＝海员护照、PE＝学生护照、PV＝旅游护照、PD＝外交护照、PO＝公务护照，分别代表着不同的身份、权益和用途，并且只有红色身份证持有者才能申请护照。缅甸的身份证和护照之所以花样多，主要还是对少数民族的区别对待形成的，而同政府对立地区的少数民族在证件办理上往往困难颇大。

缅甸历届政府为了更好地实现国家同一化，通过"一个宗教、一种语言、一个种族"的"民族建构"试图实现一个民族同质的单一制缅甸国家。① 长时期以来，缅甸主要是军人执政的军政府，尽管缅甸全国民主联盟在2015年赢得大选，一度开始执政，但2021年军人再次发动政变，重新恢复军人执政状态。缅甸国内依然是一盘乱局。

近些年来，缅甸政府通过谈判，已经同多个少数民族武装达成停火协议。但动乱冲突仍时有发生。客观来看，缅甸政府如果不从国策上对民族不平等情况加以改变，就很难彻底解决民族冲突问题。

（三）泰国差异的身份证制度

根据泰国学术界统计，除泰族外全国共有61个少数民族。② 马歇尔把公民权定义为"一个共同体的充分的成员身份"③。而这个成员身份主要是由政府制定的身份证件来显示。

泰国政府对"少数民族"的定义一般包括两个群体，分别是少数群体和土著民族。少数群体，泰国政府指的是非法移民进入泰国的人群。土著民族，泰国政府指代原住民，主要包括泰国的山地居民，如克伦族、苗族、瑶族、拉祜族、傈僳族、阿卡族、拉瓦族、克钦族、黄叶族；居住在海边的莫肯族、摸克楞族和尤绕老窝族。泰国国立行政厅民事登记处对"少数民族"的定义是指通过不同方式非法滞留泰国且存在身份状态差异的17个主要群体。2001年，泰国国立行政厅民事管理处和内政部制作、注册、记录和签发了17种少数民族身份证。④ 2006年以前，泰国少数民族身份证用不同的颜色表示不同的民族群体，2006年，行政厅把所有颜色卡片更改为两侧粉红色的新卡，并重新定义为"没有泰国国籍的人士的身份证件"。这些身份证件不享有与泰国公民相同的权利也不能成为泰国公民，除非通过申请取得泰国国籍之后，才能和泰国公民享受同等的福利。目前泰国以泰人为主的公民身份证统一为蓝

---

① 沙空，乔实. 缅甸民族武装冲突的动力根源［J］. 国际资料信息，2012（4）：11.
② 周建新，王美莲. 泰国的民族划分及其民族政策分析［J］. 广西民族研究，2019（5）：49-58.
③ HABERMAS J. Between Facts and Norms［M］. Cambridge：The MIT Press，1996：122-123.
④ 周建新，王美莲. 泰国差异性身份证制度及其少数民族政策分析［J］. 贵州民族研究，2022（4）：56-62.

色，与"没有泰国国籍的人士的身份证"颜色不同，而那些所谓"没有泰国国籍的人士"大多却是泰国土著的少数民族。没有公民身份证的少数民族在教育、医疗、经济上都与公民身份证群体有着极大的区别对待，不享有相应的优待政策。

泰国之所以实行差异化的身份证政策，一个是为了有效地区分主体民族与少数民族群体，有利于区别管理。另一个也是为了更好地实行同化政策。1782年，泰国曼谷王朝建立之后，政府一直主张并鼓励本国的少数民族融入泰国的主体民族——泰族。1938—1944年，銮披汶担任总理时期，泰国的同化政策一度非常激进，还颁布训诫——《唯国主义信条》或《效忠民族规约》，以及出台了12个名为"功塔尼永"的文化训令。这些文件推行泛泰民族主义思想，乃至要求各少数民族文化上都同化泰族，穿泰族服装、用泰族名字、学泰语、信仰佛教等，一度引发极大冲突。第二次世界大战后，泰国仍然以同化政策为核心。泰国政府在1955年后继续从经济、教育和宗教文化各方面对土著民族实行同化政策。如1964年，在清迈成立了"山民研究中心"，作为北部少数民族问题的常设咨询机构，该研究中心的主要任务是研究土著民族的政治、经济、文化现象，为政府的行政管理部门提供咨询。泰国政府一方面承认土著民族有权保留自己的宗教信仰、风俗习惯和文化传统，另一方面要求土著民族遵守泰国的国家法律，忠于国王。

长期以来，泰国实行的差异化的民族政策，一定程度上起到了同化作用。但在泰国南部信仰伊斯兰教的民族中却引发激烈的反对，"大泰族主义"的同化政策加重了这种矛盾，使当地屡屡发生暴力冲突。

（四）非洲国家的主体民族优先的独特性

非洲大陆是民族非常复杂的大洲，按照民族的定义，一些非洲人依然处于部落群落，即部族阶段，即许多民族依然分化有不同的部族，种族有黑种人、白种人、黄种人。由于历史和现实的原因，非洲的民族和部族、种族的矛盾复杂。这也造成了独立后的非洲各国实行的民族政策千差万别。坚持主体民族优先的非洲国家，其国内政局往往也是动荡起伏不断。代表性的民族不平等国家如下：

群体优惠政策：遵循公民平等权 >>>

1. 索马里的民族政策冲突

索马里是一个族群严重分裂的国家，部族等原生态社会组织在政治中发挥重要作用。全国分为萨马勒和萨布两大族系。萨马勒族系由迪尔、伊萨克、哈威伊和达鲁德四大部族组成。萨马勒族系占全国人口的80%以上。萨布族系由迪吉尔族和拉汉文族组成。这六大部族又分为几十个部族分支。①尽管索马里摆脱殖民统治，建立了国家，但是对于很多索马里人而言，国家认同远远未能形成，民族和部族认同往往强于国家认同，这也造就了无论哪个民族的代表人物执掌国家政权后，其政策不可避免地带有对本民族的倾向性，一旦爆发冲突便很难化解。近代以来，索马里一直被西方殖民者统治。1960年6月，英属索马里宣布独立。1960年7月1日，意属索马里也宣布独立，并同英属索马里合并，成立了索马里共和国。独立后的索马里实行多党制政权政体，国内所有政党都拥有地方民族的背景。自1960年索马里独立直到1969年，达鲁德族中最大的米周提尼部落占统治地位。1969年，西亚德·巴雷上台，用自己所属的巴列汉部落以及多巴尔汉塔、欧加登等校劭落建立联合政权，这三个部落只是达鲁德族下属的三个校劭落，这种统治引起了其他民族和部落的不满。② 1991年，以哈威伊族为主体的索马里联合大会党武装推翻了执政达22年之久的西亚德政权。此后，由于难以平衡各个民族之间的利益，各个民族派别争夺不休，整个索马里陷于内战之中。

2. 卢旺达和布隆迪的民族政策与冲突

卢旺达和布隆迪两国的民族问题极其相似，胡图族和图西族是两国的主要民族，分别占两国总人口的85%和14%左右。历史上，人口居少的图西族居于统治地位。西方殖民者占领当地后，为了更好地对其进行殖民统治，在两国人为地制造了民族身份，形成民族认同差异。殖民者对图西族实行种种优待政策，比如，统治层以图西族官员占比最大、精英教育对图西族优待、图西族可以免除更多劳役等，这引发了胡图族的强烈不满。独立后，卢旺达

---

① 刘易斯，黄成球. 索马里人 [J]. 世界民族，1997 (2)：67-71.
② 崔斌. 撒哈拉以南非洲国家民族问题和民族政策的比较研究 [J]. 许昌师专学报，1994 (2)：60-67.

的胡图族人占据统治地位,他们却反过来报复图西族,对图西族进行种种限制。1994年,一度引发了震惊世界的卢旺达种族大屠杀,胡图族武装肆意屠杀了近百万图西族和少部分持中间立场的胡图族。

布隆迪自1966年发生图西族军官领导的政变后,图西族一直处于统治地位。他们通过清洗军队中的胡图族人,完全掌控军队,数十万胡图族逃亡邻国。政府中的胡图族部长均被赶走,布隆迪成了"真正的图西人共和国"。1993年6月,布隆迪举行大选,胡图族的恩达达耶当选,但到当年10月就为图西族组成的军队所推翻,政变还引发了两族之间的仇杀,使数千人成为无辜的牺牲品。由于担心胡图族当政,出现卢旺达大屠杀的境况,布隆迪的图西族坚持占据统治权力,限制胡图族的政治地位。

3. 南非"白人至上"的种族隔离制度

南非的种族隔离制度一度是典型的族裔不平等政策的体现。南非种族隔离制度,是从1948年至1994年期间南非共和国实行的一种种族隔离制度。该隔离制度的主要目的是防止非白人族群(即使是居住在南非白人区)得到投票权或影响力,将他们的权益限制在遥远可能从未访问过的家园。1997年2月3日(农历腊月廿六),南非永久宪法生效,结束了40多年的种族隔离制度。

南非的民族构成比较复杂,从人种来划分,主要有黑人、有色人、白人和亚裔四大种族。南非的黑人主要是土著民族群体,白人主要是荷兰血统的白人(自称布尔人)和英国血统的白人,有色人是殖民时期白人、土著人和奴隶的混血人后裔,亚裔人主要是印度人和华人。由于南非长时期被白人殖民统治,白人在政治上握有统治权力。

1948年,布尔人为主的南非国民党打着种族隔离的旗号赢得了大选。该政党制定了白人至上政策,赋予南非荷兰人和英国人后裔特殊权利,同时进一步剥夺非洲黑人的权利。其后,连续多年颁布各类种族隔离法律,这些法律涉及生活中的各方面。

第一,限制不同种族之间的婚姻。1949年,政府通过《禁止混合婚姻法》,禁止白人与其他种族的人通婚,甚至禁止白人与黑人之间发生性关系。

1950年，政府颁布《人口登记法》，根据种族和族裔群体对人进行记录和分类。将居民分为四个种族：图人（黑人）、有色人种（混血）、白人、亚裔人（印度人、巴基斯坦人和华人）。人们会根据他们的人口群体给予不同的对待，因此这项法律构成了种族隔离的基础。

第二，经济权力分配。1951年，《班图当局法》赋予这些保留地中的"部落"领导人更大的权力。1951年，《群体区域法案》将城市地区按种族划分，并要求这些黑人迁移到为其种族群体预留的区域。分配给黑人的土地离市中心最远，这意味着除了生活条件差之外，上班通勤时间长。此外，通过1959年颁布的《班图自治法》和1978年推行的黑人属地政策。首先将黑人中的班图人按照族别分配在10个叫作班图斯坦的自治区中。每一个黑人都被分配在一个班图斯坦中，并成为该自治区的公民。他们在这里不能拥有财产，只能租赁，因为土地只能是白人所有。之后，政府强迫农村地区的黑人搬离那些被划在白人区的土地，之后转手将这些土地以极低的价格卖给白人农民。一系列的土地法令将全国80%的土地划给了少数白人。

第三，日常生活权力安排。1952年，《取消土著通行证及实行统一的土著身份证法》规定：所有在城镇内居住和工作的黑人，无论何时都要佩带通行证，而没有通行证的人士将遭到拘捕。

第四，教育上的限制。1953年，南非当局颁布了《班图教育法》，把各省的非洲人教育统统置于土著人事务部管辖，不经批准，任何学校不准建立，以往教会办的非洲人学校，不再享受政府补贴并限期关闭或者卖给土著人事务部，这造成大批非洲人子女上学困难。

第五，种族生活区域的隔离。1953年，《独立设施保留法》强制隔离所有公共设施，把保留最好的市政设施留给少数白人，如游泳池、海滩和运动场。为了限制种族之间的联系，公共设施也施行种族分离，医院、学校、影院甚至火车车厢、公园的凳子都按肤色分开；同时严控非白人工会的活动，非白人也无权加入政府机构。

1959年，政府颁布《班图自治法》。该法案规定，不同的种族群体必须生活在不同的地区。只有一小部分土地留给占人口大多数的黑人。该法案还要求将所有黑人迁出城市，消除了白人地区内的"黑点"。1970年，《黑人家园公民法》宣布南非黑人是各自保留地的公民，而不是南非公民，即使是那些从未住在"他们的"家园的人。政府规划出来占全国13%的土地，只是无法生产粮食的不毛之地，却要被迫容纳全国75%的人口。黑人被迫搬离了他们拥有多年的土地，或搬到远离工作地点的未开发地区。

可以说，南非种族隔离时期的政策是全方位限制黑人自由的不平等政策，严重侵犯了人权。

三、主体民族优先国家政策的转变

（一）主体民族优先政策的根源

1. 白人中心主义

近代欧洲殖民者在地理大发现后，纷纷向世界开展殖民运动，在面对不同民族群体时，欧洲殖民者在理论上开始研究殖民的合法性，进而在17世纪宣传"科学种族主义"，即从所谓的"科学"角度宣扬某些人种天生优秀而某些人种天生低劣，进而给殖民主义体系和国际关系实践提供理论依据。这种"科学种族主义"后来被希特勒发展为种族灭绝主义。而在美国，其被美国的一些白人种族主义者深化成了白人中心主义。

白人中心主义也称白人优越主义，是一种种族份子的意识形态，用以作为偏见和歧视的合理理由去排斥亚洲人，非洲人，阿拉伯人，祖先从墨西哥、中美洲或南美洲来的有深色肤色的人和原生民族，如美洲原住民和土著居民。白人中心主义者常主张将某类欧洲人视为优等人种，以其"白皙"肤色者为主。一些人更把这词所表意的人种收窄至其所谓的北欧或雅利安族裔人士。笼统来说，此"北欧雅利安人"不包括犹太人、斯拉夫人（东欧人），和（尤其是在以往）某些南方欧洲人，如意大利人。

举例来说，在政治上、社会上和经济上，白人中心主义其实在美国重建时期以前和其后的几十年里都可以说是美国这块土地上的法律；在南非的种族隔离时代和在不同时期的部分欧洲，尤其是在纳粹第三帝国时期，也是同样的。白人中心主义的范畴和性质持续对西方文化有影响。白人中心主义之义有时狭义为白种人不但优越于其他人种,进而白种人更应统治其他人种的信条。而白人分离主义者和白人国家主义者组织通常以此更狭窄的定义来把他们区别于白人中心主义者。不过他们的观点通常在大体上都是重叠的。

白人中心主义是根植于自我中心主义和对霸权的欲望,它有着不同程度的种族主义和对外仇恨感。白人中心主义在与政权结合后,通常伴随着种族清洗和种族隔离。这种基于肤色自诩高贵的种族主义思想,是与人类平等思想所背离的。

2. 信仰不同的排斥

不同的信仰往往也是造成民族之间不平等的根源。世界上各民族群体基本都有着不同的宗教信仰。许多宗教的教义都具有排他性,这也影响到一些国家国内民族之间的关系。信仰人数多的宗教群体排斥信仰人数少的宗教群体,甚至指责对方为"异端",乃至发生激烈的对抗冲突。美国学者亨廷顿的《文明的冲突》一书将当前世界上主要的矛盾归结到基督教文明与伊斯兰教文明之间的冲突,这两种宗教的冲突引发了世界上许多国家的民族群体的冲突。这种论点固然不全面,但也反映了宗教信仰在影响民族之间关系上起到非常重要的作用。

在一些国家中,主体民族的宗教信仰往往会排斥非主体民族的宗教信仰,甚至利用自身的统治权力强迫非主体民族改换宗教信仰,否则对其加以迫害。一些非主体民族坚持自身信仰,这也造成了彼此之间的冲突。

3. 弱肉强食的"进化论"思想

达尔文(Charles R. Darwin)在其进化论中认为,生物之间存在着生存争斗,适应者生存下来,不适者则被淘汰,这就是自然的选择。生物正是通过遗传、变异和自然选择,从低级到高级,从简单到复杂,种类由少到多地进化着、发展着。达尔文的进化论从自然科学领域被人文科学领域运用到社会学中,形成了社会进化论思想。

社会进化论的思想认为,人类社会也像生物个体一样,也应被看作是以生物方式进化的有机体。社会进化论最早的代表人物是英国的斯宾塞(Herbert Spencer)。他对进化论的阐述实际早于达尔文,他在1850年出版了

《社会静力学》，系统性地提出了自己的"社会达尔文主义"和进化论观点。主张用达尔文的生存竞争与自然选择的观点来解释社会的发展规律和人类之间的关系，认为优胜劣汰、适者生存的现象存在于人类社会。因此，只有强者才能生存，弱者只能遭受灭亡的命运。表现为社会与环境之间的相互适应与斗争，人类社会只有在这种适应与斗争中才能进步。因此，生存竞争构成了社会进化的基本动因。社会进化论成为帝国主义和种族主义政策的哲学基础，支持盎格鲁-撒克逊人或雅利安人在文化上和生理上优越的说法。

进化论思想在发达国家内长时间流行，影响了许多西方世界的民族，他们对待不发达国家民族群体时，有了高高在上的态度。忽视了世界不平等的主要根源在于西方殖民者长期对世界掠夺，以及世界不平等政治贸易导致的各国之间发展不平等的原因。

（二）前殖民地国家的民族自治政策的保护意义

第二次世界大战后，人类对公平正义的诉求得到了世界各国的认可。许多殖民地国家纷纷独立。一些发达国家或独立国家，对国家内部原住民政策也发生了许多改变。

带有典型的殖民统治色彩的保留地制度就属于前殖民地国家的民族自治政策的一种。以南北美洲一些国家对印第安人实行的保留地制度为代表。

保留地是指政府划拨用于给原住民集中居住的土地。美国印第安人保留地制度可追溯到建国时期，当时美国政府设立保留地的初衷是将印第安人与白人社会隔离开来并用同化政策来消除种族冲突。其后，在美国东部居民向西部地区迁移的"西进运动"中，白人移民为了掠夺土地，大肆杀戮侵占当地的印第安人。在经过抗争后，美国政府对印第安人实行保留地政策。

20世纪30年代，罗斯福（Franklin Roosevelt）总统在美国大力推行印第安新政，重新肯定了保留地存在的重要性，并按照欧美三权分立的原则建立起部落政府，在联邦政府的监督下行使部落主权和自治权。经历了20世纪50年代"终结政策"的短暂低潮后，美国在20世纪六七十年代全面放弃了对印第安人的同化举措，建立起了现行保留的自治理念和政策，当代美国的民族自治步入了一个新的发展阶段。

群体优惠政策：遵循公民平等权 >>>

1970年，时任美国总统尼克松在国会就联邦政府的印第安人政策发表了演讲，鼓励印第安人民拥有自治意识和自决能力。作为对此的积极回应，国会通过了一系列有关印第安人的立法，并专门成立了印第安人经济机构办公室，负责印第安人社区的改造、培训。在克林顿（William J. Clinton）任总统期间，政府颁布了《印第安部落司法法》《部落自治法》和《土著美国人住房援助和自决法》等法律，印第安人的政治和文化权利得到越来越多的承认和保护，印第安人保留地制度逐渐完善。① 2014年6月，时任美国总统奥巴马对印第安人保留地进行了视察。他倡议，文化上推动23个州印第安人保留地内的教育改革、教师培训以及提供高速互联网；经济上加速建设印第安人保留地内的基础设施，促进能源领域发展，鼓励原住民成立小微企业；政治法律层面，则委派时任司法部部长与部落首领协商，加紧解决美国印第安人犯罪大幅增加问题，承诺为每个原住民部落选区至少设立一个投票点。②

相对于美国来说，加拿大在1876年出台、几经修改后仍然生效的《印第安人法》，也是一种类似的原住民保留地法律。这个法令最初带有同化束缚的强制规定，它要求印第安人必须居住在贫瘠、狭小的2250个"保留地"上，凡不居住在这些"保留地"的原住民被一律称为"不合作者"，被剥夺了理应享有的公民权。加拿大政府公然通过了"土著同化"原则，自1870年开始，教会在全国各地设置了数以千计的"原住民寄宿学校"，强行将原住民学龄儿童带离家庭，送入寄宿学校隔绝起来学习英语或法语。在这些寄宿学校里，原住民遭受了许多暴行，近年来多处发现了被害的原住民儿童遗骸，引发了世人对这段历史的关注。

尽管按照法律规定，加拿大政府给予原住民保留地的自我管理权力。但现实中，由于政府开发、企业运营，损害原住民保留地权益事情时有发生，许多保留地遭受污染，情况恶化，且保留地经济发展缓慢等，这些都使保留地原住民的生活水平和教育水平依然低下。

---

① 杨光明. 美国印第安部落自治的演进及其启示 [J]. 黑龙江民族丛刊, 2012（2）: 72-77.
② 韩显阳. 总统关注难改印第安人处境 [N]. 光明日报, 2014-06-19（8）.

在巴西总共有 17 个印第安人保留地，并且不会再增加。1974 年，巴西全国印第安人基金会主席签署了命令，从行政上划定了印第安人区域，这种区域正在取代保留地。这两者的区别在于，保留地的建立需要共和国总统发布法令，而划定印第安人区域仅仅需要全国印第安人基金会主席签署命令即可。

墨西哥的印第安人保留地与印第安人公民身份共同发展。1990 年，墨西哥政府批准了国际劳工组织《土著和部落人民》的第一百六十九条公约，根据公约中的第六条第一款，即"在实施本公约的条款时，各政府应该：当考虑立法或行政措施时，通过适当的程序，特别是通过其代表机构，与可能受直接影响的有关民族进行磋商"的规定，为后续的宪法改革打下基础。墨西哥印第安人通过一系列法律的实施，规范了当地印第安人保留地。近年来，一些跨国公司对印第安人保留地资源的掠夺，反政府势力、暴力组织对印第安人保留地的侵犯，这些都严重侵害了印第安人保留地的权益。且政府在发展印第安人保留地的资金、技术、人员投入上的匮乏，使印第安人保留地的原住民生活水准依旧低下。

（三）打破民族不平等的政策

经历过不平等民族政策带来的危害后，一些国家采取新的政策来纠正这些不平等民族政策，以卢旺达为例，在 1994 年种族大屠杀事件后，新政府力图改变以往的民族政策。

1. 国族认同改变分裂认同

1994 年 7 月，卢旺达新政府取消了注有民族身份标识的身份证，采用没有民族标识的公民身份证。这种做法既保障了公民的隐私权，也保障了公民的平等权，防止公民因为族称受到歧视待遇。卢旺达新政府在反思民族身份给国家带来的惨痛历史，对殖民主义种下的族裔民族身份加以更正，依靠政权的国家权力对民族身份进行公民民族身份建构，强调民族的国家共同属性。2003 年 5 月，"国族"/卢旺达人正式入宪。

从 2002 年 1 月 1 日开始，卢旺达启用新的国歌与国旗。卢旺达老国歌带有明显的种族特色，表达的是胡图族推翻图西族统治的内容。老国旗以红色、黄色和绿色为主色调，国旗中间写着一个代表卢旺达国名的黑色大写字母 R。

群体优惠政策：遵循公民平等权 >>>

在卢旺达人看来，红色隐含着鲜血溅洒，黑色象征阴暗和悲伤，容易使人们联想起种族大屠杀。新的国歌《美丽的卢旺达》强调民族团结、和谐。新的国旗下半部分用象征希望的黄色和绿色，上半部分是天蓝色，一束黄色太阳光线从右上角照射下来，象征国家统一、崇尚劳动、英雄主义以及对未来充满信心。①

2. 教育改进

个体在国家所能获得的教育一方面来自学校教育，另一方面来自媒体教育，还有一方面来自周边环境的教育（也可以用社会场域来解读）。前两者是个体受教育的主要方面，而周边环境的教育多少也是前两者影响的结果。卢旺达独立以来到卢旺达大屠杀期间，胡图族掌握的政权在教育政策上，学校教育传播灌输的是种族歧视与偏见的民族教育，大众媒体是妖魔化图西族的宣传教育。这两种教育直接催生了1994年种族大屠杀的恶果。

卢旺达新政权在教育改进上，重新塑造历史教育，针对前政权历史课程教育中的种族歧视内容不适宜承担新时期国民教育的任务，卢旺达新政权自1994年起暂停以往历史教育的课本使用，组织人员重新编写历史教材。2011年，由卢旺达国立大学最知名的历史学家共同撰写的《卢旺达历史：从起源到20世纪末》正式出版。新教材对卢旺达民族问题进行了客观解读，让卢旺达人认识到国内民族纷争是西方殖民者的分化政策造成的，突出"民族团结""和平相处"的内容。

相对于学校教育来说，大众媒体的传播教育也受到了严格限制。政府对于媒体有关民族相关的信息传播，设定严格的红线，确保媒体传递正能量的民族团结内容，严禁民族矛盾的信息发布。媒体在营造公民教育、树立人民国族的意识上发挥了重要作用。

3. 法律政策

在惩治大屠杀罪犯的法庭审判基础上，卢旺达制定了有利于民族和解的新宪法，用新宪法来规定民族政策，确立国族身份的法律权威。

---

① 杜顺芳. 卢旺达举行新国旗国歌国徽启用仪式［EB/OL］. 东方网，2001-01-01.

<<< 第五章 国际上民族政策与公民平等权之间的不平衡

2003年5月26日,卢旺达新宪法的总纲强调,卢旺达人"拥有一个国家,使用同一种语言,有着同一种文化和共同的历史,因此对民族的命运具有共同理想"。并且,新宪法规定:"凡宣传或从事任何形式歧视或分裂社会的个人或政治组织都视同犯罪。"① 这就从法律上为统一的卢旺达人认同确立了基础。

具体到国家政策上,严禁宣传民族身份的差异。像新宪法的第三编政治组织第五十四条规定:"严禁以种族、族群、部落、宗族、地区、性别、宗教或其他可能造成歧视的类别为基础建立政治组织。在招募成员、建立领导机构以及机构运行和组织活动方面,政治组织必须始终体现卢旺达人民的团结以及性别平等和互补的原则。"具体到经济上,法律也确保卢旺达不分民族的个体都能拥有相关的土地。

4. 需要应对的问题

卢旺达新政权在国族认同上,依然存在一些需要应对的问题,主要有几点:

(1) 周边国家民族问题的影响。像布隆迪和卢旺达可以说是孪生的兄弟国家。布隆迪国内也主要是图西族和胡图族组成,曾多次出现民族冲突,典型的有1972年,约10万~20万胡图人被杀害;1993年,胡图人恩达达耶当选布隆迪总统4个月后被图西人掌握的军队杀害……迄今,布隆迪仍保留有族裔民族身份,某种程度上依旧会影响到卢旺达国内。

(2) 胡图族反政府武装的影响。在卢旺达周边边境地区存在着胡图族反政府武装,它们依然试图推翻现政府。反政府武装既有原政府败退后的武装,也有参与大屠杀逃跑者形成的胡图族武装。这些反政府武装还坚持种族主义思想,对卢旺达国内不时进行渗透,也在一定程度上提醒国内的卢旺达人曾经有过的民族身份问题。

(3) 尚未回归的难民群体的影响。这些难民受到多种因素的影响,对国内的政策尚抱有疑虑,也存有以往的民族身份意识。

---

① RWANDA. Constitution of the Republic of Rwanda [M]. Kigali: Impr. Scolaire.

143

（4）经济发展问题。卢旺达人口增长迅速、国土面积小、资源不丰富、科技不发达……这些都是制约经济发展的因素。卢旺达大屠杀的一个核心也是人们生活条件差引发的冲突，两届政府在面对国内矛盾时，往往借用民族问题转嫁经济危机，谋求统治。新政府尽管从多方面改变了民族认同问题，但如果经济状况出现恶劣，民族问题难免会被有心人再次利用，成为矛盾冲突的新起点。

尽管存在这些问题，但由于卢旺达政府坚持不懈的努力和国际上的支持，20多年的国族认同建构，卢旺达国内对卢旺达人的认同基本达成共识，国内政治清明、治安良好。"美国咨询公司盖洛普2018年、2019年发布的《全球法律与秩序报告》显示，卢旺达是非洲安全排名第二的国家。"经济上，"卢旺达是非洲增长最快的经济体之一，平均年增长率超过6%。近些年，卢旺达的经济表现着实亮眼，特别是营商环境改善非常突出。世界银行发布的《2020年营商环境报告》显示，卢旺达营商环境在全球190个经济体中排名第38位，是前50名中唯一的低收入国家"①。这些成功对于遭受重大苦难的卢旺达来说是难能可贵的，而且饱受种族屠杀困扰的卢旺达人，在政府的民族和解政策下，接受各阶层的心理辅导、安慰，大都树立起正确的价值观，踏入新生活。

（四）新南非的民族和解政策

1994年4月，南非的非洲人国民大会（非国大）在南非首次不分种族的大选中获胜，曼德拉（Nelson R. Mandela）成为第一位黑人总统。曼德拉就任后就面对着严峻的民族关系处理难题。当时黑人内部有相当激烈的种族主张，强调非洲是非洲人的非洲，所有白人无权生活在南非，等等。在如何弥补白人和黑人的种族矛盾，以及南非多民族关系的衡量上，他提出了民族和解政策，有效地改变了南非民族分离倾向。

1995年，曼德拉签署了《促进民族团结与和解法》，成立真相与和解委员会。该委员会对南非种族隔离时期的暴行进行了调查，并开展了和解宽容

---

① 吕强，张博. 卢旺达何以成为非洲"模范生"[N]. 环球时报，2020-08-18（7）.

<<< 第五章　国际上民族政策与公民平等权之间的不平衡

形式，彻底解决了以往历史伤痕。针对白人的疑虑，曼德拉通过留用政府白人雇员、选用白人保镖以及橄榄球外交等方式，弥合黑人与白人间的矛盾，让白人认同南非这个国家。其后，曼德拉的民族政策也被后几任总统延续并发展。新南非在具体民族政策上，主要体现在几方面：第一，对种族隔离时期的罪行持揭露从严、处理从宽的政策；第二，各族语言的使用受宪法保护；第三，不同宗教信仰受到宪法保护；第四，对白人极端主义者采取宽容政策；第五，实行旨在全面消除种族隔离制遗产的社会政策。① 可以说，新南非的民族政策在团结各民族群体、各种族群体上取得了良好的成效。作为主体民族群体的黑人掌握政权后，并未对以往执政的白人群体采取报复措施，只是取消了白人政权时期对白人的不正常的优惠政策，给予各民族群体平等的公民权利，并在国家政策上照顾到各民族的需求，从而得到了南非各民族群体的认可。"2003年的调查表明，有色人（61%）、黑人（59%）、亚裔或印度人（58%）和白人（42%）对种族关系的改善均持肯定态度。"②

新南非的民族和解政策的成功，也让许多国家在民族政策上获得借鉴。不同国家有着自身的民族情况，执政的民族精英针对特殊情况，本着平等协商、民族团结的意愿，一定可以寻找出适合本国国情的民族政策。

第二节　民族身份差异使公民平等权在现实中难以实行

一、国家环境的现实制约

对于公民平等权的实施离不开国家环境的现实制约。

第一，一个国家的政治制度的制约。政治制度，是指统治阶级为实现阶

---

① 李安山. 新南非与津巴布韦的民族问题及民族政策的比较 [J]. 西亚非洲, 2011 (7): 15-32.
② 李安山. 新南非与津巴布韦的民族问题及民族政策的比较 [J]. 西亚非洲, 2011 (7): 15-32.

群体优惠政策：遵循公民平等权 >>>

级专政而采取的统治方式、方法的总和，包括国家政权的组织形式、国家结构形式、政党制度及选举制度等。由于国家的类型不同，或同一类型国家所处的具体历史条件不同，其政治制度也会有差异。按政权的组织形式分，有君主制、共和制、议会制和人民代表大会制；按中央和地方管理的权限分，有中央集权制和地方分权制等。[1] 不同国家采用不同的政治制度，往往决定了国内不同民族群体的平等权问题。权力的分配可以影响到不同民族在这个国家中的地位，也可以看出这个国家是否注重民族平等，切实考虑民族之间不平等的差异性，并在实际政策上加以弥补。

第二，一个国家统治民族精英的思想认知问题也是影响民族平等政策实施的关键。不同国家的统治精英的出身和教育程度不同，也影响其个体或集团对民族问题的认知。一个受教育程度低的统治集团，其思想中的人权认知必然不能达到普世的价值观，更多地考虑自身集团的利益，政策执行上受到的限制也大。而一个接收良好教育的统治集团，会从更高层面来考虑国家的发展、民族的平等，乃至政策的制定和实施，有助于采取和平稳定的方式来保证公民平等权的体现。

第三，多民族国家中不同民族的文化差异也会影响民族平等政策实施。前面也论及宗教信仰对民族平等的影响。在前南斯拉夫的独立分裂浪潮中，不可否认的是民族之间长期以来文化差异造成的隔阂难以消除。这种文化冲突需要各界精英层长期的合作，否则因为文化差异导致公民平等权长期难以实行。

第四，影响公民平等权的实施还有人们心中存在的等级阶层思想。无论何时，不同民族中总是有上层阶级和下层阶级的自我划分。自诩为上层阶级的人群，对下层阶级的人群先天带有一种歧视的有色眼镜。这也是影响公民平等权实施的一个普遍现象。

第五，教育的影响。人类社会的进步是在教育提高的基础上、人类思想中先进的因素影响下，人们不断采取更好的制度，接受更具有人文关爱思想

---

[1] 邹瑜，顾明. 法学大辞典 [M]. 北京：中国政法大学出版社，1991：1.

的一面，不断地提升个体及群体的认知，并追求更高理想社会进而逐步发展进步。一个总体受教育水平低下的国家，民主制度根本不可能普及。非洲各国独立后，在西方国家的影响下，采取多党制，导致许多国家政局动荡，没有稳定的政局，公民平等权更是无从谈起。从这个意义来说，普及教育是发展中国家必不可少的一部分。

二、国际大环境的现实制约

1945年成立的联合国，在维护世界和平，发展人类正义事业上，做出了许多贡献。联合国制定了许多有关种族问题的人权文件。1948年《世界人权宣言》，开篇就提出"人人生而自由，在尊严和权利上一律平等"，并在第二条、第十六条以及第二十六条分别强调了不因种族而有权利和自由上的区别；不受种族限制而享有平等的婚姻权利以及教育要促进种族间了解、容忍和友谊。1977年12月16日，联合国大会第32/130号决议通过了《关于人权新概念的决议案》，强烈谴责种族隔离、种族歧视和殖民主义，且拒绝承认民族自决和各国对其财富及自然资源的充分主权等大规模严重侵犯人权的事情，这是对《世界人权宣言》的进一步发展。此外，联合国通过的种族保护的国际公约最重要的当数《防止及惩治灭绝种族罪公约》《消除一切形式种族歧视国际公约》和《禁止并惩治种族隔离罪行国际公约》，分别于1951年、1965年、1973年通过，在种族保护上具有重要的意义。

《防止及惩治灭绝种族罪公约》的起因可以从二战中找到，希特勒领导的纳粹德国在二战中对犹太人实行种族灭绝罪行，让世人记忆深刻。1951年通过的这个公约可以说有助于保护各个民族的生存权利。

1965年12月21日，联合国大会通过《消除一切形式种族歧视国际公约》（ICERD），并成立了消除种族歧视委员会。该委员会强调：全体人类的人权及其基本自由的普遍尊重与遵守，反对一切"种族优越说"，反对任何种族歧视的政策和现象。目前，有46个缔约国发表了任择声明。尽管大会一再发出呼吁，迄今只有39个缔约国批准了缔约国第十四届会议通过的《消除一切形式种族歧视国际公约》第八条修正案。从中可以看出，世界上许多国家还并未实现族裔之间的公民平等权。《禁止并惩治种族隔离罪行国际公约》源于联合国对南非采取的种族隔离政策的反对。这一文件影响巨大，可以说对改变南非白人政府种族隔离政策起到了重要作用。

联合国这三个公约极其具有代表性的意义。具体到人类群体来看，种族和民族有差异，但又有契合度。种族是基于生理特征的肤色而认定的群体，世界上主要有四大种族：白色人种、黄色人种、黑色人种、棕色人种。而民族是基于文化意义上的概念形成的群体。某一种族可以是多个民族，而某一民族又可能含有多种肤色。所以联合国公约的种族保护，也带有不同民族群体保护的含义。

2008年9月13日，联合国大会通过《原住民权利宣言》，其中规定尊重原住民的个人和集体权利，尊重、维护和加强其民族文化认同，强调在保护其自身需要和尊严前提下追求发展，这一重要的宣言获得绝大多数国家的赞同和响应。

三、政策实施中的现实制约

相对于实行不平等民族政策的国家来说，欧美许多国家，如前所述的加拿大、澳大利亚、新西兰等国，为了体现公民平等权，在制定民族政策上实行多元一体文化政策，这也是体现尊重民族差异、践行民族平等政策的国家制度。但从实行多年的效果来看，这一民族平等政策依然饱受社会诟病。

各民族一律平等包括三层含义：一是各民族不论人口多少，历史长短，居住地域大小，经济发展程度如何，语言文字、宗教信仰和风俗习惯是否相同，政治地位一律平等；二是各民族不仅在政治、法律上平等，而且在经济、文化、社会生活等所有领域平等；三是各民族公民在法律面前一律平等，享有相同的权利，承担相同的义务。按照公民平等的原则，各少数民族成员同主体民族成员一样以公民身份享有平等的权利。主要体现在参政权，言论、建议、申诉等权利，社会经济权利上。国内学者王海明教授将平等分为三大类型,"政治平等、经济平等、机会平等"①。但在实行多元一体政策的国家中,并未得到真正体现。

首先,少数民族并未真正享有合适的参政权利。参政权的定义很多,有学者认为,"政治权利分为狭义和广义的解释。其狭义的解释就是参政权,即参加国家政权管理的权利,在此意义上,参政权包括选举权和被选举权;中义的政治权利既包括公民参加国家政权管理,也包括表达意愿的自由;广义的政治权利,指公民所享有的一切政治权利的总称,包括选举和被选举权、政治表达自由以及其他各种政治参与的权利"②。本文论述的少数民族参政权主要指参加国家大事和各级地方事务、本民族事务管理的权利。应属于中义的政治权利。"权利与基本权利理念源于人权思想。从人权的分类来看,参政权是人权的最高表现。在古典宪法中,参政权与自由权、平等权为人权的三大类别,现代人权理论中更是将参政权作为人权的重要内容加以界定。"③ 目前,参政权大都作为公民平等权中最重要的一项权利,被写入各国宪法。在加拿大、澳大利亚、新西兰等国,鲜有原住民在政治上发言的代表,更遑论外来移民群体拥有参政权利。

其次,在言论、建议、申诉等权利上,少数民族群体往往是缺乏真正保证自身诉求得到合理采纳的渠道。在多元一体政策的国家内,虽然现在法律明文规定尊重少数民族权利,但在实际的侵犯中,少数民族权利很难得到维护。例如,2008年9月13日,联合国大会通过的《原住民权利宣言》主张保护原住民的权利,144个表决国,反对票只有4张,而其中一张反对票,竟赫然是标榜"多元文化"、3个月前刚刚向"第一民族"道歉的加拿大投的。历史上原住民遭受白人移民的屠杀,以及寄宿学校的迫害暴行事件在近年来屡屡被曝光,加拿大的原住民展开了漫长的集体诉讼。从2012年开始,原住民就印第安寄宿学校制度给他们造成的语言和文化损失向加拿大政府发起集体

---

① 王海明. 公正与人道:国家治理道德原则体系 [M]. 北京:商务印书馆,2010:194.
② 林发新. 人权法论 [M]. 厦门:厦门大学出版社,2011:346.
③ 柳杨. 少数民族参政权研究:以1949年至1954年参加全国政协与全国人大为例 [D]. 北京:中央民族大学,2012:8.

诉讼并提出赔偿要求，这一诉讼拖延了 10 年。中间除获得加拿大政府道歉外，一直毫无进展。在 2021 年 5 月 28 日，加拿大不列颠哥伦比亚省坎卢普斯的一所原印第安人寄宿学校中，发现了 215 具印第安儿童的遗骸。事件引发舆论哗然，随后更多的证据出现，加拿大针对印第安人的种族灭绝一时间被推上了风口浪尖。为了平息舆论，2023 年 1 月 21 日，加拿大政府宣布同意给予原住民赔偿。事实上，少数民族群体在言论、出版、集会等权利实施上，拥有太多无法实现的障碍。

最后，未能获得恰当的社会经济权利。对于公民来说，其社会经济权利包括：（一）劳动的权利和义务。1. 劳动权是指有劳动能力的公民，有获得工作和取得劳动报酬的权利。2. 公民有平等的就业权、选择职业权、劳动报酬权，国家要努力增加就业岗位、扩大就业机会，任何单位和个人不得强迫他人劳动。3. 国家提倡劳动竞赛，提倡义务劳动，奖励劳动模范。（二）财产所有权。1. 公民可合法拥有私人财产，包括合法的收入、储蓄、房屋和其他财产。2. 保护途径——刑事附带民事诉讼、民事诉讼和行政诉讼中的国家赔偿等三种。3. 保护公民合法的财产权同时意味着保护公民的财产继承权。（三）物质帮助权。1. 前提条件：①年老；②疾病；③丧失劳动能力。2. 具体措施：①国家兴建和发展社会保险、社会救济和医疗卫生事业；②国家实行退休保障制度；③国家和社会帮助安排盲、聋、哑和其他有残疾的公民的劳动、生活和教育。对于原住民来说，他们的社会经济权利很难得到体现。由于教育条件落后，原住民群体普遍受教育程度低，不能在主体社会中获得合适的职业。而政府在帮扶、救济原住民群体上，也未能展现出有效的实施手段。甚至，原住民群体在维护自身合法财产权利时，有时还受到政府漠视。典型的如，一些破坏环境的企业在原住民保留地进行矿产开发，未能给予原住民一定补偿，造成环境污染损害了原住民的身体健康，等等。

当前的国际社会是一个全球化的社会。作为一个全球化的社会，任何一个国家的发展都处于一个激烈竞争中。世界已经由传统现代化（即第一次现代化）进入到第二次现代化竞争之中。

关于现代化的定义有很多，何传启教授是这么定义的：现代化是 18 世纪工业革命以来的一种客观现象。首先，它是现代文明的一种前沿变化，是现代文明的形成、发展、转型和国际互动的前沿过程，是文明要素的创新、选择、传播和退出交替进行的复合过程等。其次，它是一种国际竞争，是追赶、达到和保持世界先进水平的国际竞争和国际分化；达到和保持世界先进水平的国家是发达国家，其他是发展中国家，两类国家之间可以流动。何传启教授还认为：现代化是一个历史过程，在18—21世纪期间，现代化可以分为两大阶段，其中，第一次现代化指从农业文明向工业文明、传统文明向现代文明的转型；第二次现代化指从工业文明向知识文明、物质文明向生态文明的转型。第二次现代化不是历史的终点，将来还有新的变化。现代化过程既有共性又有多样性，遵循10个基本原则。第一次现代化的典型特征是工业化、城市化、民主化等，第二次现代化的典型特征是知识化、信息化和绿色化等。第一次现代化是第二次现代化的基础，第二次现代化是第一次现代化的部分继承和部分转向，两次现代化的协调发展是综合现代化。22世纪现代化会有新变化。[①]

在快速现代化进程中，如果实行多元一体文化政策的国家打着保护民族文化的旗号，并不真正帮助这些经济文化处于落后状态的民族发展，所谓的民族平等口号只能是口号。

小　结

历史上民族不平等的政策来自民族压迫。当代的民族不平等更多来自不同国家统治民族精英的意识形态，以及他们对待民族平等的认知。同时，不同国家民族平等政策难以实施也同文化差异，乃至国家的政治制度的制定有关。只有秉着人类命运共同体的思想，尊重《联合国宪章》的精神，民族平等才能实现，各国的公民平等权也才能更好地体现。

---

① 何传启. 现代化科学：国家发达的科学原理［M］. 北京：科学出版社，2010：83.

第六章

公民平等权与群体优惠政策的统一

第一节 公民平等权中的公平和正义观念的认同

公民平等权与群体优惠政策之间的协调一致，在于培养公民对公平、正义理念的客观认同感。即"解决公平、正义的问题，不仅要求解决民生问题，而且必须解决人们的正义观、价值观问题。民生问题是形成相应的正义观、价值观的基础，而相应的正义观、价值观的形成，是维护一定的公平正义的实体（一定的社会关系、利益关系）的必要条件。二者缺一不可"①。当前，基于我国许多群体的现实情况，实施特定优惠政策与体现公民平等权之间的关系就更加重要。针对现实中社会分层所引发的公民平等权的正义，这时的公平、正义观念应确立适当的原则。

一、社会分层导致的公民平等权备受异议

由于公民的情况不同，在某种情况下分属于不同的族群。族群的整体社会地位、平均收入水平等宏观经济指标是由这个族群全体成员的个体情况汇合在一起而计算得出的，所以，只有在两个族群全体成员在社会分层的结构方面完全相似的条件下，族群间在经济领域里才有可能实现"事实上"的平

---

① 孙国华. 法的正义逻辑[J]. 新华文摘, 2013（1）：20-21.

等。而且因为每个族群的成员们的情况也在不断变化,这种族群间的"事实上"的平等也只能是相对的,而不平等是绝对的。同时,如果族群间在社会分层上存在明显差异,在个人层次上实行的"法律上的平等"(如公平竞争)就必然会导致在群体层次上某种程度的"事实上"的不平等。①

从这里我们可以看到,影响个体平等的一个因素,就是社会分层。让-雅克·卢梭曾表示过:"我认为人类存在着两种不平等,一种我称之为自然的或生理上的不平等,因为它是由自然造成的,包括年龄、健康状况、体力,以及心理或精神素质的差别;另一种,我们可以称之为伦理或政治上的不平等,因为它取决于一种协约,并且这种协约是由人们的同意确立的,或者起码是人们认可的,而这种协约是由某些人专门享受且往往有损于他人的各种特权(如比他人更富有、更高贵、更有权势,或者要求他人服从他们)组成。"②刨除个体自然方面的不一样因素,不平等就包含有社会分层因素。社会分层是指依据职业、财产、权力、地位等标准将社会中的个人归入特定的等级或层次。③徐杰舜教授认为,人类学家依照社会不平等的程度,划分出三种类型的社会:(1)不分层的社会即平等社会;(2)阶层社会;(3)阶级社会。④按照这三种划分标准来看,作为阶层社会,一个社会中没有在获取财富、权力上有优先便利的群体,却存在获取威望(地位)上机会不等的群体,这个社会就是一个部分分层的社会。无可否认,我们当前处于社会改革的节点,其间许多机会的分配和获得属于社会分层阶段。

作为一个追求公平的社会来说,平等主要包含有机会平等、程序平等、结果平等,或者说是机会公平、程序公平、结果公平,以及"结果公平,起点公平,过程公平"⑤。这里的起点公平相当于机会公平,过程公平相当于程

---

① 马戎.民族社会学:社会学的族群关系研究[M].北京:北京大学出版社,2004:513-514.
② 卢梭.论人类不平等的起源和基础[M].高煜,译.桂林:广西师范大学出版社,2002:69.
③ 徐杰舜.人类学教程[M].上海:上海文艺出版社,2005:109.
④ 徐杰舜.人类学教程[M].上海:上海文艺出版社,2005:109-110.
⑤ 鲁鹏.公平问题三思[J].江海学刊,2013(1):53-58,238.

序公平。也有的学者分为四类："权利公平、机会公平、规则公平、分配公平"①，相对而言，机会、程序、结果平等应用更普遍。

由于公民处于不同的社会阶层，自然而然会产生不同的平等需求。关于公民平等权和公平正义观念的认识成为当前人们心中的纠结的点。公民平等权如果完全要求机会平等，而忽视结果平等，将是不可想象的。作为一个拥有长久平均主义思想的国家，结果不平等造就的问题如果没有合适的疏导，容易引发社会动荡。自古以来，即有"民不患寡，而患不均"的说法。可以说，我们的民族传统意识中都有一种追求结果平等的理念。但是，一个国家要发展，也要激发人们的创造性，这就需要一种结果有差别的平等（或称有差别的公平），鼓励有才能的人脱颖而出，创造出更多的价值，自己也能享受到更多的利益，即按贡献分配。这也是改革开放后，精英阶层不断涌现、认同的理念。正是因为以上观念的限制，有些人既不认可国家对贫困者的救济行动，也不认可群体优惠政策。然而，我们当前的机会平等尚处于"调试"阶段。长期以来因为社会分工甚至地域的不同，我们每个人都被贴上了不同的"身份"标记，并成为我们走向政治、经济、社会舞台的"准入证"，以至影响我们的前途和命运。以公务员招考录用来看，有的地方限制户口，有的地方限制学历。可以说，这种"身份"标记剥夺了一些公民的机会平等。对于因为社会分层导致的一些公民产生的不平等，难道不需要给予补偿吗？

至于程序上的平等就要求我们给予各阶层一个清晰明确的竞争平台，这个平台竞争的步骤具有合理性。学者王海明认为："所谓程序公正，也就是一种行为过程的公正，是具有一定时空顺序的行为过程的公正。反之，这种行为过程所导致的行为结果之公正，则叫作结果公正或实体公正。"② 基于这种理念，就如同法院审理案件，当发现法官与当事人有亲属关系的时候，就需要回避的程序。

改革开放前期，由于我国长时期的计划经济体制制约，公民之间的差异

---

① 赵迅. 我国法治转型的公平正义取向 [J]. 新华文摘，2013（1）：22.
② 王海明. 公正与人道：国家治理道德原则体系 [M]. 北京：商务印书馆，2010：45.

较少，民族之间处于一种团结、友爱、互助的合作关系。改革开放后，由于市场经济的竞争关系，加之贫富差距加大，人们之间发展空间的竞争加剧，要求提升自我的意识增强，对相应的民族优惠政策、贫富不均等问题的不认同也就诞生了。

二、基于《正义论》中两个原则的补偿原则

近代以来，各国大都经历过基于平等观念所导致的公平、正义的争论。在成功推翻封建统治，实行资本主义制度的西方国家中，其法律所标榜的"公民在法律面前人人平等"理念也曾被广泛接受。20世纪60年代以来，美国的约翰·罗尔斯提出了一系列正义理论，尽管也包含一些不被认同的成分，但总体还是被世人广泛认同。

约翰·罗尔斯在其《正义论》一书中阐述了其最为核心的两个正义原则。第一个原则：每个人对与所有人所拥有的最广泛平等的基本自由体系相容的类似自由体系都应有一种平等的权利。第二个原则：社会和经济的不平等应这样安排，使它们在与正义的储存原则一致的情况下，适合于最少受惠者的最大利益；并且，依靠在机会公平平等的条件下职务和地位向所有人开放。[1]约翰·罗尔斯对此原则做了进一步阐释，"第一个优先规则（自由的优先性）。两个正义原则应以词典式次序排列，因此自由只能为了自由的缘故而被限制。这有两种情况：（1）一种不够广泛的自由必须加强由所有人分享的完整自由体系；（2）一种不够平等的自由必须可以为那些拥有较少自由的公民所接受。第二个优先规则（正义对效率和福利的优先）。第二个正义原则以一种词典式次序优先于效率原则和最大限度追求利益总额的原则；公平的机会优先于差别原则。这有两种情况：（1）一种机会的不平等必须扩展给那些机会较少者的机会；（2）一种过高的储存率必须最终减轻承受这一重负的人们的负

---

[1] 罗尔斯. 正义论 [M]. 何怀宏, 何包钢, 廖申白, 等译. 北京：中国社会科学出版社, 1998：302.

担"①。

按照约翰·罗尔斯的原则,第一个原则体现了平等的原则,且优先于第二个原则;同样在第二个原则中,公平的机会平等优先于差别原则。约翰·罗尔斯认为,一个自由民主的社会应该把维护自由平等的视线放在社会"最不利群体"(the least fort-unate group)身上,并以此作为思考问题的立场和出发点。他所提出的调节收入、财富和社会地位的分配的差别原则,使处于不利地位的人得到最大可能的利益。为此,他强调:"一般的观念,所有的社会基本善——自由和机会、收入和财富及自尊的基础——都应被平等地分配,除非对一些或所有社会基本善的一种不平等分配有利于最不利者。"从中我们可以看出,他所追求的理论实质是结果的平等。

按照约翰·罗尔斯的公平原则,我们可以看出,中华人民共和国成立以来,我们对贫困及相应群体实行的优惠政策体现了以解决公平为目的的"补偿原则",其含义就是"为了平等地对待所有人,提供真正的同等的机会,社会必须更多地注意那些天赋较低和出生于较不利的社会地位的人们"。

以教育为例,教育公平包含三个层面:一是机会平等,即每个人都有接受平等教育的机会;二是过程平等(或程序平等),即每个人在接受教育的过程中,都有平等地享受教育资源的权利;三是结果平等,即每个人都应当在最终的教育结果中享有平等的权利。约翰·罗尔斯的机会平等原则和差别原则,强调了补偿教育是公平原理的必要条件,也是实现社会公平不可缺少的前提条件。在保障国家教育政策和法律所规定的基本办学标准和充分的教育条件下,我国群体教育优惠政策的一个重要价值取向即是平等,即在分配教育资源的过程中,对弱势地区、弱势学校和弱势人群给予一定程度的倾斜和额外照顾,对弱势群体进行优先扶持。设立相应的教育优惠政策的目的即是维护各群体平等的受教育权。

约翰·罗尔斯的正义观也表现为平等权在法律层面上的少数主义原则。

---

① 罗尔斯. 正义论 [M]. 何怀宏, 何包钢, 廖申白, 等译. 北京: 中国社会科学出版社, 1998: 302-303.

"少数主义原则"也是平等权的原则之一。权利的平等主要体现在对权利个体主体的一视同仁上。在个体权利的保障方面，最大的问题是怎样避免区别对待不同的权利主体。关于"少数主义原则"，有学者认为："对群体内不同小群体中的个体区别对待。如从权利的道德价值上说，各个体权利间是等值的，然而当它们分属于'多数'与'少数'小群体中时，前者的道德价值往往被看得更高于或优于后者。于是，就公民权利而言便被分为两类：一类是'多数'群体中的个体权利，另一类是'少数'群体中的个体权利。在现实生活中，两类个体权利之间是不平等的。事实上有着不同层面的'少数'。只要存在着人群体的地方，均有可能出现多数与少数之分，群体组织可以不去采纳少数人的意见，而以多数人的意见通过某项决定或实施某项政策，因为从量上看似乎多数人的利益比少数人的利益更为重要——它们是一个社会或群体的主流，但这并不意味着可以忽略少数人的利益。恰恰相反，从道德角度上讲，在群体组织要求全体成员按照由大多数人的意见通过的某项决议而行动，而少数人也服从这一决议时，它有责任尊重少数人的意愿，少数人有理由要求他们的意愿和权利受到其他成员的尊重和保护，因为就每一个体的法律权利来讲彼此是平等的。依此观念，代表多数人意见的决议、规则、章程和法律，在本质上就应当受到少数人意愿的制约。这种制约一方面通过由此而生的权利的界限（义务）体现，另一方面通过社会或群体组织对少数人缺损的道德权利的补偿行为来表现。这种尊重'少数'个体权利的理念便是'少数主义原则'，它的基本内容可以表述为：（1）任何以多数方式通过的结果（决议或决策），都是含少数（否定）在内的结果，故而这一结果是受少数制约的代表多数的结果；（2）任何以多数方式通过的结果，都是排除少数而只含多数（肯定）的结果，故而这一结果是受少数排斥的结果；（3）任何以多数方式通过的结果，都是含少数（否定）和多数（肯定）协调的结果，其实施的普遍性以少数的妥协为代价。所以在制定政策时必须有保护少数的特别措施，扩大多数的利益始终受到尽量减少少数损失的道德要求的限定。"[①]

---

① 林喆.平等权：法律上的一视同仁[N].学习时报，2004-03-15（5）.

群体优惠政策：遵循公民平等权 >>>

从法律上的公民平等权的少数主义原则来看，享受优惠政策的公民属于我国公民群体中的少数成员，对他们实行一定的优惠政策，基于历史和现实的标准来看，是合乎法的精神的。所以，以往一段时间，国内大众认可了这样的教育：能获得优惠照顾的某类群体，都有其特殊的一面，从国家发展的战略上讲，应该对他们予以特殊的关照。为此，国家对相应的特殊群体给予一定的优惠政策，从约翰·罗尔斯的公平正义理论来看是解释得通的。唯有在政策实施中，各地的差异导致对相应的同类型群体、地区的帮扶、照顾政策未能体现，以及延续下来的优惠政策的一些具体内容和方式与当前现实情况有些脱节。

三、确定差异的公平的平等观

改革开放以来，随着思想观念的转变，人们对当前社会中的不平等现象存在许多质疑。一方面，国内许多学者乃至社会人士也提出了许多不同意见，以民族优惠政策为例，"在现行民族政策中，最引人争议的莫过于过多过滥的少数民族优惠政策，因为这既违背人人平等的理念，又不符合客观的政治经济现实，还造成了一些越来越明显的负面作用。毕竟，并不是所有少数民族都生活在落后地区，也并不是所有汉族都生活在优越的条件下，即使要为条件较差的国民创造更好的条件以利于其参与竞争，那也应该是实施地区优惠政策，而非民族优惠政策"[1]。这个看法具有代表性，反映了人们公民平等权意识的提高。另一方面，国外相类似的优惠政策也受到诟病，以美国为例，有的学者认为，"从消极的方面来看，人们对政府的干预、平均主义的乌托邦产生了极大的反感（保守主义者更是如此），结果的平等被认为是对传统的平等观念的冲击：在传统观念中，'平等'多是机会的平等；而配额制或预留条款制则被相当一部分人认为是违反了市场机制的自由、公平竞争的规则，违反了资本主义的优胜劣汰的激励精神以及在用人方面的资历制和业绩制"[2]。这种看法，也反映了另外一些人的心态，即追求机会平等，不希望给予社会

---

[1] 梅新育. 经济越发展，越要完善民族政策[N]. 环球时报，2012-02-27（3）.
[2] 严华. 肯定性行动，透视美国的重要参数[N]. 中国民族报，2012-05-25（8）.

<<< 第六章 公民平等权与群体优惠政策的统一

更多的结果平等。

为此,我们要在性质上区别开法律上的平等与"事实上"的平等。"平等是一个复杂的问题,平等不是搞平均主义,不是追求绝对的无差别的结果的平等,因此平等权具有相对性。在平等的原则和理念中,就包含了差别对待的精神。在条件相同或类似的情况下,平等意味着同样情况同样对待,不应有差别,但在条件不相同或不类似的情况下,区别对待恰恰反映了平等的原则、理念和精神。因此,并非所有的归类都属于歧视,关键是看归类的标准是否合理,合理差别是在合理程度上所采取的具有合理依据的差别,平等允许合理差别。侵害平等权的差别行为是指没有合理的依据而实施的差别。宪法学上通常认为合理差别产生的依据是基于按比例的原则,是指公民应该得到与自己的优点、能力、贡献、需要、群体类别等相称的待遇,这是一种相对的平等。关于合理差别的判断,很难确定统一的量化的标准,因此,在具体适用过程中,需要依据一定的原则进行综合判断,不能一概而论。"[1] 基于这点论述,我们可以分析平等的绝对性和相对性。首先,法律上的平等无论是针对个人还是针对族群整体,在执行中都是绝对的,不能打任何折扣,所有的人都拥有完全平等的权利、义务和公平竞争的机会,既包括个人在政治生活和法律面前的平等权利,也包括资源分配和发展机会方面平等竞争的权利。其次,在个人之间,在具体经济领域中的"事实上"的平等只能是相对的,而个体之间的不平等是绝对的。在职业、收入、发展机会这些个人的生活与工作方面,由于每个人的天赋不同、在学习方面付出的辛劳不同、工作中的努力程度不同、实际做出的成果业绩不同,个体之间得到的报酬自然也会不同。这就是经济领域中的按贡献计酬和按努力计酬的区别。如果相同,那么就违反了"同工同酬"这个最基本的法律上的公平原则。为此,法国的涂尔干指出:"'按劳分配'或'论功行赏',这个概念要求平等对待具有同等功劳的人,不平等对待具有不同价值的人。"[2] 王海明教授对此概括为:

---

[1] 吴爽. 和谐社会构建中我国公民平等权的实现 [J]. 特区经济, 2009 (4): 232-233.
[2] 涂尔干. 职业伦理与公民道德 [M]. 渠东, 付德根, 译. 上海: 上海人民出版社, 2006: 271.

群体优惠政策：遵循公民平等权 >>>

"只有依据和从属于贡献原则的平等原则——基本权利完全平等、非基本权利比例平等、机会平等、结果平等、政治平等和经济平等诸原则——才是正确的社会公正原则，而背离贡献原则的平等原则都是错误的社会公正原则。"[①]对于权利平等包含的基本权利和非基本权利，王海明解释为，"基本权利，也就是人们生存和发展的必要的、起码的、最低的需要的权利；而非基本权利则是人们生存和发展的比较高级需要的权利"[②]。从基本权利的平等来看，公民平等权在某种意义上属于宪法上的平等权，宪法规定了公民相关权利和义务的平等，但是现实社会中制约公民平等权的还有许多情况。

俞可平认为："过去30多年中我们奉行'效率优先，兼顾公平'的政策，天平倒向了经济发展。在接下来的改革中，我们应当把天平适当地倒向公平正义，'既要效率，更要公平'。市场经济产生效率，但不会自发导致公平。实现公平正义，必须依靠国家的制度性调节。"[③] 俞可平的看法也应扩展到司法、行政处罚领域，对违纪、违法者的惩罚性赔偿如果按比例，在一定程度上能体现公正、平等的政府作为，也能产生威慑力。

为此，"在现代民主政治中，提倡在实施大多数人的意志时，尽可能多地尊重和保护'少数人'中的个体权利，已成为制度设计或完善民主制度的一项重要内容。于是便出现了'救援''关怀'和'让步'等诸如此类具有道德意味或人文主义精神的政策、策略和举措。在现代社会中，公民的平等权只能通过完善的民主制度及其内在机制的不断建设来实现。认真对待权利，就是认真对待每一个个体的权利，其中既包括认真对待'多数'中的每个个体的权利，也包括认真对待'少数'中的每个个体权利，尤其是在后者为前者付出代价时。一个良善的法制体系应当具有对付出代价的后者进行补偿的完善机制，一个公正的社会，应当是一视同仁地认真对待每一个个体权利的社会"[④]。值得指出的是，首先，其中需要进行补偿的"少数人"是大家公认

---

① 王海明. 公正与人道：国家治理道德原则体系 [M]. 北京：商务印书馆，2010：265-266.
② 王海明. 公正与人道：国家治理道德原则体系 [M]. 北京：商务印书馆，2010：171.
③ 俞可平. 影响未来的五大议题 [J]. 中国改革，2013（1）：12-14.
④ 林喆. 平等权：法律上的一视同仁 [J]. 学习时报，2004-03-15（5）.

的"弱势群体",而不是一些不实的"弱势群体";其次,优惠政策在实施中需要针对现实进行适当调整,对于已经不具备差别的民族群体其优惠政策的实施需要淡化;最后,在更大的社会层面上,透明地阐述相应的政策,让公民认可其合理性。从当前社会的发展来看,只有这样的观念才是能为社会大众认可的公平、正义的平等观。

第二节 解决的思考:公平与正义的统一

一、促进人们对公民平等权——共同富裕理念上的认同

按照正义的角度来看,人们都追求一种原初的平等,并把它作为一种信念的追求。

中国共产党在中华人民共和国成立前实行的土地法,没收地主富农的土地,在贫苦民众中进行平分是其中的一种尝试;工厂、公社实行无差别的合作制,也是公平的一种尝试。可以说这是一种结果的平等。在分配上完全实行结果的平等,不利于有能力者的创造,也是对他们的一种不公平,限制了他们的发挥。

为此,从有利于社会生产力的进步、社会财富的增长上来看,社会要提供一种竞争的公平,即按贡献的比例分配的平等(或者说按劳分配),这种公民平等权是有助于社会发展的。当社会的发展达到一定程度,贫富差距悬殊的时候,就需要政府来调节。如同资本主义一些企业形成垄断的时候,需要政府出面来打破垄断,促进中小企业发展的例子一样。美国的迈克尔·沃尔泽(Michael Walzer)指出"分配是所有社会冲突产生的根源",有三个一般性种类,首条是"主张支配性的善不管是什么,应当重新分配,以便人们能够平等地或至少更广泛地分享它;这等于说垄断是不公正的"[1]。当前,我国

---

[1] 沃尔泽. 正义诸领域:为多元主义与平等一辩[M]. 褚松燕,译. 南京:译林出版社,2002:14.

群体优惠政策：遵循公民平等权

社会进入一个大动荡、大发展的时期，东西部发展悬殊，必然要对公民平等权的追求进行一定的调整。第一，采取一定措施，扶持贫困地区发展；第二，改变收入差距悬殊人群，利用经济杠杆原理，进行收入调节。

我国改革开放的总方针、总路线来自邓小平同志，他提出了共同富裕的思想主张。这既是我国以往历史上人民的追求，也是对共产主义理念的最高追求。中国共产党人很早就提出了相应的概念。毛泽东同志早在中华人民共和国成立初期就强调，"帮助各少数民族，让各少数民族得到发展和进步，是整个国家的利益"①。周恩来同志在对待民族平等和民族繁荣的关系上指出，"我们对各民族既要平等，又要使大家繁荣"②，在"共同发展、共同繁荣的基础上，建立起我们宪法上所要求的各民族真正平等友爱的大家庭"③。第一次提出了"共同发展"和"共同繁荣"的表述。其后的中国共产党领导核心也一直把促进各民族共同繁荣的观念表述下去。邓小平同志更加明确了社会主义的本质，在理论上解决了社会主义经济建设的总方针、总目标，提出了社会主义的本质要求是实现共同富裕，这也是社会主义民族政策与资本主义民族政策的本质区别，是社会主义最大的优越性所在。各民族共同繁荣和富裕是个重大的经济问题，也是一个重大的政治问题。"共同富裕的构想是这样提出的：一部分地区有条件先发展起来，一部分地区发展慢点，先发展起来的地区带动后发展的地区，最终达到共同富裕。"④

我国当前的经济发达区域主要集中在东部，中西部区域的经济发展相对落后。这在经济学上涉及"区域经济公正"问题。"区域经济公正就是指在一个自然区域或行政区域内，公正、均衡和合理地去发展区域间的经济，其目的就是实现区域间共同富裕，协调发展。"⑤ 在中国共产党建设社会主义的战略规划上，区域公正一直都是一个确定的目标。毛泽东同志、邓小平同志分别在不同时期采取的不同建设思路，使我国中西部和东部地区都得到了一定

---

① 毛泽东. 毛泽东文集：第6卷 [M]. 北京：人民出版社，1999：312.
② 周恩来. 周恩来统一战线文选 [M]. 北京：人民出版社，1984：379.
③ 周恩来. 周恩来统一战线文选 [M]. 北京：人民出版社，1984：377.
④ 邓小平. 邓小平文选：第3卷 [M]. 北京：人民出版社，1993：373-374.
⑤ 汪荣有. 经济公正论 [M]. 北京：人民出版社，2010：153.

程度的发展。

毛泽东同志在1956年4月发表了《论十大关系》重要讲话，他在讲话中分析了沿海工业和内地工业的发展状况，特别强调要平衡地区发展，指出："我国全部轻工业和重工业，都有约百分之七十在沿海，只有百分之三十在内地。这是历史上形成的一种不合理的状况。沿海工业基地必须充分利用，但是，为了平衡工业发展的布局，内地工业必须大力发展。"基于当时战略环境因素，毛泽东同志还阐述了两个重要观点，"新的工业大部分应当摆在内地，使工业布局逐步平衡，并且利于备战，这是毫无疑义的""好好地利用和发展沿海的工业老底子，可以使我们更有力量来发展和支持内地工业。如果采取消极态度，就会妨碍内地工业的迅速发展"[1]，表明了全国经济发展一盘棋的思想。在这种思想的指导下，国家采取了一系列发展西部的措施，其中，以20世纪六七十年代的"三线"建设最为重要。"三线"建设有着特殊的历史背景。为了建立战略后方基地，在"备战、备荒、为人民"的口号下，将大量的资金和东部企业转移到西部，使这些地区的落后状况也得以改善，极大地改变了旧中国工业畸形分布的状态。可以说，当初的"三线"建设"这种兼顾沿海和内地、平衡东中西部发展的思路对后来我国实施改革开放政策和西部大开发战略有着极其重要的启示作用"[2]。

邓小平同志提出了"先富后富、共同富裕"的构想，为此，提出了两个大局的战略思想："沿海地区要加快对外开放，使这个拥有两亿人口的广大地带较快地先发展起来，从而带动内地更好地发展，这是一个事关大局的问题。内地要顾全这个大局。反过来，发展到一定的时候，又要求沿海拿出更多力量来帮助内地发展，这也是个大局。那时候沿海也要服从这个大局。"[3] 在这个政策指导下，改革开放的前沿地区——东部沿海地区享受了国家众多的优惠政策，财富成几何单位迅速攀升。

---

[1] 毛泽东. 毛泽东文集：第7卷 [M]. 北京：人民出版社，1999：26.
[2] 张伟. 统筹地区发展，促进各民族共同繁荣 [J]. 赤峰学院学报（汉文哲学社会科学版），2011，32（5）：82-83.
[3] 邓小平. 邓小平文选：第3卷 [M]. 北京：人民出版社，1993：277-278.

群体优惠政策：遵循公民平等权 >>>

按照邓小平同志的设计蓝图，先富起来的东部地区帮助后富的西部民族地区是义不容辞的责任，是实现共同繁荣、全面发展的唯一途径。这就要进入下一个环节，沿海地区帮助内地发展。从某种角度来看，东部地区凭借当时的优惠政策得以迅速发展，必然也牺牲了不少老少边穷民族地区的利益，这对众多经济贫困地区、民族地区也是一种不平等。按照民族平等、地区平等政策来看，现今加大西部地区优惠政策扶持，是一种公平的补偿，也体现了这种平等权。

邓小平同志还认为"共同富裕"不是平均主义，而是强调公平竞争、多劳多得，肯定按劳分配，重视效率和公平，鼓励勤奋努力、勇于竞争、积极参与社会主义经济建设。但也要反对另外一个倾向，即两极分化。邓小平同志认为，"社会主义最大的优越性就是共同富裕，这是体现社会主义本质的一个东西。如果搞两极分化，情况就不同了，民族矛盾、区域间矛盾、阶级矛盾都会发展，相应地中央和地方的矛盾也会发展，就可能出乱子"[1]。

基于建立公民平等权的社会制度来说，财富不至于悬殊是早有人提出的。亚里士多德认为，适度的财富造就好公民。极端分化的社会缺少自治所需要的"友爱精神"："共同体依靠友爱；假如存在敌意而没有友爱，他们甚至不愿意走同一条路。"[2]

可以说，邓小平同志提出的"共同富裕"，正是反映了凝聚全民族向心力的共同的富裕。

二、地区优惠政策的理念调整

我们认识到，公民平等权蕴含着丰富的公平正义理念，成为当前人们评价平等的一个标准。学者赵迅认为："公平正义内涵丰富，其实质是社会利益和负担的合理分配，强调平等对待每一个人，善待每一个人，注重对社会弱者给予保护。公平正义是一个由机会平等、按贡献分配以及社会调节等原则组成的基本规则体系；是形式正义和实质正义的统一，包括'权利公平、机

---

[1] 邓小平. 邓小平文选：第3卷[M]. 北京：人民出版社，1993：364.
[2] 桑德尔. 民主的不满：美国在寻求一种公共哲学[M]. 曾纪茂，译. 南京：江苏人民出版社，2008：385.

会公平、规则公平、分配公平',从而做到社会方面的利益关系得到妥善协调,人民内部矛盾和社会矛盾得到正确处理。"①

从上文中我们可以看出,绝对的公民平等权的实现,其前提是消除地区发展上的巨大差异。也只有消除了地区差异,政策上的同一性才能实现。如此,才能造就全体公民在个人发展前途上真正的机会平等。

我们可以看到国家的西部大开发战略,本身就是一个消除地区差异的行动。"区域经济政策,是政府根据区域差异而制定的促使资源空间优化配置、缩小区域间差距、协调区际关系的一系列政策的总和。"② 但实质上,国家在政策实施上,还是偏重于民族地区。2000年实施西部大开发战略以来,国家把支持少数民族和民族地区加快发展作为西部大开发的首要任务。"截至2008年,西部大开发以来民族地区固定资产投资累计达到77899亿元。其中,2008年达18453亿元,比2000年增长5倍,年均增长23.7%。建成了'西气东输''西电东送'等一批重点工程,修建了一批机场、高速公路、水利枢纽等基础设施项目。2007年,青藏铁路铺轨到拉萨,结束了西藏没有铁路的历史。青藏铁路的建成,从根本上改变了西藏交通落后的状况,使西藏与内地之间有了一条经济、快速、全天候、大能力的运输通道,为西藏经济腾飞插上了翅膀。中国政府规定,在民族地区安排基础设施建设项目时,要适当减免地方配套资金;在民族地区开发资源、建设企业时,要照顾当地的利益,照顾少数民族的生产和生活;对输出自然资源和为国家生态平衡、环境保护作出贡献的民族地区,要给予一定的利益补偿。1994年,国家将中央与自治区对矿产资源补偿费的分成比例调整为4∶6,其他省市为5∶5。2004年,国家开始建立生态建设和环境保护补偿机制。在开发新疆丰富的石油、天然气资源时,注重带动当地发展,仅"西气东输"项目,每年可为新疆增加10多亿元的财政收入。"③

---

① 赵迅. 我国法治转型的公平正义取向 [J]. 新华文摘, 2013 (1): 22.
② 张建平, 赵海云. 东西部区域经济合作问题研究 [M]. 北京: 中央民族大学出版社, 2007: 1.
③ 中华人民共和国国务院新闻办公室. 中国的民族政策与各民族共同繁荣发展 [N]. 人民日报, 2009-09-28 (17).

群体优惠政策：遵循公民平等权　>>>

基于"共生互补"理念，构建传统的民族地区优惠政策向地区优惠政策调整是一种共赢的措施。"共生互补"这一理念是指人类的活动及其结果要确保社会系统和自然系统的和谐共生、取长补短，互补共赢、协同进步和发展。它既包括人与自然的共生互补，也包括人类世界中的共生互补（个人与个人、集团与集团、民族与民族的关系等）。① 它强调共生单元间优势互补、互为依存、互相借鉴、扬长避短；共生单元间有竞争也有冲突，要在竞争中产生新的、创造性的互补性合作关系；共生单元间只有在尊重其他参与方的文化习俗、宗教信仰等基础上，才能扩大各自的共享领域。因此，在城市和谐民族关系的构建中，倡导"共生互补"理念及其生存方式就意味着必须要对生活方式进行自我变革，承认各民族的生存权利，在激烈的竞争中兼顾弱势群体的利益，在个体本位的基础上，建立体现"平等、公正精神的友爱和谐的人际互动"②。我们有必要参考一些国家和地区的相应政策，在城市中建立一个专门的民族工作管理委员会，任用不同的民族代表，扩大其相应的管理职能，服务于不同的民族群体。

改变传统的民族地区优惠政策向地区优惠政策调整的过程中，需要一些解释工作，主要有几方面：第一，对于习惯性依赖"输血"的民族地区，当他们获悉同等条件下的汉族地区也获得以往不能获得的民族优惠对待时，心理的失落感也需要注意。第二，在实行区域经济理念转化的过程中，如何沟通区域内不同贫困民族地区协调发展也是一个重大理论问题。第三，至于区域经济协作，其实践已经多年，有成绩也有教训，需要更多的总结。第四，国家政策是好的，但在落实监督上，还需要有一个过程。

三、群体优惠政策向弱势公民群体优惠政策转变

我们知道许多群体优惠政策面对特定的群体，而在群体中继而又包含面对个体的优惠政策。

---

① 胡守钧. 社会共生论 [M]. 上海：复旦大学出版社，2006：17.
② 李大健，李小林. 共生互补：构建和谐的散杂居民族地区：访中南民族大学民族学与社会学学院院长许宪隆 [J]. 中国民族，2008（1）：20-22.

当前，随着对社会对弱势群体的关注增大，一些特定群体的优惠政策调整也应相应地转变为关注弱势公民群体，转化为面对弱势公民群体中的个体优惠政策。

以宪法为例，我国宪法除对一切公民作出平等的权利和义务规定外，还对特定情况的公民设置专条，给予特别保护。这些特定人群具体有妇女、退休人员、军烈属、母亲、儿童、老人、青少年、华侨等。客观来看，这些特定个体中属于弱势群体的有母亲、儿童、老人等。例如，宪法第四十八条规定："中华人民共和国妇女在政治的、经济的、文化的、社会的和家庭的生活等各方面享有同男子平等的权利。国家保护妇女的权利和利益，实行男女同工同酬，培养和选拔妇女干部。"宪法第四十五条规定："中华人民共和国公民在年老、疾病或者丧失劳动能力的情况下，有从国家和社会获得物质帮助的权利。国家发展为公民享受这些权利所需要的社会保险、社会救济和医疗卫生事业。国家和社会保障残废军人的生活，抚恤烈士家属，优待军人家属。国家和社会帮助安排盲、聋、哑和其他有残疾的公民的劳动、生活和教育。"宪法第四十九条规定："婚姻、家庭、母亲和儿童受国家的保护。夫妻双方有实行计划生育的义务。父母有抚养教育未成年子女的义务，成年子女有赡养扶助父母的义务。禁止破坏婚姻自由，禁止虐待老人、妇女和儿童。"基于同类原理，一些特定群体中条件良好的个体不再享受优惠政策，改为特定弱势公民将为更多人接受。

四、机会、结果、程序平等的相应体现

如何能达到公民认同的平等权呢？迈克尔·沃尔泽认为："大量事务依赖于公民，依赖于他们声称他们自己对于各领域善的把握和捍卫他们自己对其意义的理解的能力。"[1] 而如果要达到这些认同理念，在当前，我们需要做到几点措施：

首先，要有公信度的机构或阳光政策。这种政策、机构能让民众参与进

---

[1] 沃尔泽. 正义诸领域：为多元主义与平等一辩 [M]. 褚松燕, 译. 南京：译林出版社, 2002: 424.

去，并了解其具体操作程序，以及监督实施。许多研究者认为，我国当前需要建立一种信任机制，"社会如何有秩序？社会科学家发现，信任是促进社会整合的力量，因为我们无法在对他人完全了解的基础上才进行社会交往，如果人们彼此缺乏起码的信任，人与人之间的联结就无法建立，社会就会解体，人们就陷入了'霍布斯丛林'——'所有人对所有人的战争'"①。关于高考招生制度改革，专家学者提出的一个重要问题就是"加大治理力度，规范考试招生秩序"，指出"只有让考试招生秩序井然，才能保证制度的公信力，坚定社会公众对改革的信心；否则，改革随时可能因为民意的丧失而流产"②。

其次，制造结果平等，需要增加相应的法律。我们都应该了解这样的一个原理：个人天赋不同，家庭背景及环境的不同，个人努力的不同都是客观存在的，它们决定着平等的实现程度。因此，在事实上的平等与作为原则的平等之间就存在着种种差距。而打破这种差距的方法需要的是"平等的结果往往要求不平等的机会、有差别的措施"。这些措施就需要相应的弥补法律，这些法律的目的旨在消除"富人的后代还是富人"定律。推行相应的遗产税法律制度，进行一定的"劫富济贫"，消除下层民众在竞争中的机会平等，以防止印度影片《流浪者》中"强盗的儿子还是强盗"的逻辑出现。为此，约翰·罗尔斯提出："分配部门的两个方面来自两个正义原则。遗产税、累进制所得税（当必要时）和对财产权利的法律限定都要保证民主的财产所有制中的平等自由制度和它们所确立的权利的公平价值。"③

按照马克思主义原理来看，"由于在社会领域，权利和责任在本质上是相连的，权利的逻辑必然导向责任的逻辑，因为任何权利在指向他人时必然就变成了一项责任。所以平等必然是在一定的社会中通过具体的社会关系实现的，这意味着人的发展不完全是个人的，它可以被社会各种力量驱动，社会关系影响着个人的能力。所以人的发展必须考虑这种相互依赖，考虑人之于

---

① 朱虹. 必须重塑社会信任 [J]. 新华文摘, 2012 (19): 31-32.
② 钟秉林. 积极稳妥地推进高等学校考试招生制度改革 [J]. 新华文摘, 2013 (3): 119-123.
③ 罗尔斯. 正义论 [M]. 何怀宏, 何包钢, 廖申白, 等译. 北京：中国社会科学出版社, 1998: 280.

<<< 第六章 公民平等权与群体优惠政策的统一

他人的意义,而当将目光转向人类这一共同体时,它所指的平等便克服了阶级局限,转向社会中每一个体及其群体、民族"①。

再次,为了体现机会平等,相应群体优惠政策需根据时代发展逐步淡化。我们经常看到一些影视片中有这样的场景:某个人因为某种原因被排斥到一个活动之外,这个人常常会大喊:"连机会都不给予我,这是不公平的!"接着,这个演员就采取种种方法,赢得了一个出镜的机会,通过成功展示,赢得了一片掌声。从这些场景,我们可以看出,排斥给人一个机会,往往会决定一个人一生的命运,而这个机会平等才能保证一个人即使失败了,他也不会遗憾。

王海明教授认为:"机会平等分为两类。一类叫作'竞争权利的机会平等',它是竞争非基本权利的目标的机会平等,主要是获得职务和地位、权力和财富的机会平等。这种机会平等可以归结为'职务和地位唯才德是举而向所有人开放'。它是形式的、表层的机会平等。另一类则叫作'发展潜能的机会平等',它是竞争非基本权利的手段的机会平等,主要是受教育的机会平等。这种机会平等可以归结为'每个人的才德都有平等的机会发挥',它是实质的、深层的机会平等。"②马戎教授认为:"传统理想主义的'平等'观,强调的是事实上结果的平等,不考虑个人和团体的竞争能力和努力程度。如中国农民传统的平等观念和做法是'均田',隐含着对分配结果'不平等'的否定与纠正。看别人挣得多就眼红,这种做法强调的是现有财富的重新分配,而不是新财富的创造。欧美社会的'平等'观,强调的是竞争中每个人的'机会平等',这是鼓励个人发奋努力的机制,对于资本主义经济和社会的发展起到积极的推动作用。当我们谈论个体之间的平等时,需要强调的是是否存在制度性歧视。"③

现今,我们许多人争论的大都是王海明教授所言的"竞争权利的机会平

---

① 路宪民.社会主义民族优惠政策的理论依据及其现实意义[J].民族论坛,2011(16):67-70.
② 王海明.公正与人道:国家治理道德原则体系[M].北京:商务印书馆,2010:209.
③ 马戎.民族社会学:社会学的族群关系研究[M].北京:北京大学出版社,2004:534.

等"。而这种"竞争权利的机会平等"又涉及马戎教授所说的"制度的规范、不带歧视的公平"。马戎又指出,"西方国家的平等观念注意了两个层次,一是对于整体社会的意识形态教育来说,强调的是'个人之间的竞争机会平等'(法律上的平等),使少数族群因优惠政策而产生的依赖心理的副作用尽可能降低;二是在以具体族群或个人为对象来制定和执行各项具体政策时,还是会考虑和照顾到族群差异的协调,适当对弱势族群给予照顾"[1]。

基于这点认识,我们可以看出,群体优惠政策体现的是结果平等,但并未挤占普通公民的机会平等。需要让民众认同这样一种事实:一些少数民族存在语言劣势,为了创造竞争的机会平等,在某种情况下,比如,需要少数民族双语人才的岗位上,需给予他们机会平等的条件。并且,从促进一些少数民族成员拥有"发展潜能的机会平等"来看,提高其受教育的水准也是有必要的。

当一些特定群体发展到一定阶段后,先天条件不足已经改变,在社会竞争上已达到同相应群体站在同一起跑线时,优惠政策就有必要取消。美国自2000年以来,一些行政命令(如13208、13202号)开始强调"联邦政府在其资助或援助的政府承包商建设项目的劳动关系方面的中立地位"以及"禁止歧视政府承包商"等,这与20世纪六七十年代联邦政府强力干预承包商雇佣活动的规定形成鲜明对比。[2] 这从一个方面表明,随着民族平等关系的改善,优惠政策必然要逐步减少、淡化,最终实现一个无差别的公平竞争。

为此,针对一些条件转好的地区群体来说,对于其参加招生、就业等竞争时,降低分配份额,缩小同其他群体公平竞争机会的必要性。

最后,程序平等更应受到关注。如前所述,我们探讨了程序公正,在一些涉及求职、就业的过程中,程序平等同程序公正意义一致,就是保证公开化,避免过程中的一些不合理现象,抑或歧视现象出现。当前,面对公务员招考政策中的一些歧视现象,人们大都认为,"通过完善政策可以解决一些就

---

[1] 马戎. 民族社会学:社会学的族群关系研究 [M]. 北京:北京大学出版社,2004:534.
[2] 周少青. 反歧视:"肯定性行动"政策和立法的本位:"肯定性行动"刍议(一)[N]. 中国民族报,2013-01-18(8).

业歧视问题。但是有一些是走后门、靠关系的,就很难杜绝了"。这就涉及程序公平现象了,而程序公平主要体现在是否公开阳光化。也有学者提出过程平等,即"社会发展的众多参与者,在从事自己的活动时,面对相同的环境,遵守相同的规则,拥有相同的权利,得到相同的对待"①。其实质就是要求程序公平。

韩国民众对公务员考试过程,尤其是面试环节的公正性有很大的质疑,韩国政府为了保证考试的公正性做了不少努力。为了使特别录用制度更加系统化,行政安全部颁布了《公务员采用制度先进化方案》,规定各部处要将用人职位和选拔顺序进行公示,并向民众公开录用的全部过程,以保障公正性和透明性。② 可以说,现实社会中,公民群体最担忧的是中国再出现古代社会的门阀制度,挤占下层公民晋升的阶梯和机会。

五、相关政策由群体转向个体及特定弱势群体

任何一种政策的实施,都有赖于全体公民的理解。改革开放多年来,由于贫富差距的悬殊、腐败滋生的众多民生问题,导致了政府部门和民众之间的不信任。这有赖于建立一种有效的监督机制,重新提升政府部门的权威感,让人民相信政府的有关决策。

在执行过程中,优待政策的各项规定的准确性是十分重要的。以民族优惠政策为例,第一,涵盖范围很宽的规定使得最不需要优待政策的群体也可能被包含在优待范围内。第二,采用非族群的界定办法会导致优待政策产生漏洞。第三,范围较广的政策增加了其在执行中的灵活性,以便使相互矛盾的政策目标(如提高生产率、调和政治对立),都能够予以考虑。第四,被优待群体的界定方式决定了优待政策的内涵和外延。③ 对此,D. 霍洛维茨(Donald L. Horowitz)的看法很有针对性。而且在西方很多公众也主张将民族

---

① 鲁鹏. 公平问题三思 [J]. 江海学刊, 2013 (1): 53-58, 238.
② 黄莹莹, 张雅诗. 公务员考试普遍存在歧视现象 [N]. 国际先驱导报, 2011-11-28 (4).
③ 马戎. 西方民族社会学经典读本: 种族与族群关系研究 [M]. 北京: 北京大学出版社, 2010: 352.

群体优惠政策：遵循公民平等权 >>>

优惠政策修改为针对需要帮助的个体，而不是群体。另外，对相关的优惠政策具体指定为弱势群体。例如，美国从20世纪90年代后期开始的"肯定性行动"的一个重要转向是，将残疾人、退伍军人等弱势群体纳入保护范围（克林顿、小布什和奥巴马先后签发了十几个行政命令，以提升这两个群体在就业及其他方面的机会）。①

对社会不同个体来说，如果要创造一种公平的政策，让国内每个人都感受到公民平等的权利，政府除了在一些优惠政策上对贫困汉族地区同民族自治地区弱势群体采取统一的帮扶政策外，也应采取一定的措施，对拥有优势地位的群体进行限制，比如，设立遗产税，加大富人的缴税标准，以一种方式打破富有者遗传给其亲族的条件优势，为新生代创造一种公平的起点机会。温家宝同志曾指出："如同真理是思想体系的首要价值，公平正义是社会主义国家制度的首要价值。公平正义就是要尊重每一个人，维护每一个人的合法权益，在自由平等的条件下，为每一个人创造全面发展的机会。如果说发展经济、改善民生是政府的天职，那么推进社会公平正义就是政府的良心。"②

近些年来，许多富有群体通过种种手段来挤占原本设立给弱势群体的"福利"，饱受诟病。这就让人们谴责：这些原本是给穷困阶层提供平等福利的机会被抢占，公平效应遭到质疑，质疑政策应该如何保证程序公平！

当前强调的"效率优先、兼顾公平"这种公平理念的认同，并不为许多人看好，有学者坦言："只是就经济领域中的分配方式而言的，并不是适用于政治、社会、文化、教育和伦理领域的普遍原则"。"经济发展到一定的程度，特别是建立了社会主义市场经济体制以后，效率和效益意识逐步深入人心。效率问题得到了解决，应该更多地强调公平理念。在经济、社会、道德等不同领域，采取相应的制度措施，正确处理二者之间的矛盾，有利于广大人民群众最大利益的思想，有利于经济的发展和社会的和谐，有利于国家政权的

---

① 周少青. 反歧视："肯定性行动"政策和立法的本位："肯定性行动"刍议（一）[N]. 中国民族报，2013-01-18（8）.
② 温家宝. 温家宝总理回答中外记者提问[N]. 人民日报，2008-03-19（3）.

巩固。"①

在实践中，我们国家开展的"精准扶贫"政策就是这样的一个转变。精准扶贫是2013年11月习近平总书记在湖南湘西花垣县十八洞村考察时提出的，2014年1月，中共中央办公厅详细规制了精准扶贫工作模式的顶层设计，推动了"精准扶贫"思想落地。精准扶贫是指针对不同贫困区域环境、不同贫困农户状况，运用科学有效程序对扶贫对象实施精确识别、精确帮扶、精确管理的治贫方式。这种扶贫可以将资金用到实处，用到真正需要帮助的个体和地区间，实现帮扶的公正性。

六、加大公民社会组织的构建

公民社会的意义在于扩张公民参与国家事务的能力和积极性。当前，公民法律意识的复苏，在促进"依法治国"的道路上体现了好的一面，但是，我们也应该看到，如果没有良好的公民社会建构基础，许多积极有效的主张、政策依然会失去它积极有效的一面，社会的不公平一面依然存在。

我国学者俞可平将公民社会的实质归纳为三点：其一，公民社会是相对独立于国家的社会生活领域，没有这种相对独立性，就没有公民社会。其二，公民社会的构成要素主要是各种非政府组织、社区组织、利益团体、志愿性社团、社会运动等。换言之，公民社会的主要载体是大量的民间组织。其三，公民社会有一整套价值理念和规范，比如，尊崇民主与法治的原则性、个体性、包容性、多元性、公开性、参与性等。②

据统计，近年来，美国的NGO（非政府组织）数量已经超过了100万家，这些NGO大抵分布在教育、科技、医药、文化、艺术、扶贫、环保、弱势群体保护等方面，并以基金会、研究所、商会、学会、公司、教会等形式存在。这些社会组织构成了当地公民社会的主体，它们的创立和运行都服从于"维护公民利益"这一目标。所以，一旦有其他的力量侵犯到公民的正当利益，

---

① 罗国杰. 论社会主义公正原则 [J]. 中国社会科学文摘, 2013 (3)：38-39.
② 俞可平. 治理与善治 [M]. 北京：社会科学文献出版社, 2000：327-328.

这些机构便会挺身而出。当然，全球化时代的信息、资本、商品和人口都处于前所未有的迅捷流动状态。鉴于此，这些公民组织除了维护本地公民的正当利益，往往也会爆发异地抗议的行动，在他们看来，他们所维护的是"社会正义"这一宏大目标。

根据中央民族大学管理学院提供的数据，约有13万个社会组织在我国西部地区开展工作。他们活跃在扶贫、环保、医疗卫生、教育、妇女儿童权益保护等领域。[1] 鼓励利益涉及者参与自身事务的管理，这是社会组织区别于政府部门的工作方式。某种情况下，这也有助于西部地区民众对自身公民意识的认同。"民族地区的建设和发展，归根到底还是要靠民族地区民众自身。社会组织也在谋求自身角色从'拯救者'到'启蒙人'的转变。"[2] 但是，西部地区社会组织尚处于初级阶段，还存在许多问题，这些都是制约这些组织在西部地区发挥更大作用的因素。

相对于个人力量的薄弱，公民组织可以整合成强大的支持力量。而且，公民组织内拥有经过训练的专业社会工作人员，这类人员是"毕业于社会工作学院，运用他们的知识和技巧为案主（一般包括个人、家庭、团体、社区、组织和社会）提供社会服务的人员。社会工作者帮助人们提高解决问题的能力，帮助他们获得所需求的资源，促进个体与人们及其环境的互动，促使组织负起对人们的责任，影响社会政策"[3]。

大力推进相应的公民组织，有助于公民理念的推进，也有助于社会的融合。

七、树立国家—英雄的公正价值观

国家出台相关的烈士抚恤政策，给予烈士后人以相关的照顾政策，这是

---

[1] 王珍. 从"拯救者"到"启蒙人"：民族地区社会组织培育希望[N]. 中国民族报，2013-01-18.

[2] 王珍. 从"拯救者"到"启蒙人"：民族地区社会组织培育希望[N]. 中国民族报，2013-01-18.

[3] 李林凤. 论社会工作者的族群文化敏感性：多元文化背景下社会工作本土化的一种探索[J]. 贵州师范大学学报（社会科学版），2007（1）：28-33.

符合正义的价值取向。国家对军人给予相应的优惠政策,同样也是一种正义的价值取向。

没有英烈,就没有我们美好的生活;没有军人,就没有我们家园的安宁。"从来没有什么岁月静好,只是有人在替我们负重远行。"近代学者郁达夫曾说过:"一个没有英雄的民族是不幸的,一个有英雄却不知敬重爱惜的民族是不可救药的。"

高考照顾政策往往是社会关注公平的热点,无论是对名人群体、外籍群体,还是对特定地区群体的照顾政策,都争议颇大。唯有烈士子女的群体照顾,大部分人都是认可的。我们认可这一群体享有相应的优惠政策,因为正是他们,让我们的社会拥有着持续的正能量。他们就是鲁迅说的——中国的脊梁。

爱惜英雄,爱惜保家卫国的军人,对他们实行优惠政策,这是公平正义的一种体现。这种价值观的认定,应该是任何公民社会都会认同的。这一群体的优惠政策不应受时效性限制,是社会道德光辉的反映。

第三节　推进人类命运共同体的建设是全面平等权的体现

一、从"地球村"到"人类命运共同体"

人类在进入文明时代后,许多具有伟大志向的统治者,总是想着能征服所看到的一切土地。人类历史上著名的大帝国都是这样的产物。从最早的跨洲帝国——波斯帝国开始,马其顿帝国、罗马帝国、奥斯曼帝国、俄罗斯帝国,以及中国历史上的蒙古帝国,无不展现出征服者梦寐以求的愿望。然而,限于历史条件,以及统治政策,这些帝国要不昙花一现,要不冲突不断,在矛盾中解体。从来没有一个统治者能在有生之年统治全球。

在地理学习中,人们一直在探索地球是方的还是圆的。经过漫长的科技发展,指南针、罗盘在航海中应用广泛,在14—15世纪的航海大发现时代,航海家们终于证明了地球是圆的。麦哲伦（Ferdinand Magellan）环球航海，将地球各个地方连接到了一起。这也让世人了解到地球具体有多大，随之而来的就是西方殖民者凭借坚船利炮在全球各地大肆掠夺，尽管西方殖民者拥有那个时代的锐利武器，但在频频遭受殖民地人民的反抗过程中，他们依然未能统治全球。由于西方殖民者的广泛扩张，带给世界的一个转变就是，世界上各个地方被资本主义浸透，各个地区的民族和人民不再是陌生的人群，英语逐渐被广泛地应用，不同民族之间的联系开始紧密起来。

到了20世纪，随着各种现代交通工具的快速发展，人们的距离不断拉近，随着广播、电视、互联网和其他电子媒介的出现，人与人之间的联系日益紧密，整个世界仿佛紧缩成一个"村落"。"地球村"（global village）的概念应运而生。1964年，加拿大传播学家M.麦克卢汉（Marshall Mcluhan）在他的《理解媒介：论人的延伸》一书中首次提出了"地球村"。麦克卢汉的"地球村"主要含义不是指发达的传媒使地球变小了，而是指人们的交往方式以及人的社会和文化形态发生了重大变化。交通工具的发达曾经使地球上的原有"村落"都市化，人与人之间的直接交往被迫中断，由直接的、口语化的交往变成了非直接的、文字化的交往。而电子媒介又实施着反都市化，即"重新村落化"，消解城市的集权，使人的交往方式重新回到个人对个人的交往。M.麦克卢汉的"地球村"理论，是全球化理论的萌芽，对后来研究全球化的学者产生了深远的影响。可以说M.麦克卢汉的"地球村"主要体现了人们生活方式的转变、人际交往的转变。20世纪90年代后，互联网在世界各地的普及，将"地球村"的情况更快地验证，信息的传递往往可以随时随地达到全球共知，人们可以通过互联网了解到全球各地不同民族的独特习俗，也可以认识到各个民族之间不同的价值观、信仰。

相对于"地球村"的信息传播的迅速，随后的全球化则进一步提升了这个概念。全球化是指全球联系不断增强，人类生活在全球规模的基础上发展及全球意识的崛起。国与国之间在政治、经济贸易上互相依存。全球化亦可以解释为世界的压缩和视全球为一个整体。全球化最先由于跨国公司经济上的全球发展，进而带动各国政治、文化等多方面的联系。可以说世界各国在全球化浪潮的席卷下，联系日趋紧密。全球化让各国人民能真实地接触，也让不同民族不同人群可以跨越国家去体验、去了解另一个不同人群的生活。自然，全球化也有着相应的利弊。从经济全球化来看，有利因素包括：1. 可以充分地利用外资，促进经济增长。2. 资本的进入带来了实用技术、管理经验和企业创新精神。3. 资本的进入有利于我国国有企业建立现代企业制度。4. 外资的进入有助于解决发展中国家剩余劳动力就业问题。5. 经济全球化促进了发展中国家的金融市场的完善，有利于发展中国家的货币化和金融深化。6. 资本的进入有利于非市场经济国家的经济转型。其弊端包括：1. 大量外资的进入容易造成债务负担，可能引发国际债务危机。2. 外资的进入对民族资本和民族工业冲击较大。3. 经济全球化使发展中国家生态环境和可持续发展的矛盾日益尖锐。4. 跨国资本的进入增大了金融市场的投机性和风险度，容易给短期投机资本冲击较虚弱的发展中国家国内市场造成可乘之机。5. 经济全球化背景下的发展中国家经济转型充满了动荡和起伏。6. 经济全球化加速了发展中国家和发达国家之间经济发展的不平衡。7. 经济全球化在一定程度上损害了发展中国家的经济主权。而且，经济全球化也伴随着帝国主义对发展中国家的文化和政治上的侵蚀。发达国家利用全球化在世界各地输出他们自身的价值观，导致了世界各地频频发生"颜色革命"，甚至颠覆一些国家的政权。而文化的输出也压制不发达国家的文化，形成文化帝国主义。

  人类只有一个地球，一个世界。作为现代历史上有影响力的大科学家，爱因斯坦（Albert Einstein）就对民族主义，尤其是披着爱国主义外衣的极端民族主义并不认同，他考虑到人类整体的进步，"他在《时代的继承者》一文中提出了'人类共同体'的概念，强调知识与文明的进步必须克服族群偏见"[1]。爱因斯坦看到了全球性的问题，但他的观点受当时社会中民族主义蔓延的浪潮影响，并未普及。2012 年 11 月，中共十八大明确提出要倡导"人类命运共同体"意识。习近平就任总书记后首次会见外国人士就表示，国际社会日益成为一个你中有我、我中有你的"命运共同体"，面对世界经济的复杂

---

[1] 李晔梦. 爱因斯坦对极端民族主义的抵制与批判［J］. 外国问题研究，2022（4）：114-122，126.

形势和全球性问题，任何国家都不可能独善其身。"命运共同体"是中国政府反复强调的关于人类社会的新理念。2011年《中国的和平发展》白皮书提出，要以"命运共同体"的新视角，寻求人类的共同利益和共同价值的新内涵。

2022年11月，人类命运共同体理念被写入联合国大会裁军与国际安全委员会三项决议，获得了国际认同。中国政府中东问题特使表示，在世界处于百年未有之大变局、人类社会面临前所未有挑战的历史背景下，构建面向新时代的中阿命运共同体是人类命运共同体在中东方向的生动实践，是落实全球发展倡议、全球安全倡议、全球文明倡议的重大成果，也是中国与阿拉伯国家全面合作、共同发展、面向未来的战略伙伴关系的重要缩影。[1] 构建人类命运共同体同全球化不同，它代表着全人类共同发展的心愿，不是一种损人不利己的想法。中国政府致力于合作共赢，共建团结友爱的人类生存空间。促进和谐发展的良好意愿，这一口号得到了越来越多的各国人民认同。

从"地球村"到"人类命运共同体"，一方面说明世界各国的联系日益紧密，另一方面也说明随着人们交往的密切，各个民族群体之间文化、政治、经济的互通将促进彼此之间了解更深入，人们在共同的价值观基础上，能有助于构建更新型的平等、互助机制，也更有助于公平正义理念的实现。在有关人类公平正义的共识价值观基础上，世界各国实行的弱势群体优惠政策，在一定条件下可以互相承认，这也有助于人类命运共同体的紧密相连。

二、国际社会共同努力推进公民平等权的实现

2020年，一场席卷全球的疫情将世界各国的目光聚集在一起。新冠疫情在全球肆虐期间，各国政要指责别国传递病毒的"甩锅"态度有之，民众不理解抵制防疫手段的有之……然而，疫情的发展并不以个人的意志为转移，全球化扩散成为必然。这也让人们再次意识到，在全球化的今天，面对疾疫的扩散，故步自封是抵挡不了传染病的扩散的，摒弃狭隘的政治意识、自我

---

[1] "构建人类命运共同体理念代表人类发展进步潮流"[N]，人民日报，2023-10-11(3).

利益，采取有效合作才是人类抗争疾疫的唯一途径。但没有一定的前期基础培育，还是会出现离心离德的现象的。

可以说这场全球化的疫情也让人们认识到各国各民族群体在当前时代已经难以独善其身，那种梦想只维护自身群体利益的政策不利于人类共同生存。

（一）抗击疫情需要全球的通力合作

1. 人类同瘟疫斗争的历史过程

人类在进入文明社会后，随着聚居人口的增多，疾疫也如影随形地出现在历史的记载中，并影响了人类的历史。古人将各种传染性的疾病统称为"瘟疫"或者"大流行"。当前可发现的记载传染病最早的人是来自古希腊的修昔底德（Thucydides），这位古希腊的历史学家在其《伯罗奔尼撒战争史》一书中描述了公元前430年发生在古希腊的瘟疫，这场瘟疫夺走了古希腊城邦1/4的人口。战争中雅典城邦一方因为军队中的生力军1/4死于瘟疫，严重削弱了实力而落败于斯巴达一方。这场瘟疫是从非洲传播到波斯（古伊朗），再传播到古希腊。根据修昔底德的描述，后人推断这场瘟疫有鼠疫、天花、麻疹、伤寒等。

我国最早可见的疾疫记载发生在殷商时期的甲骨文上，具体时间不详。西汉的司马迁在《史记》中对秦汉时期的疾疫有所记载，如"十月庚寅，蝗虫从东方来，蔽天。天下疫"。之后，我国史籍和国外史籍关于疾疫的记载不绝如缕。且人类历史上暴发的疫情总有惊人规模的显现，不断影响王朝的更迭，以及社会的发展。罗马帝国的衰落同两次大瘟疫密不可分，公元165—180年的"安东尼时期黑死病"，公元211—266年的瘟疫，这两次瘟疫蔓延时间长，死亡人数多，造成了罗马帝国的衰落。公元1347—1351年，中世纪西欧蔓延的黑死病致使许多地方1/3到1/2人口死去，这场灾疫带来了两个社会变化，一个是宗教改革，灾疫需要有新的教义来解读，否则会削弱人们对宗教的热忱。另一个是欧洲农奴解放及美洲的黑奴贸易。

在人类同疾疫斗争过程中，人类也积累了一定防治方法。从现代传染病学关于防疫的方案来看，主要有控制传染源、切断传播途径、保护易感人群三方面。而这三方面也是人类在抗疫斗争中，用无数的伤痛总结出来的。人类抗疫的历史,是一个个惨痛的历史。随着人类社会的进步,防疫的要求也变得越来越高。

2. 全球化在防疫上带来的不利因素

现代意义上的国家陆续建立后,基于相应法律、贸易等国际公认准则的规范,跨国的人际往来日益增多,这种人际往来突破了古代疫情传播的三个途径。20世纪90年代以来,全球化更是将国与国之间人员往来带入一个新的地步,也将防疫带入一个更深更广的范围。全球化对防疫方面有着一定的积极意义,主要体现在两方面。一方面是信息共享。由于信息化时代的到来,人们在信息传播方面达到了即时共享的地步,许多疾疫事件都能迅速传到各地。另一方面是医疗互助。最典型的是新型疾疫发生后,世界各国医疗界往往能投入专业的研究,为治疗疾疫提供帮助。事物总是双面的,全球化给疾疫防治带来有利一面的同时,也带来更多的负面因素,这种不利因素主要有几方面:一、全球化带来人员流动的加速和频繁。由于科技的进步,古代最快的交通工具——马的速度远远落后于现在的高铁、飞机,人们以前期望的日行全球不再是个问题。这种出行的便利,也造成疫情传播的速度和范围存在着更多不可控的因素。二、全球防疫的成本巨大。由于疫情传播的速度和范围的程度加大,这也造成全球防疫的成本巨大,往往由以往一国的一个地区可能扩展到多国乃至全球,管控的交通、人员变得复杂多变,投入的资本剧增。三、国家之间的主权壁垒造成全球合作防疫的困难。虽然全球化带来世界各国联系的紧密,但对于主权国家来说,引入国际帮助时,保护主权利益问题往往成为防治疾疫合作的壁垒之一。四、帮助不发达国家防疫的努力尚存在困难。世界上不发达国家的数量尚很多,这些国家也经常发生疾疫,它们在疾疫的防治上缺乏相应的条件,而国际上对此提供帮助尚存在困难。像非洲暴发过的埃博拉病毒等疾疫,曾经蔓延过多个非洲国家,如何彻底清除这种病毒,迄今尚未有有效的方法。可以明确的是非洲国家自身是缺乏研发能力和防治能力的,如果没有国际的帮助,这种疾疫再次传播时,依然会带走更多人的生命。五、对世界经济的影响。当前世界的经济全球化导致了彼此之间依存程度的高度融合,疾疫的发生造就全球的恐慌不再是一句空话,而经济因为疾疫的防控陷入停滞也不是一句空话。六、对世界各国人民生活的影响。疾疫影响生活是不可避免的，从传统习俗，到日常穿着，像中国的"非典""新冠"导致了人们出行佩戴口罩，日常娱乐的停止……这都是明显的事情。

3. 人类战胜疾疫的斗争需要提升自身的认知

瑞典病理学家汉森（Folke Henschen）说过，人类的历史即其疾病的历史。如果分析人类传染病的历史，我们会惊奇地发现，许多传染病都来源于动物。具体来看，天花是从牛瘟传过来的，鼠疫是从老鼠身上传过来的，狂犬病来自狗身上，流感又是从鸡、猪身上传过来的，艾滋病是从猴子身上传来的，麻疹是从牛瘟或狗瘟传来的，蛔虫是从猪身上传来的，疟疾、登革热是从蚊子身上传过来的，霍乱是从动物身上传出来的，埃博拉病毒也是来自猩猩和各种猴类，"非典"是从果子狸身上传出来的，"新冠"病毒的传染源的宿主可能是蝙蝠或水貂……

动物和我们的生活息息相关，人类的家禽家畜提供给人们日常食物，它们在染有疾疫的时候，如果人类不能有效地防护也能带给自身传染病的传播。近些年来，还有一些来自非传统食物的动物，不断地走入人们的视野，它们带来的是更新的病毒，而这种病毒的防治我们尚欠缺有效的手段，这带给我们的是惨痛的教训。首要的教训是公共卫生的转变。第二个教训是我们如何转变生活方式。在抗击疾疫的过程中，医学家、科学家、政治家、哲学家等众多的人类精英思索了许多，人类的共识是人与自然的和谐，这种和谐需要全世界的共同努力，全球化的世界各国，在防疫中只有同舟共济方能共渡难关，闭关锁国并不能独善其身。毕竟，新型病毒不知什么时候再出现，其传染形式也不知如何演变。

4. 防疫教育是全球化防疫的基础

人类历史上的疫情史随着人员往来范围的增大，规模也越来越大，人们对防疫知识认知的程度也会影响他们对疫情防治的配合。历史上这类例子很多，英国的"贤人村"就是其中一个经典实例：英国有个亚姆村，这个村介于英格兰的中间地带。在欧洲中世纪黑死病肆虐的时候，亚姆村的村民为了防止疾疫的扩散，自愿将自己隔离在这个村里，并在交通路口设立相应的门障，劝阻南北人员的流动，用自己一村人的牺牲保障了英格兰北部地区没有受到疫情的波及。最后这个村的村民仅有几十人幸存，其中近一半为孩子。亚姆村村民的善良来自他们所受的仁爱的教育，在亚姆村中央空地的纪念碑上记录了村民的选择："走的话未必能活，谁也不知道自己有没有感染瘟疫；不走的话就会死，哪怕没感染的人也很容易被感染。但我们愿意试试，因为善良需要传递下去，后人们要记住善良。"防疫教育就是要传递善良这种正能量。这种善良的正能量更多的是让人们了解疾疫，能正确地对待疾疫。

2020年新冠疫情的暴发也让人们深刻认识到防疫教育的重要性。灾难是最好的教育，也正是防疫过程中的一件件实例，让我们认识到开展防疫教育的重要性。教育是防疫成功的基础，全球化时代需要每个国家都展开这类防疫教育。全球化防疫教育需要不同国家不同民族全员都参与进来，幻想疫情出现后再开展相应的防疫教育，所带来的困难将是巨大的，即时性的教育投入也往往赶不上疫情的扩散。许多人在自己染上疾疫后，才知道应该如何防疫，但此时带给自身乃至他人的危害已经扩散了。联合国世界卫生组织在面对全球逐步增多的疫情事件时，发挥其主导作用，促进各国开展防疫教育将成为今后工作的重点。

5. 各国防控疾疫传播的合作是全球化防疫的合作重点

疾疫传播是一个病毒传播，但在防疫过程中需要合作的有两个传播方面。一个是管控疾疫病毒传播的合作，另一个就是传播学中对疾疫信息传播的合作。

管控疾疫病毒传播的合作主要包括两点：一是控制疾疫病毒传播，切断传染源的国家合作。疾疫传播作为一种病毒传播，最初是由个体发生，继而拓展到群体身体的传播。控制发病体也是防止传染源扩散的一个重要方法，它要求国家之间在界定传染人员流动方面的合作，如遵守所在国对传染人员的隔离政策、遵守所在国对防疫采取的防治措施等。二是对新发生疾疫病毒传播的特点、类型进行科学研究合作的交流。治疗和研究是防治疾疫扩散的一个重点。在当前新型疾疫频出的情况下，全球疾疫防治的科研和政府力量的合作是必不可少的，亟须强化。

疾疫信息传播的合作主要集中在疾疫传播主要发源地、疾疫传播范围、疾疫传播人群的流动、疾疫传播的管控情况。这种传播主要依靠大众传播媒体和权威功效。由于自媒体发生的新型效果，人人是时代新闻的传播者，这也让大众传播媒体的权威性报道受到挑战，如何有效利用自媒体也是疫情信息传播的合作条件之一。

疾疫信息的传播必须做到客观、公正、及时。2003年在中国暴发了"非典"疾疫，痛定思痛，中国疾控中心试图打造综合的监测系统，花费大价钱建立起来"传染病网络直报系统"，这个直报系统"横向到边、纵向到底"——横向覆盖全国，纵向"到乡镇卫生院的电脑里都可以看到这个网络系统"[1]。在2020年暴发的新冠疫情中，其信息监控的功能并未得到体现，引发了相应的质疑。这种质疑体现在了多方面：一是信息监控的录入仅仅涉及医务人员，排斥了相应的其他从业人员对疫情举报的义务和职能；二是该系统的录入程序复杂，要求专业培训程度高，从某方面来讲造成了医务人员信息录入的障碍；三是该系统的发布权和监管权限应该如何分配；即国家、省、市乃至县级部门对疾控信息发布的权限该如何分配；四是该系统能否给予社会大众一定的查看权限。以上问题都是需要加以考虑的，只有考虑全面，有助于调动全社会参与进来的传染病信息监控系统才能发挥真正的疫情防治作用，重金打造的信息监控系统才有真正的价值。

相对于全球化防疫的合作来说，世界各国在疫情发生时应该杜绝自私自利的行为，应该有效开展彼此之间的信息共享行为，应该更好地发挥世界卫生组织在疫情防控期间的信息传递的主导地位。

疾疫信息传播中的科学研究是其中必不可少的一环，我们知道，无论何种防疫，最终能取得抗疫胜利的关键还是治疗病毒的药品研制的成功。这就需要对于疾疫病毒信息的共享，无论是哪国或者哪位科研工作者，如果能快速地研制出治疗相应疾疫的药品，都是对全人类的贡献。任何一种疾疫治疗

---

[1] 刘玉海. 中国疾控中心原副主任杨功焕：SARS之后国家重金建立传染病网络直报系统，应关注其在这次疫情中如何运行［EB/OL］. 经济观察网，2020-01-30.

药品的研制成功并不一定是疾疫最初发源地国家，相对于一些科研条件落后的国家来说，通过疾疫信息传递，依靠发达国家的科研条件促进药品研发成功也是必然的。天花病毒的治疗就是典型的一例，1980年5月8日，世界卫生组织第33届大会正式宣布，人类已经彻底消灭天花。这次胜利主要是世界卫生组织调动大批人力物力，运用手中治疗天花的技术，对缺乏治疗的不发达国家给予帮助才取得的成效。狂暴肆虐非洲的埃博拉病毒的治疗药物研发也得益于西方发达国家的科研人员。

6. 机构设置是全球化防疫的核心

世界卫生组织作为联合国下属的一个专门机构，成立于1948年，总部设在瑞士日内瓦，它负责对全球卫生事务提供领导，在当前全球化防疫中起到了重要的作用。世界卫生组织这个机构能否取得成功，还在于世界各国防疫组织是否精练高效。

制约全球化防疫的影响因素有许多，它要求今天防疫的行政机构具有更广泛的效力或权限。主要包括如下：一、信息反馈的联动。疾疫信息的反馈一般需要建立两方面的联动，一方面是医疗系统，病人就诊的医院往往是疾疫被发现的首要信息源，医疗系统的信息反馈是相当重要的。另一方面是民间反馈。信息化的时代，尤其是网络带来的自媒体时代，当人人都是传媒人时，如何获得有效的信息反馈就成为当前防疫行政机构的一个关键所在。新冠疫情在扩散前期就有8人通过不同方式表达了对相应症状的警醒。国内拥有发达的网络监管部门，网络监管部门对有关疫情信息的反馈应同专业的防疫部门建立系统的合作平台。二、医院疾疫诊断的联动性。我们知道医生的诊断往往是疾疫发现的开始，如何促进医生对疾疫的敏感性，这不仅仅是提升医生专业水平的一个方面，也是医生对疾疫研究的一个重要培养。来自医生对疾疫的敏感认定，需要同专业机构构建联动机制，这个专业机构包括病毒研究所、主管防疫部门。三、病毒研究部门的联动。现代科学让人们有条件更快地检测新病毒的特性，各国相应的病毒研究机构在出现疑似病毒时，快速地介入是研发新型病毒治疗药剂实验早日成功的重要条件，这就需要病毒研究机构和相应的防疫部门、医疗部门的平台合作。四、行政机构介入的联动。任何防疫都离不开政府行政部门的通力合作，这种行政介入需要的是全方位的介入。单从世界各国近些年来各种疫情的防治来看，军警人员、基层社区人员、各级行政部门的介入都是全方位的。无论从何种角度来看，各级行政部门的联动需要一个日常合作操作预案，这个预案在各级部门要有演练方案。当疫情出现时，联动机制可以迅速启动。五、信息的发布。防疫的信息发布主要是让人们配合防疫，其内容主要是明确疫情发展信息、疫情治疗防护方法、相关谣言的公示以及相应的管理方案等，通过信息的发布，促进人们的配合。从全球化防疫的发展来看，各省各地区防疫的行政机构中，防疫部门必然要拥有重要的疫情处置权，如同清末政府对伍连德所赋予的专家权威权力，各级部门皆需要建立相应的联动机制，在出现疫情时，杜绝官僚主义和相应的轻视态度。鉴于新冠疫情期间两度专家组检测方才确定传染问题的教训，防疫部门的专家需要综合三家平台共同组建，即防疫行政机构专职管理者、医院医生、病毒研究所科研人员。以此有效确定疾疫的情况，并会同相应的行政部门迅即开展疫情防治工作。

（二）环境恶化需要全球合作

早期的人类群体面对大自然是弱小的，他们满足自身生存需求即可，但经过几千年的发展，人类在高科技的影响下，对自然的索取越来越大。直接对自然界造成了极大的破坏，生态环境发生了持续的变化。这种变化的直接后果是不同国家不同民族的群体和个体都受到了深刻的影响。2023年，联合国报告表明，"由于人类的过度开发，在过去30年中，23%的耕地严重退化，1/3以上的土地面临沙漠化威胁。仅在20世纪90年代，全球森林面积减少9400公顷，相当于总面积的2.4%。目前，每年有4500亿吨废水、污水流入江河湖海。自然环境恶化严重威胁着地球上的野生物种，如今全球12%的鸟类和1/4的哺乳动物濒临灭绝，而过分捕捞已导致1/3鱼类资源枯竭"[①]。

人类在这一过程中，每一个群体和个人都受到极大的影响。单从气候温度来看，全球各地每年持续的高温让人酷热难耐，每年都有死于中暑的大量案例。

---

① 新华社. 权威人士：地球环境持续恶化［EB/OL］. 中央电视台新闻频道，2023-08-23.

再来看看让人一度记忆犹新的沙尘暴。沙尘暴是沙暴和尘暴两者兼有的总称，是指强风把地面大量沙尘物质吹起并卷入空中，使空气特别混浊，水平能见度小于一千米的严重风沙天气现象。其中沙暴系指大风把大量沙粒吹入近地层所形成的挟沙风暴；尘暴则是大风把大量尘埃及其他细颗粒物卷入高空所形成的风暴。当沙尘暴发生时，许多地区灰蒙蒙的都是尘土，看不清事物，太阳也像被遮挡住了，室外无法出行，人们的日常生活都被影响，家里饮用水中也满是秽浊的尘土。

由于空气污染，酸雨现象在一些地方也频繁发生。酸雨是指 pH 值小于 5.6 的雨雪或其他形式的降水。雨水被大气中存在的酸性气体污染。酸雨主要是人为地向大气中排放大量酸性物质造成的。大量燃烧含硫量高的煤而形成的，多为硫酸雨，少为硝酸雨，此外，各种机动车排放的尾气也是形成酸雨的重要原因。

全球的塑料污染也日益严重，由于塑料难降解，世界各国逐步开始限制塑料袋的应用。但塑料垃圾的产生依旧让人震惊。此外，还有人类生产生活产生的各类垃圾的数量也是惊人，许多发达国家为了转嫁垃圾处理的困难，采用损人不利己的办法将垃圾转运到发展中国家，给发展中国家制造环境污染。2023 年 8 月 24 日，日本不顾世界上众多国家的反对，开始将核污水向海洋中排放，这种行为给海洋生态带来巨大灾难。核污水排放将造成海洋生物受到污染，人类长期食用海洋鱼类将损害健康。

此外，因为耕地面积缩小、水源枯竭，许多人因为饥饿、缺水而死亡……资源的匮乏也导致许多人无法从事相关的职业，无法满足家庭及个人的生存。

地球的生态可以因为一个国家的任意妄为而造成巨大灾难，也可以因为生态的持续恶化导致地球的家园不复存在。保护生态环境也需要全球合作。否则，各种资源的争夺必将造成更多国家和地区的民族冲突，人类的灾难依然会发生。

（三）人类正义需要各国通力合作

在历史上，总是有许多违背公平正义的犯罪分子在挑战人类的良知，他们往往在本国犯下罪行，却逃亡他国以躲避惩罚。这样的事情很多，如何保证惩戒罪犯，这需要国与国之间的合作。

最初打击国际上的刑事犯罪组织是1923年成立的国际刑事警察组织，最初名为国际刑警委员会，总部设在奥地利首都维也纳。二战期间，该组织迁到德国首都柏林，一度受纳粹组织控制。二战后，英国、法国、比利时和斯堪的纳维亚半岛国家的刑事警察成立了新的组织，沿用"国际刑警委员会"的原名。1956年，该组织更名为国际刑事警察组织，1989年，该组织总部迁到法国里昂。由于国际刑警组织需保持政治中立，它并不会介入任何政治、军事、宗教或种族罪行，也不会介入非跨国罪案。它的目标是以民众安全为先，主要调查恐怖活动、有组织罪案、毒品、走私军火、偷运人蛇、清洗黑钱、儿童色情、高科技罪案及贪污等罪案。

国际刑警组织的存在一定程度上有利于打击国际犯罪。但政治上的因素，也影响国家之间对相应罪犯的惩戒。许多国家因为意识形态的因素，缺乏国家之间的引渡条约，这也导致一些罪犯抓住漏洞，逃亡无引渡条约国家，给人类公平正义带来遗憾。

由于世界民众的呼声，世界各国也意识到这个问题，许多国家通过多种方式的谈判，或通过中介机构的沟通，逐步建立起打击犯罪合作机制，为世界公平正义无死角创造条件。可以说，只要世界上没有特权，没有对特权阶层特许的优惠政策，罪恶将无所遁形，人人平等的世界才可能实现。

（四）和平稳定才有助于公民平等权的构建

人类创造了丰富多彩的文明，但如果没有一个稳定和谐共处的环境，人类的文明也可能处于灭亡的状态。两次世界大战的结果也证明了这点，大规模杀伤性武器的出现让未来的冲突更具毁灭性。1955年，爱因斯坦在伦敦签署《罗素-爱因斯坦宣言》。宣言对核武器带来的战争危险深表忧虑，他和众多科学家集体呼吁世界各国领导人通过和平方式解决国际冲突。在此前后，爱因斯坦面对记者采访预言过未来战争，他说："我不知道第三次世界大战会使用什么武器，但我知道第四次世界大战会使用棍子和石头。"相对世界大战的残酷性，国家之间、地区之间的战争冲突也无助于公民平等权的建设。

一个和平稳定的环境才能有助于法律建设。对于国家之间来说，如果不能保证友好相处，彼此之间争执冲突必然影响双方的关系，进而国家发展受阻，国家发展受阻会影响国内民生，民生出现问题会影响人民的生活。国家之内民族之间发生冲突，会影响国内稳定，国内稳定失衡，也会导致国家政策的实施受阻，进而形成反作用力，甚至导致国家分裂。第二次世界大战以后，国际上冲突频繁，许多第三世界国家由于战争冲突，依然深陷泥潭，不能发展。而一些曾发展良好的国家，由于内部纷争导致的分裂，至今难以恢复。像非洲的索马里，欧洲的前南斯拉夫，苏联的加盟共和国……一个个惨痛记忆让人难以忘怀。

一个国际上和平的环境和国内和平的环境，必然是公民平等权与群体优惠政策得以实施的必要条件。这个和平环境需要世界各国共同努力，也需要各民族精英群体转换认知，以世界为重，以自己国家为重，狭隘的自我民族主义无助于世界和国家的稳定，只有用平等的态度对待不同的群体，才能营造和谐的环境。

小　结

公民平等权与群体优惠政策的统一，更多的是要在社会树立正确的平等观念。人们应当认识到群体优惠政策是特定时期的特定产物。当一种平等达到时，相应的群体优惠政策也就完成了自身的历史使命。另外，弱势群体的优惠政策是体现平等权的一个具体表现，只要存在这样的情况，这类优惠政策也依然要持续。对烈士家属的抚恤优惠政策，是荣誉和褒奖，这类优惠政策是弘扬社会正能量的优惠政策，也是一种基于价值体现的平等观，必将持久地延续。追求公民平等权是社会进步的表现，也是法治思想深入的表现。它需要我们拥有正确看待优惠政策的眼光。

结 语

公民作为组成国家的社会共同体，基于平等的原则，享有共同的权利，承担共同的义务。这种思想自古代出现公民社会就出现了。古希腊时期的雅典城邦公民制，古罗马各个政权时期的罗马城、意大利同盟、行省公民制，都是公民制度早期的源流。尽管早期的公民制度具有严重的排外性、特权性，但就公民群体来说，其内部权利和义务是平等的。

资产阶级思想家在破除封建制度的启蒙时，提出了基于社会契约论的公民权利，并指出公民权利中最基本的权利就是"自由和平等"，还将这种公民思想予以普遍化，涉及组成国家的公民共同体的每一个成员。在这种理念的指引下，资产阶级的民主主义思想深入人心。人类社会任何一个文明时期的启蒙思想家提出的闪耀着时代智慧的理论，在某种程度上都是一种伟大的精神财富，而不仅仅局限于某些不完善的制度方面。

对比古希腊、古罗马时期的公民权，我们可以看出，资产阶级的公民权更多的是基于法律上的平等权。作为一个社会主义国家，以马克思主义为指导思想的社会，既要注重公民平等权，也要注重民族平等权。这时候，基于约翰·罗尔斯《正义论》提出的公平正义原理，对发展上处于不平等状态的特殊群体，实行有别于其他群体、带有补偿性质的群体优惠政策就具有一定必然性。我们需要了解的是公民平等权涉及多重领域，既包括法学、伦理学，也涉及经济学领域的分配方面，其平等权就要从多角度来分析。

从法律来看，基于一个国家中不同群体一起组成公民社会的现实，作为公民社会的国家大法——宪法，必须保障公民基本权利的平等。宪法还要考虑到公民个体差异，以及不同群体及地区差异，对不同个体、群体予以相应的特殊政策法律，像民族区域自治法，此法在细则上不违背国家宪法的主体精神，这也是群体平等的另一方面表现。

从伦理道德及经济分配看，公民平等权的概念里蕴含有"善"和"恶"的成分，抑或是"公平""正义"的含义，它要求个人和社会给个人以合理的对待，保证每个人在教育、救济、求职、司法惩罚等方面都能得到公正，这种意义的平等并不是传统的物品分配的绝对相同，这就需要确立一种合乎人们心理平等的期望。所以说绝对的平等在伦理道德分配上是不存在的，只具有相对的平等。根据各民族群体的差异制定相应的政策，即合乎相对平等概念。在实现各群体发展的同时，我们有必要注重公民平等权需要达到的几方面。

首先，公民平等权要达到一种机会的平等。

其次，公民平等权要实现一定程度上的结果的平等。而这种结果的平等不是绝对的结果平等，而是需要进行一定的补偿机制的结果平等。结果的平等，有时候可以改变以往的大幅度降低标准的原则，可以学习西方采取预留名额的方式，并且要注重质量。

再次，公民平等权实现需要一定的程序平等。

在现实条件下，唯有机会平等、结果平等、程序平等三者之间综合协调，才能真正实现公民的平等权。

群体优惠政策的实施主要是基于不同群体自身条件、发展因素的不同而采取的一定时期的弥补政策。如果要弥补群体间的不平等，确保公民平等权的有效实现，民族优惠政策还需要在一定时期持续下去，只不过其方式有必要进行一定调整。

面对经济、文化发展的全球化，社会日新月异的新形势，我们需要时刻明确，"一个社会只有将公正安置于国家核心价值之处，才能凝聚社会绝大多数人的精神，激发绝大多数人的潜能，使社会绝大多数人按照各自的贡献获取收益，从而实现真正意义的发展"[1]。

---

[1] 张宛洛. 国家核心价值的优先选择与学理基础：基于教育公平的研究视角[J]. 社会科学战线，2012（10）：13-17.

    法国的涂尔干指出："国家的基本义务就是必须促使个人以一种道德的方式生活。"① 而要做到这些，就需要国家在体制上做好社会的教育，保证人们的思想观念达到一种高度的认同。基于这种认同从而体现在社会生活的方方面面。

    最后，公民社会注重为国家民族奉献者的优惠照顾。

    根据退役军人事务部的数字，据不完全统计，近代以来，为了救国救民，有2000多万烈士为国捐躯，其中留下名姓的仅有196万多人，绝大多数都是无名英雄。② 正是他们的牺牲，才换来了我们今天的国泰民安和幸福生活。历朝历代，对于为国为民的牺牲者，都有相关的抚恤优待政策。无论是封建社会的"免死金牌"，还是新时代的烈士家属抚恤政策，都是弘扬社会正能量的一个措施，也符合社会道德法制的要求，也为社会各界所认同。针对烈士家属这类群体的优惠政策在任何时代都不存在争议。

---

① 涂尔干. 职业伦理与公民道德［M］. 渠东，付德根，译. 上海：上海人民出版社，2006：56.
② 综合本报记者. 各地举办清明公祭缅怀先烈［N］. 人民日报，2021-04-03（6）.

参考文献

一、著作

[1] 马戎. 民族社会学导论[M]. 北京：北京大学出版社，2005.

[2] 马戎. 西方民族社会学经典读本：种族与族群关系研究[M]. 北京：北京大学出版社，2010.

[3] 马戎. 民族社会学：社会学的族群关系研究[M]. 北京：北京大学出版社，2004.

[4] 金炳镐. 民族理论通论[M]. 修订本. 北京：中央民族大学出版社，2007.

[5] 金炳镐. 中国民族理论研究二十年：1978.12—1998.12[M]. 北京：中央民族大学出版社，2000.

[6] 金炳镐. 中国共产党民族工作理论与实践[M]. 北京：中央民族大学出版社，2007.

[7] 麦格. 族群社会学[M]. 祖力亚提·司马义，译. 北京：华夏出版社，2007.

[8] 郑杭生. 民族社会学概论[M]. 2版. 北京：中国人民大学出版社，2011.

[9] 莫迪默，法恩. 人民·民族·国家：族性与民族主义的含义[M]. 刘泓，黄海慧，译. 北京：中央民族大学出版社，2009.

[10] 李静. 民族心理学[M]. 北京：民族出版社，2009.

[11] 周叶中. 宪法 [M]. 2版. 北京：高等教育出版社，2005.

[12] 马曼丽，张树青. 跨国民族理论问题综述 [M]. 北京：民族出版社，2009.

[13] 白寿彝. 中国通史：第1卷 [M]. 上海：上海人民出版社，1989.

[14] 吴仕民. 中国民族理论新编 [M]. 修订本. 北京：中央民族大学出版社，2008.

[15] 吴仕民. 民族问题概论 [M]. 成都：四川人民出版社，2011.

[16] 龚荫. 中国民族政策史 [M]. 成都：四川人民出版社，2006.

[17] 龚荫. 中国历代民族政策概要 [M]. 北京：民族出版社，2008.

[18] 李国栋. 民国时期的民族问题与民国政府的民族政策研究 [M]. 北京：民族出版社，2007.

[19] 徐杰舜. 人类学教程 [M]. 上海：上海文艺出版社，2005.

[20] 拉德克利夫-布朗. 社会人类学方法 [M]. 夏建中，译. 北京：华夏出版社，2002.

[21] 王钟翰. 中国民族史 [M]. 北京：中国社会科学出版社，1994.

[22] 江宁康. 天下与帝国：中美民族主体性比较研究 [M]. 南京：南京大学出版社，2010.

[23] 纳日碧力戈. 现代背景下的族群建构 [M]. 昆明：云南教育出版社，2000.

[24] 费孝通. 中华民族多元一体格局 [M]. 修订本. 北京：中央民族大学出版社，1999.

[25] 卢梭. 社会契约论 [M]. 李平沤，译. 北京：商务印书馆，2011.

[26] 汪荣有. 经济公正论 [M]. 北京：人民出版社，2010.

[27]《辞海》编辑委员会. 辞海 [M]. 缩印本. 上海：上海辞书出版社，1999.

[28] 高永久. 民族政治学概论 [M]. 天津：南开大学出版社，2008.

[29] 许宪隆，雷召海，盘剑波. 整合的魅力：少数民族上层人物与近代民族地区社会转型 [M]. 成都：四川民族出版社，2001.

[30] 杨侯第．中国少数民族人权述要［M］．北京：北京大学出版社，1997．

[31] 罗尔斯．正义论［M］．何怀宏，何包钢，廖申白，等译．北京：中国社会科学出版社，1998．

[32] 池子华．中国近代流民［M］．修订版．北京：社会科学文献出版社，2007．

[33] 马戎．民族与社会发展［M］．北京：民族出版社，2001．

[34] 王希恩．当代中国民族问题解析［M］．北京：民族出版社，2002．

[35] 杨晓纯．散杂居回族经济与回汉民族关系研究：以山东省枣庄市台儿庄区为例［M］．北京：中央民族大学出版社，2011．

[36] 万明钢．多元文化视野价值观与民族认同研究［M］．北京：民族出版社，2006．

[37] 张建平，赵海云．东西部区域经济合作问题研究［M］．北京：中央民族大学出版社，2007．

[38] 列维-斯特劳斯．列维-斯特劳斯文集1：结构人类学（1~2）［M］．张祖建，译．北京：中国人民大学出版社，2006．

[39] 芬顿．族性［M］．劳焕强，等译．北京：中央民族大学出版社，2009．

[40] 林火旺．正义与公民［M］．长春：吉林出版集团有限责任公司，2008．

[41] 吴晓萍，徐杰舜．中华民族认同与认同中华民族［M］．哈尔滨：黑龙江人民出版社，2009．

[42] 黄颂文，宋才发．西部民族地区扶贫开发及其法律保障研究［M］．北京：中央民族大学出版社，2006．

[43] 雷振扬．散杂居民族问题研究［M］．北京：民族出版社，2010．

[44] 许宪隆．传承与重建：中国少数民族地区现代化史论集［M］．武汉：湖北人民出版社，2007．

[45] 孟立军．新中国民族教育理论概论［M］．南宁：广西民族出版社，2006．

[46] 孟立军. 论中国民族教育 [M]. 南宁：广西民族出版社，2001.

[47] 俸兰. 新世纪我国民族教育发展研究 [M]. 北京：民族出版社，2004.

[48] 沃尔泽. 正义诸领域：为多元主义与平等一辩 [M]. 褚松燕，译. 南京：译林出版社，2002.

[49] 王海明. 公正与人道：国家治理道德原则体系 [M]. 北京：商务印书馆，2010.

[50] 张文山. 自治权理论与自治条例研究 [M]. 北京：法律出版社，2005.

[51] 芬利. 希腊的遗产 [M]. 张强，唐均，赵沛林，等译. 上海：上海人民出版社，2004.

[52] 古朗士. 古代城邦 [M]. 谭立铸，译. 上海：上海文艺出版社，1990.

[53] 古朗士. 希腊罗马古代社会研究 [M]. 李玄伯，译. 张天虹，勘校. 北京：中国政法大学出版社，2005.

[54] 宫秀华. 罗马：从共和走向帝制 [M]. 北京：高等教育出版社，2006.

[55] 戈登. 控制国家：西方宪政的历史 [M]. 应奇，陈丽微，孟军，等译. 南京：江苏人民出版社，2001.

[56] 何华辉. 比较宪法学 [M]. 武汉：武汉大学出版社，1988.

[57] 韩大元. 比较宪法学 [M]. 北京：高等教育出版社，2003.

[58] 广东、广西、湖南、河南辞源修订组，商务印书馆编辑部. 辞源 [M]. 北京：商务印书馆，2004.

[59] 《辞海》编辑委员会. 辞海 [M]. 上海：上海辞书出版社，1979.

[60] 《汉语大词典》编辑委员会. 汉语大词典：第2卷 [M]. 上海：汉语大词典出版社，1988.

[61] 中央档案馆. 中共中央文件选集：第9、11册（1933）[M]. 北京：中共中央党校出版社，1991.

[62] 中共中央统战部. 民族问题文献汇编 [M]. 北京：中共中央党校出版社, 1991.

[63] 艾德, 克洛斯, 罗萨斯. 经济、社会和文化权利教程 [M]. 中国人权研究会, 译. 成都：四川人民出版社, 2004.

[64] 雷振扬, 成艾华. 民族地区财政转移支付的绩效评价与制度创新 [M]. 北京：人民出版社, 2010.

[65] 中国财政学会民族地区财政研究专业委员会. 2007/08 年度中国民族地区财政报告 [M]. 北京：中国财政经济出版社, 2009.

[66] 张冬梅, 陈颖. 少数民族经济发展中的财政政策 [M]. 北京：中央民族大学出版社, 2006.

[67] 王桐龄. 中国民族史 [M]. 长春：吉林出版集团有限责任公司, 2010.

[68] 洛克. 政府论：下篇 [M]. 叶启芳, 瞿菊农, 译. 北京：商务印书馆, 1964.

[69] 勒鲁. 论平等 [M]. 王允道, 译. 北京：商务印书馆, 1998.

[70] 博登海默. 法理学：法律哲学与法律方法 [M]. 邓正来, 译. 北京：中国政法大学出版社, 1999.

[71] 中共中央马克思恩格斯列宁斯大林著作编译局. 马克思恩格斯选集：第2卷 [M]. 北京：人民出版社, 1972.

[72] 中共中央马克思恩格斯列宁斯大林著作编译局. 马克思恩格斯全集：第20卷 [M]. 北京：人民出版社, 1972.

[73] 卓泽渊. 法理学 [M]. 北京：法律出版社, 2004.

[74] 才让加. 中国少数民族地区人口经济研究 [M]. 北京：民族出版社, 2007.

[75] 林发新. 人权法论 [M]. 厦门：厦门大学出版社, 2011.

[76] 郑杭生, 李强, 李路路, 等. 当代中国社会结构和社会关系研究 [M]. 北京：首都师范大学出版社, 1997.

[77] 赵建国. 人的迁移与传播 [M]. 北京：中国社会科学出版

社，2012.

[78] 马戎．少数民族社会发展与就业：以西部现代化进程为背景［M］．北京：社会科学文献出版社，2009.

[79] 何群．民族社会学和人类学应用研究［M］．北京：中央民族大学出版社，2009.

[80] 高凯军．论中华民族［M］．2版．北京：文物出版社，2012.

[81] 周恩来．周恩来统一战线文选［M］．北京：人民出版社，1984.

[82] 邓小平．邓小平文选：第3卷［M］．北京：人民出版社，1993.

[83] 胡守钧．社会共生论［M］．上海：复旦大学出版社，2006

[84] 格罗斯．公民与国家：民族、部族和族属身份［M］．王建娥，魏强，译．北京：新华出版社，2003.

[85] 国家民委民族地区教育司．少数民族教育工作文件选编［M］．呼和浩特：内蒙古教育出版社，1991.

[86] 卢梭．论人类不平等的起源和基础［M］．高煜，译．桂林：广西师范大学出版社，2002.

[87] 帕斯卡尔．思想录［M］．何兆武，译．北京：商务印书馆，1985.

[88] 阿克顿．自由与权力［M］．侯健，范亚峰，译．冯克利，校．北京：商务印书馆，2001.

[89] 桑德尔．公正：该如何做是好？［M］．朱慧玲，译．北京：中信出版社，2011.

[90] 桑德尔．民主的不满：美国在寻求一种公共哲学［M］．曾纪茂，译．南京：江苏人民出版社，2008.

[91] 桑德尔．自由主义与正义的局限［M］．万俊人，唐文明，张之锋，等译．南京：译林出版社，2001.

[92] 马戎．族群、民族与国家构建：当代中国民族问题［M］．北京：社会科学文献出版社，2012.

[93] 陈育宁．民族史学概论［M］．增订本．银川：宁夏人民出版社，2006.

[94] 涂尔干. 职业伦理与公民道德 [M]. 渠东, 付德根, 译. 上海: 上海人民出版社, 2006.

[95] 佟春霞. 客观文化、主观认同与民族意识: 来自湖南维吾尔族的调查与分析 [M]. 北京: 中央民族大学出版社, 2011.

[96] 马戎. 民族与社会发展 [M]. 北京: 民族出版社, 2001.

[97] 苏德, 陈中永. 中国边境民族教育论 [M]. 北京: 中央民族大学出版社, 2012.

[98] 苗力田. 亚里士多德全集: 第8卷 [M]. 北京: 中国人民大学出版社, 1992.

[99] 柏拉图. 理想国 [M]. 黄颖, 译. 北京: 中国华侨出版社, 2012.

[100] 田禾, 周方冶. 泰国 (列国志) [M]. 北京: 社会科学文献出版社, 2005.

[101] 韦树关. 京语研究 [M]. 南宁: 广西民族出版社, 2009.

[102] 孔建勋. 多民族国家的民族政策与族群态度: 新加坡、马来西亚和泰国实证研究 [M]. 北京: 国家社会科学出版社, 2010.

[103] 余定邦. 东南亚近代史 [M]. 贵阳: 贵州人民出版社, 2003.

[104] 韦红. 东南亚五国民族问题研究 [M]. 北京: 民族出版社, 2002.

[105] 闫德华. 缅甸政治转型以来的对外关系 [M]. 广州: 世界图书出版广东有限公司, 2016.

[106] 钟贵峰. 缅甸民族国家建设中的族际关系治理研究 [M]. 北京: 中国社会科学出版社, 2017.

[107] 祝湘辉. 山区少数民族与现代缅甸联邦的建立 [M]. 广州: 世界图书出版广东有限公司, 2010.

[108] 吉登斯. 第三条道路: 民主社会主义的复兴 [M]. 郑戈, 译. 北京: 北京大学出版社, 2000.

[109] 巴巴利特. 公民资格 [M]. 谈古铮, 译. 台北: 台北桂冠图书股份有限公司, 1991.

[110] 德怀尔. 理解社会公民身份: 政策与实践的主题和视角 [M]. 蒋

晓阳，译．北京：北京大学出版社，2011.

［111］马歇尔，吉登斯．公民身份与社会阶级［M］．郭忠华，刘训练，译．南京：江苏人民出版社，2008.

［112］艾斯平-安德森．福利资本主义的三个世界［M］．郑秉文，译．北京：法律出版社，2003.

二、论文

（一）博士论文

［1］孙亚楠．韩人社区与"韩味"青岛：对在青韩国人文化适应的人类学考察［D］．北京：中央民族大学，2009.

［2］王钊冀．民族平等论［D］．北京：中共中央党校，2006.

［3］贺琳凯．新中国民族关系与民族政策的互动研究［D］．昆明：云南大学，2010.

［4］柳杨．少数民族参政权研究：以1949年至1954年参加全国政协与全国人大为例［D］．北京：中央民族大学，2012.

［5］李成．宪法视域中的高等教育机会平等与少数民族录取优惠政策［D］．上海：上海交通大学，2011.

［6］严庆．从冲突到整合：民族政治关系模式研究［D］．北京：中央民族大学，2010.

［7］郝红梅．平等就业权研究［D］．济南：山东大学，2009.

［8］李雄．论平等就业权［D］．重庆：西南政法大学，2008.

［9］李树忠．平等权保护论［D］．北京：中国政法大学，2006.

［10］李思然．瑞典社会政策视域的性别平等政策研究［D］．哈尔滨：哈尔滨工业大学，2019.

（二）硕士论文

［1］赵亚玲．高考录取少数民族考生倾斜政策与边疆民族地区社会稳定研究［D］．昆明：云南师范大学，2008.

［2］汪德德．中国少数民族财政政策研究［D］．北京：中央民族大

学，2011．

[3] 刘思．高校招生中少数民族优惠政策分析［D］．长春：东北师范大学，2007．

[4] 向莉娟．教育公平视阈下我国高考加分政策研究［D］．武汉：中南民族大学，2010．

[5] 孙萍．少数民族高考加分优惠政策存在问题及其调适：以黔东南州为个案［D］．重庆：西南大学，2012．

[6] 王秀娟．莫旗达斡尔族聚居村落语言现状：腾克镇怪勒村语言调查实录［D］．北京：中央民族大学，2008．

[7] 雷艳．从"民族国家"到"公民国家"：关于解决中国民族问题的路径思考［D］．重庆：西南大学，2009．

[8] 张素军．雅典公民权的起源及其早期发展研究［D］．重庆：西南大学，2007．

[9] 张国辉．试论古罗马的公民权［D］．杭州：浙江大学，2008．

[10] 刘曲．"模范少数族裔"形象对亚裔及其他少数族裔的负面影响［D］．北京：外交学院，2007．

[11] 夏利彪．民族平等权利法制化问题研究［D］．北京：中央民族大学，2010．

[12] 李惠英．西部大开发中少数民族地区财政政策研究［D］．北京：中央民族大学，2005．

[13] 孙长安．我国现代行政法的价值取向和公民权的保护［D］．厦门：厦门大学，2001．

[14] 谭丽．妥协中的宪法公民权［D］．哈尔滨：黑龙江大学，2004．

[15] 章国中．论"和合思想"与民族平等团结政策的价值取向［D］．西宁：青海师范大学，2011．

[16] 哈尼克孜·吐拉克．维吾尔族农民工内地城市生存与适应研究：以湖北省武汉市维吾尔族农民工为例［D］．武汉：华中师范大学，2012．

[17] 李新靖．缅甸民众视角下的国内民族问题——基于"缅甸综合社会

调查"的实证研究[D].昆明：云南大学，2019.

三、期刊

[1] 苏昕."城市新移民"公民权的缺失及回归探析[J].中国行政管理，2012（5）.

[2] 金炳镐，董强，裴圣愚，等.民族群体性事件的治理与预警机制研究：以河南省为例[J].云南大学学报（哲学社会科学版），2011，28（5）.

[3] 段成荣，迟松剑.我国少数民族流动人口状况研究[J].人口学刊，2011（3）.

[4] 马戎.中国社会的另一类"二元结构"[J].北京大学学报（哲学社会科学版），2010，47（3）.

[5] 阿贝莱斯.人类学的新视野[J].黄缇萦，编译.民族研究，2012（4）.

[6] 朱虹.必须重塑社会信任[J].新华文摘，2012（19）.

[7] 郭志刚，李睿.从人口普查数据看族际通婚夫妇的婚龄、生育数及其子女的民族选择[J].社会学研究，2008（5）.

[8] 华吉.中美少数民族政策的比较[J].剑南文学（经典阅读），2011（10）.

[9] 王俊文.西部大开发税收优惠政策有哪些？[J].甘肃税务，2001（11）.

[10] 斯图尔特.乌克兰对待少数民族的政策[J].郭思勉，摘译.民族译丛，1994（1）.

[11] 舒魏.关于《民族乡行政条例》和《城市民族工作条例》颁布实施的法律意义和效力范围的探讨[J].黑龙江民族丛刊，1994（1）.

[12] 张伟.统筹地区发展，促进各民族共同繁荣[J].赤峰学院学报（汉文哲学社会科学版），2011，32（5）.

[13] 薛俊强.马克思"民族观"的价值意蕴及其中国意义[J].西南大学学报（社会科学版），2012，38（3）.

[14] 杨宜音. 当代中国人公民意识的测量初探 [J]. 社会学研究, 2008 (2).

[15] 阴法唐. 成功解决中国民族问题的典范 [J]. 中国藏学, 2007 (2).

[16] 高泉. 西部大开发与民族问题 [J]. 陕西社会主义学院学报, 2011 (2).

[17] 杨沛艳. 西部大开发中民族意识变迁与政治稳定的关系探讨 [J]. 西南民族大学学报（人文社会科学版）, 2011, 32 (4).

[18] 苏涛. 认同与记忆：对民族概念的一种诠释 [J]. 甘肃民族研究, 2008 (4).

[19] 俞可平. 论全球化与国家主权 [J]. 马克思主义与现实, 2004 (1).

[20] 沈桂萍. 民族问题的核心是国家认同问题 [J]. 中央社会主义学院学报, 2010 (2).

[21] 李南沉. 发展西部民族特色经济任重道远 [J]. 商海情景, 2011 (11).

[22] 万良杰. 城市流动散杂居少数民族经济发展研究 [J]. 贵州民族研究, 2012, 33 (3).

[23] 彭谦, 商万里. 从人权的国内保护视角谈我国散杂居少数民族权益的法律保障 [J]. 湖北民族学院学报（哲学社会科学版）, 2011, 29 (5).

[24] 李林晋. 新时期如何做好城市散杂居民族工作 [J]. 中共贵州省委党校学报, 2007 (3).

[25] 沈再新. 文化资本视角下散杂居区新农村建设的路径选择 [J]. 湖北社会科学, 2012 (2).

[26] 岳雪莲. 共生互补视角下中国散杂居民族关系的特点 [J]. 广西民族研究, 2010 (2).

[27] 沈再新, 程芳. 构建共生互补型城市民族关系的思考：兼论城市和谐民族关系构建的基本人文理念和实践目标诉求 [J]. 武汉纺织大学学报,

2011, 24 (5).

[28] 赵永忠. 论当前城市散杂居民族关系的联动性 [J]. 社科纵横, 2010, 25 (3).

[29] 李林凤. 论社会工作者的族群文化敏感性: 多元文化背景下社会工作本土化的一种探索 [J]. 贵州师范大学学报 (社会科学版), 2007 (1).

[30] 范才成. 浅论新时期我国农村散杂居民族关系的特点及重要地位 [J]. 铜仁学院学报, 2010, 12 (4).

[31] 程芳, 沈再新. 散杂居背景下苗族的人格结构分析: 基于贵州省大方县八堡彝族苗族乡的调查 [J]. 铜仁学院学报, 2012, 14 (3).

[32] 江曼琦, 翁羽. 散杂居城市少数民族就业竞争力与对策研究 [J]. 城市经济, 2009 (2).

[33] 罗辉权. 散杂居地区少数民族干部培养存在的问题、原因及对策建议 [J]. 湖北省社会主义学院学报, 2007 (1).

[34] 马晓军. 散杂居少数民族工作存在的新问题及对策研究 [J]. 决策咨询, 2011 (4).

[35] 王永峰, 张军. 少数民族工作社区化探析 [J]. 黑河学刊, 2011 (9).

[36] 马戎. 中国民族问题的历史与现状 [J]. 云南民族大学学报 (哲学社会科学版), 2011, 28 (5).

[37] 邓兰英. 做好新形势下民族工作的几点思考 [J]. 法制与经济 (下旬), 2012 (3).

[38] 马梅英. 正确认识和处理民族问题促进各民族团结进步 [J]. 民族经济和社会发展, 2007 (8).

[39] 覃乃昌. 实行民族平等政策的国家行动: 20 世纪中后期广西的民族识别研究之一 [J]. 广西民族研究, 2009 (1).

[40] 周庆智. 关于中国古代民族问题研究的几点看法 [J]. 社会科学战线, 1996 (5).

[41] 马晓军. 散杂居少数民族工作存在的新问题及对策研究 [J]. 黔南

民族师范学院学报, 2011, 31 (4).

[42] 郝时远. 论民族平等与民族团结的关系: 兼与李家秀同志商榷 [J]. 民族研究, 1995 (4).

[43] 王传发. 论平等视域中的我国少数民族权利保护 [J]. 湖北行政学院学报, 2012 (3).

[44] 易承志. 现代公民权起源的两种解释: 比较与评析 [J]. 学术界, 2011 (1).

[45] 顾成敏. 现代公民权与社会团结 [J]. 南京师大学报 (社会科学版), 2010 (6).

[46] 张英洪. 公民权: 现代国家最基本的公共品 [J]. 中共福建省委党校学报, 2008 (6).

[47] 李安辉. 论中国特色散杂居民族理论的形成与发展 [J]. 中南民族大学学报 (人文社会科学版), 2010, 30 (6).

[48] 祁茜. 论少数民族优惠政策和民族平等原则的关系 [J]. 魅力中国, 2010 (26).

[49] 王跃飞. 党在土地革命战争时期的少数民族政策 [J]. 学术论坛, 2005 (9).

[50] 金炳镐, 陈庆华. 解放战争时期中国共产党的民族纲领政策 (1945.8—1949.9): 中国共产党民族纲领政策形成和发展研究之四 [J]. 黑龙江民族丛刊, 2000 (2).

[51] 赵江民. 语言接触影响下的新疆语言规划调适 [J]. 中南民族大学学报 (人文社会科学版), 2012, 30 (6).

[52] 阿依古丽·肉孜, 郑彩霞. 少数民族学生汉语学习之"怪"现象分析 [J]. 成功 (教育), 2009 (4).

[53] 姚文遐. 新疆少数民族双语教学的发展 [J]. 伊犁师范学院学报 (社会科学版), 2010 (2).

[54] 罗建生, 易立新. 我国人口较少民族学生英语学习现状调查与思考 [J]. 中南民族大学学报 (人文社会科学版), 2012, 32 (5).

[55] 古丽米拉·阿不来提. 三语教育中新疆少数民族大学生英语学习的特点及问题分析 [J]. 南昌教育学院学报, 2011, 26 (9).

[56] 田钏平. 我国民族地区优惠政策效应评价与制度建设研究 [J]. 华东经济管理, 2010, 24 (8).

[57] 王文长. 民族自治地方资源开发、输出与保护的利益补偿机制研究 [J]. 广西民族研究, 2003 (4).

[58] 张兴堂. 再谈"民族问题"和"民族矛盾"的异同 [J]. 西南民族大学学报（人文社会科学版）, 2012, 33 (6).

[59] 申梦博. 应用人类学解决我国民族问题的功能分析 [J]. 内蒙古社会科学（汉文版）, 2010, 31 (2).

[60] 路宪民. 社会主义民族优惠政策的理论依据及其现实意义 [J]. 民族论坛, 2011 (16).

[61] 张锐. 少数民族优惠政策探析 [J]. 文山学院学报, 2010, 23 (3).

[62] 黄姗姗. 少数民族考生扶持政策分析 [J]. 现代商贸工业, 2009, 21 (15).

[63] 赵亚玲. 高考录取少数民族考生倾斜政策概述与现实分析 [J]. 考试与教育, 2007 (4).

[64] 黄俊官, 黄明光. 论民族大学生教育平等权的具体表现 [J]. 玉林师范学院学报, 2002, 23 (4).

[65] 李为超. 新疆少数民族高考优惠政策面临的困境及对策初探 [J]. 宁波广播电视大学学报, 2011, 9 (3).

[66] 向娟. 论民族优惠政策的实施 [J]. 合作经济与科技, 2010 (4).

[67] 王凡妹. 美国"肯定性行动"的历史沿革：从法律性文件的角度进行回顾与分析 [J]. 西北民族研究, 2010 (2).

[68] 陈鹏. 少数民族考生高考享受倾斜性政策的合宪性：以美国 Bakke 案中的两个对立逻辑为视角 [J]. 教育与考试, 2009 (5).

[69] 王玉平, 魏良臣. 美国少数族裔高等教育公平问题研究 [J]. 教育科学, 2011, 27 (6).

[70] 朱忠祥，朱芊，康雁冰. 和谐社会视野下的中国公民权问题研究 [J]. 湖南医科大学学报（社会科学版），2009，11（6）.

[71] 王凡妹. 试论意大利裔美国人在"肯定性行动"中遭遇的困境 [J]. 西南民族大学学报（人文社会科学版），2010，31（5）.

[72] 殷笑梅. 少数民族大学生就业问题探析 [J]. 黑龙江民族丛刊，2009（1）.

[73] 李光明. 少数民族大学生就业难的成因及对策 [J]. 云南民族大学学报（哲学社会科学版），2005（6）.

[74] 张超. 少数民族大学毕业生择业变通性及完善性准备 [J]. 西南民族学院学报（哲学社会科学版），2001（9）.

[75] 热娜古丽·夏克热，刘汉成，王磊. 少数民族大学毕业生的就业问题浅析 [J]. 魅力中国，2011（21）.

[76] 杨森. 人口问题对西北民族地区构成的挑战 [J]. 西北民族研究，2000（1）.

[77] 胡鞍钢，胡联合. 第二代民族政策：促进民族交融一体和繁荣一体 [J]. 新疆师范大学学报（哲学社会科学版），2011，32（5）.

[78] 陈烨. 关于当前促进"民族融合"论之我见 [J]. 黑龙江民族丛刊，2012（1）.

[79] 哈正利. 中华民族复兴与民族问题的解决 [J]. 中共济南市委党校学报，2008（2）.

[80] 莫纪宏. "公民"概念在中国宪法文本中的发展 [J]. 人权，2010（4）.

[81] 姜涌. 中国的"公民意识"问题思考 [J]. 山东大学学报（哲学社会科学版），2001（4）.

[82] 程晋普. 古典时期雅典公民权的排他性 [J]. 衡阳师范学院学报，2009，30（1）.

[83] 石莉萍. 简析古代雅典公民权的形成 [J]. 甘肃高师学报，2005（1）.

[84] 周洪祥. 伯里克利公民权法探析 [J]. 淮北煤炭师范学院学报（哲学社会科学版），2005（6）.

[85] 马岭. 宪法中的人权与公民权 [J]. 金陵法律评论，2006（2）.

[86] 李安辉. 坚持和完善我国的民族乡政策 [J]. 中南民族大学学报（人文社会科学版），2012，32（4）.

[87] 刘成琼. 浅论优惠政策 [J]. 经营管理者，2009（14）.

[88] 闻继霞. 社会主义市场经济体制下民族经济优惠政策的思考 [J]. 贵州民族研究，1995（3）.

[89] 金炳镐，孙军，肖锐. 民族问题"去政治化""文化化"："新思路"还是"老套路"？——民族理论前沿研究系列论文之三 [J]. 黑龙江民族丛刊，2012（3）.

[90] 王强，王瑜卿，秉浩. 民族意识与公民意识、民族认同与国家认同：相协调还是相对立？——民族理论前沿研究系列论文之六 [J]. 黑龙江民族丛刊，2012（5）.

[91] 郝时远. 印度构建国家民族的"经验"不值得中国学习：续评"第二代民族政策"的国际经验教训说 [J]. 中南民族大学学报（人文社会科学版），2012，32（6）.

[92] 刘之雄. 我国刑法在民族地区的施行现状：以西部民族地区为中心的考察 [J]. 中南民族大学学报（人文社会科学版），2012，32（5）.

[93] 张宛洛. 国家核心价值的优先选择与学理基础：基于教育公平的研究视角 [J]. 社会科学战线，2012（10）.

[94] 李红杰，严庆. 关于当前民族研究中的几个热点问题：学习十七大政治报告的体会 [J]. 中南民族大学学报（人文社会科学版），2008（4）.

[95] 戴小明，盛义龙. 未识别民族法律地位探微：以民族平等为研究视角 [J]. 中南民族大学学报（人文社会科学版），2012，32（5）.

[96] 马戎. 如何认识"民族"和"中华民族"：回顾1939年关于"中华民族是一个"的讨论 [J]. 中南民族大学学报（人文社会科学版），2012，32（5）.

[97] 中共广西百色市委统战部课题组. 新形势下桂西边境地区民族问题研究: 以靖西、那坡两县为例 [J]. 广西社会主义学院学报, 2011, 22 (6).

[98] 邓淑娇. 中美少数民族教育优惠政策比较分析 [J]. 北方文学 (下半月), 2011 (5).

[99] 周雪. 甘肃藏族地区中小学英语教师素质及教学管理现状调查 [J]. 西北成人教育学报, 2006 (1).

[100] 孟建国. 民族地区 (汉、回) 中小学英语教学现状影响因素分析 [J]. 新疆教育学院学报, 2004 (3).

[101] 钱娟. 欠发达地区农村产业结构与农民收入差异的实证研究: 以新疆为例 [J]. 对外经贸, 2012 (10).

[102] 刘梅. 我国民族地区财政转移支付与区域经济增长的同步性研究 [J]. 中南民族大学学报 (人文社会科学版), 2012, 32 (5).

[103] 张锐, 张宝成. 少数民族地区经济社会发展的现状及政策分析 [J]. 前沿, 2011 (7).

[104] 范可. 略论公民权与少数民族权利 [J]. 江苏行政学院学报, 2010 (3).

[105] 黄雪芬. 加快少数民族地区经济发展是解决民族问题的有效途径 [J]. 内蒙古科技与经济, 2011 (9).

[106] 易承志. 城市农民工子女教育保障的逻辑与路径反思: 公民权的视角 [J]. 兰州学刊, 2010 (4).

[107] 金炳镐. 现阶段我国民族问题的特点分析 [J]. 西南民族大学学报 (人文社会科学版), 2007 (5).

[108] 马曼丽, 方小丽. 关于跨国民族发展道路三论 [J]. 广西民族大学学报 (哲学社会科学版), 2013, 35 (1).

[109] 张锦鹏. 历史遗忘与国家观念的重建: 透视泰国北部美良河拉祜族的国家认同 [J]. 广西民族大学学报 (哲学社会科学版), 2013, 35 (1).

[110] 易承志. 试论现代国家与公民权的内涵及两者之关系 [J]. 太平洋学报, 2010, 18 (3).

[111] 陈茂荣. 全球化背景下多民族国家的国家认同危机 [J]. 中南民族大学学报（人文社会科学版），2012，32（5）.

[112] 何俊芳. 公民社会构建与俄罗斯联邦民族政策走向 [J]. 中南民族大学学报（人文社会科学版），2012，32（5）.

[113] 梁永佳，阿嘎佐诗. 在种族与国族之间：新加坡多元种族主义政策 [J]. 西北民族研究，2013（2）.

[114] 王希恩. 汉族民族问题二则 [J]. 广东省社会主义学院学报，2001（1）.

[115] 李小林. 共生互补：构建和谐的散杂居民族地区：访中南民族大学民族学与社会学学院院长许宪隆 [J]. 中国民族，2008（1）.

[116] 张千帆. 如何促进民族和谐 [J]. 中国法律（中英文版），2007（2）.

[117] 郝晓雷. 新时期涉及民族问题群体性冲突的成因及对策、建议 [J]. 现代企业文化，2010（27）.

[118] 熊坤新，严庆. 民族问题中的民族意识和民族主义情绪 [J]. 青海民族学院学报，2006（1）.

[119] 张力. 新疆少数民族省际迁移问题研究 [J]. 人民论坛，2011（20）.

[120] 李安辉. 我国散杂居民族政策的主要内容及特点 [J]. 中南民族大学学报（人文社会科学版），2011，31（2）.

[121] 马尚云. "和而不同"思想对全球化过程中处理民族问题的借鉴 [J]. 广播电视大学学报（哲学社会科学版），2006（2）.

[122] 吴亮. 政治学视野下的民族群体性事件及治理机制 [J]. 新华文摘，2010（3）.

[123] 叶介甫. 正确认识和处理民族与发展的关系 [J]. 传承，2012（9）.

[124] 陈烨. Ethnic Group（族群）、Nation（民族）与中国的民族 [J]. 黑龙江民族丛刊，2003（3）.

[125] 都晨. 关于民族与国家问题的几点思考 [J]. 黑河学刊, 2012 (5).

[126] 王希恩. 关于民族融合的再思考 [J]. 西北师大学报（社会科学版), 2010, 47 (1).

[127] 周健. 关于当前若干热点民族问题的理性分析 [J]. 广西民族研究, 2012 (2).

[128] 陈怀川. 关于当前民族问题研究若干认识的思考 [J]. 西南民族大学学报（人文社会科学版), 2010, 31 (6).

[129] 王守富, 杨建国. 关于处理民族和宗教问题的思考 [J]. 国防大学学报, 2002 (5).

[130] 方付建. 当代民族问题的研究态势: 基于2006—2011年国家社科基金立项数据的分析 [J]. 中南民族大学学报（人文社会科学版), 2012, 32 (1).

[131] 高永久, 秦伟江. 城市化进程中边疆地区民族问题治理 [J]. 中南民族大学学报（人文社会科学版), 2011, 31 (2).

[132] 贾小波. "和而不同, 求同存异": 论解决当前民族问题的态度 [J]. 时代报告, 2012 (6).

[133] 赵君. 西藏城市化进程中的民族问题及其对策研究 [J]. 中国藏学, 2010 (1).

[134] 李承运, 赵长青. 西部跨省际少数民族问题及对策研究 [J]. 民族论坛, 2010 (12).

[135] 青觉, 严庆. 我国现阶段民族问题的主要表现形式及其应对 [J]. 黑龙江民族丛刊, 2010 (1).

[136] 杨琦. 浅谈民生视角下的我国民族问题 [J]. 新西部, 2010 (10).

[137] 朱新莲. 浅论宗教在民族问题中的作用 [J]. 中共伊犁州党校学报, 2010 (4).

[138] 郝欣梅. 内蒙古新牧区建设中民族问题的解析 [J]. 北方经济,

2011（5）.

［139］胡联合，胡鞍钢．民族问题影响社会稳定的机理分析［J］．人文杂志，2008（2）．

［140］马应超．民族问题的问卷调查及统计分析［J］．甘肃民族研究，2009（1）．

［141］明伟．民族问题的特点［J］．中国民族教育，2006（6）．

［142］阿迪力·买买提．论社会转型期的民族和谐问题［J］．新西部（下半月），2007（3）．

［143］彭英明．论解决我国民族问题的根本道路［J］．西南民族大学学报（人文社会科学版），2007（5）．

［144］桑杰．论和谐民族观［J］．党的生活（青海），2012（5）．

［145］范连生．近十年贵州民族关系和民族问题研究述略［J］．凯里学院学报，2011，29（4）．

［146］年本理．解决和处理好民族问题要有博大胸怀［J］．民族问题研究，2003（1）．

［147］刘芳，黄永强．处置群体性事件与公民权保护［J］．江西公安专科学校学报，2006（5）．

［148］田德全，王振霞．公民权的扩展对罗马共和国兴起的影响［J］．齐鲁学刊，2004（3）．

［149］郭道晖．公民权与全球公民社会的构建［J］．社会科学，2006（6）．

［150］孙钊．公民权在罗马对行省管理中的地位［J］．法制与社会，2009（25）．

［151］吴爽．和谐社会构建中我国公民平等权的实现［J］．特区经济，2009（4）．

［152］金昱彤．文化公民权：民族地区社会整合的新视野［J］．西部法学评论，2010（6）．

［153］石莉萍．简析古代雅典公民权的形成［J］．甘肃高师学报，2005（1）．

[154] 曹燕妮. 公民权: 人权的实现途径:《极权主义的起源》对人权的思考 [J]. 北京电力高等专科学校学报, 2011 (4).

[155] 吕刚. 略论我国公民权宪法立法保障 [J]. 法制与经济 (下旬刊), 2009 (2).

[156] 冀睿. 论公民的宪法平等权 [J]. 安徽冶金科技职业学院学报, 2004 (4).

[157] 郭道晖. 论公民权与公权利 [J]. 政治与法律, 2005 (6).

[158] 吴爽. 论平等权在我国的实现 [J]. 理论观察, 2008 (2).

[159] 胡宇, 赵率帆. 论公民权在行政法中的地位 [J]. 法制与社会, 2011 (35).

[160] 吴爽. 论宪法上的平等权 [J]. 南方论刊, 2008 (2).

[161] 宋海斌. 罗马公民权与罗马民族政策 [J]. 中央民族大学学报 (哲学社会科学版), 2010, 37 (6).

[162] 王振霞, 田德全. 罗马共和国时代公民权扩展的原因 [J]. 北方论丛, 2005 (4).

[163] 梁小平. 试论罗马共和国时期公民权对外授予的被动性 [J]. 学理论, 2011 (10).

[164] 常慧. 人权与公民权之比较 [J]. 商品与质量, 2011 (S3).

[165] 高红. 公民权视域下农民工权益保护的社会政策支持 [J]. 南京师大学报 (社会科学版), 2009 (5).

[166] 闫国智, 徐显明. 权利平等是我国公民平等权的根本内容: 兼评 "实施法律平等说" [J]. 中国法学, 1993 (4).

[167] 张瑞萍. 论公民权的保障: 以政府行为文明为考察视角 [J]. 行政与法, 2008 (1).

[168] 李霞. 平等权、社会性别、公民权: 女权主义的理论路向 [J]. 学习与探索, 2005 (4).

[169] 姜保红. 西北少数民族地区公民权利的发展与保护 [J]. 西北师大学报 (社会科学版), 2008 (6).

[170] 唐玉. 公民权：公权与私权的互动——析哈贝马斯的公民权思想 [J]. 湖州师范学院学报（社会科学版），2007（4）.

[171] 问清泓. 试论公民的平等权 [J]. 武汉科技大学学报（社会科学版），2004（1）.

[172] 李杰，朱向东. 人权与公民权之异同 [J]. 行政与法（吉林省行政学院学报），2005（4）.

[173] 王娜，潘海燕. 中西方古代公平正义与和谐社会思想的差异及其文化解析 [J]. 商丘职业技术学院学报，2008（1）.

[174] 姜涌. 中国的"公民意识"问题思考 [J]. 山东大学学报（哲学社会科学版），2001（4）.

[175] 卡茨，宪法上平等之历程 [J]. 郑文鑫，译. 中外法学，1992（4）.

[176] 李莎莎. 宪法平等权救济的路径探讨 [J]. 东北财经大学学报，2011（4）.

[177] 刘小妹. 宪法的修辞：变迁着的公民身份及其表述方式 [J]. 吉首大学学报（社会科学版），2009，30（5）.

[178] 孙国华. 法的正义逻辑 [J]. 江淮论坛，2012（5）.

[179] 赵迅. 我国法治转型的公平正义取向 [J]. 新华文摘，2013（1）.

[180] 钟秉林. 积极稳妥地推进高等学校考试招生制度改革 [J]. 高等教育研究，2012，33（9）.

[181] 熊坤新，杨新宇，李乔杨，等. 澳大利亚民族政策的嬗变及对我国民族政策的启示 [J]. 西北民族大学学报（哲学社会科学版），2012（3）.

[182] 鲁鹏. 公平问题三思 [J]. 江海学刊，2013（1）.

[183] 陈明. 国家建构与国族建构：儒家视角的观照与反思 [J]. 社会科学，2013（1）.

[184] 李洋，胡万庆. 论英国对缅甸殖民统治政策及其演变 [J]. 宜宾学院学报，2006（1）.

[185] 汪琼枝. 孔子"公正思想"的三重意蕴：从《论语》谈起 [J].

学理论，2019（2）.

[186] 石安达. 缅甸新时期的民族和解政策［J］. 世界民族，1999（3）.

[187] 周建新，王美莲. 泰国差异性身份证制度及其少数民族政策分析［J］. 贵州民族研究，2022（4）.

[188] 周建新，王美莲. 泰国的民族划分及其民族政策分析［J］. 广西民族研究，2019（5）.

[189] 申旭. 泰国山民问题及政府对策［J］. 东南亚研究，1993（2）.

[190] 金勇. 泰国銮披汶时期的文化政策及其意涵［J］. 东方论坛，2013（5）.

[191] 敏登. 缅甸若开邦"罗兴亚人"研究［J］. 南洋问题研究，2013（2）.

[192] 王梦平. 缅甸罗兴亚族问题简介［J］. 国际研究参考，2009（7）.

[193] 王凡妹. 教育领域的种族/民族优惠政策及其社会效果：美国高校"肯定性行动"的启示［J］. 民族社会学研究通讯，2012（110）.

[194] 孙雁. "肯定性行动"后的美国大学录取：择优与多元之间的平衡［J］. 民族社会学研究通讯，2012（110）.

四、其他

[1] 林喆. 平等权：法律上的一视同仁［N］. 学习时报，2004-03-15（5）.

[2] 周少青. 反歧视："肯定性行动"政策和立法的本位："肯定性行动"刍议（一）［N］. 中国民族报，2013-01-18（8）.

[3] 周少青. 矫正措施：助力于反歧视的实践：肯定性行动刍议（二）［N］. 中国民族报，2013-01-25（8）.

[4] 周少青. "多元化"：后矫正时期的权利话语：肯定性行动刍议（三）［N］. 中国民族报，2013-02-01（8）.

[5] 周少青. 多元利益平衡：成果与现实：肯定性行动刍议（四）［N］. 中国民族报，2013-02-08（8）.

[6] 黄莹莹，张雅诗. 公务员考试普遍存在歧视现象 [N]. 国际先驱导报，2011-11-28 (4).

[7] 严华. 肯定性行动，透视美国的重要参数 [N]. 中国民族报，2012-05-25 (8).

[8] 世界银行东亚及太平洋地区扶贫与经济管理局. 中国贫困和不平等问题评估 [Z].

[9] 国家公务员网. 公务员体检特殊标准被指涉歧视 [EB/OL]. 国家公务员网，2011-11-18.

[10] 红岩论坛网. 官二代恶性伤人谁之过 [EB/OL]. 红岩论坛网，2012-11-19.

[11] 曹仁超. 中国社会财富集中在3%人口手中 [EB/OL]. 东方财富网，2012-07-25.

[12] 王秀宁. 驯服强权的基点在民间社会 [EB/OL]. 人民论坛网，2010-12-13.

后　记

本书终于完稿了，内心也有些如释重负。本书的起始写作在我就读博士的第一年，当时读了美国学者约翰·罗尔斯的《正义论》后，很有心得。对比一些社会现象，很想表述一番，就尝试撰写一部与此有关的博士论文。后来被我的导师果断叫停，他认为我还需要再积淀一些时日，再来完善这样的论述。已经撰写的一些东西就搁置了。在博士毕业后，我断断续续地积累了一些东西，也提炼发表了一部分内容。时至今日，这部书总算成型了。

本书主要针对平等这一沿袭了千百年的论题加以论述。事实上，这一问题在人类文明发展的过程中，受到无数人的关注。每个人内心深处都期望平等，每个人又都对平等有着不同的理解。平等的尺度有绝对的平等和相对的平等。无论哪种平等都会有争议。对此，我认为只有思想上的认知达成共识，才能形成实施上的平等。2022年11月27日，也是我母亲离世的日子。谨以此书纪念我离去的母亲邹华珍女士，母亲一生操劳，但她希望看到子女更好，我也深深怀念她。

本书得到黄冈师范学院传媒与影视学院学科建设、教学业务资助，黄冈文化影视创作与传播研究学科团队经费资助，为此，表示致谢。本书的出版，还需感谢所有帮助过我的人。感谢光明日报出版社各位编辑辛苦的校对、审核。

张龙

2023年6月22日